Andreas Altmann
In Mexiko

PIPER

Zu diesem Buch

»Neben mir sitzt Platon (!), Typ gebrechlicher Großvater. Wir plaudern, und ich frage ihn, ob er glücklich sei. Bestimmt! Ja! Und warum? ›¡La vida!‹, das Leben sorge dafür. Kaum hat er die zwei Wörter ausgesprochen, schleudert er in einer scharfen Kurve vom Sitz. Als ich nach ihm greife, liegt er schon am Boden. Ich hieve ihn auf seinen Platz zurück, aber Platon bemerkt, dass sein Klingelgeld aus der Hosentasche flog. So suchen wir beide auf Knien nach seinem Besitz: sieben einzelne Pesos. Haben wir jede Münze gefunden, zieht wieder ein Lächeln über sein Gesicht. Keine Silbe Unmut entkommt ihm. Das Leben stimmt ihn heiter, und dass er gerade schmerzhaft auf einem verrosteten Blechboden landete, hat damit nichts zu tun. Irgendwann will Platon wissen, woher ich angereist sei, und als er es weiß, fragt er: ›Bist du tatsächlich aus Paris oder kommst du aus Frankreich?‹ Ich umarme den 78-Jährigen, eine solche Frage ist tausend Mal sieben Pesos wert.«

Andreas Altmann arbeitete als Privatchauffeur, Parkwächter, Fabrikarbeiter, Dressman und Schauspieler, bevor er begann, die Welt zu bereisen und als Reporter darüber zu schreiben. Er wurde u.a. mit dem Egon-Erwin-Kisch-Preis, dem Seume-Literaturpreis und dem Reisebuch-Preis ausgezeichnet, seine Autobiografie *Das Scheißleben meines Vaters, das Scheißleben meiner Mutter und meine eigene Scheißjugend* stand monatelang auf der SPIEGEL-Bestsellerliste. Zuletzt erschienen von ihm die Bestseller *Leben in allen Himmelsrichtungen* und *Verdammtes Land. Eine Reise durch Palästina*, *Gebrauchsanweisung für die Welt* und *Gebrauchsanweisung für die Heimat*. Andreas Altmann lebt in Paris.
www.andreas-altmann.com

Andreas Altmann

IN MEXIKO

Reise durch ein hitziges Land

Mit einer Karte

PIPER

Mehr über unsere Autoren und Bücher:

www.piper.de

Von Andreas Altmann liegen im Piper Verlag vor:
34 Tage – 33 Nächte
Der Preis der Leichtigkeit
Das Scheißleben meines Vaters, das Scheißleben meiner Mutter und meine eigene Scheißjugend
Dies beschissen schöne Leben
Verdammtes Land
Frauen.Geschichten.
Gebrauchsanweisung für das Leben
Gebrauchsanweisung für die Welt
Leben in allen Himmelsrichtungen
Gebrauchsanweisung für die Heimat

FSC
www.fsc.org
MIX
Papier aus verantwortungsvollen Quellen
FSC® C083411

Ungekürzte Taschenbuchausgabe
ISBN 978-3-492-31633-0
Mai 2021

Seite 148: Abdruck von »Avenidas« mit freundlicher Genehmigung von Eugen Gomringer
Karte Mexiko: Peter Palm, Berlin
Umschlaggestaltung: Büro Jorge Schmidt, München
Umschlagabbildung: Francesca Volpi
Satz: Fotosatz Amann, Memmingen
Gesetzt aus der Swift
Litho: Lorenz & Zeller, Inning am Ammersee
Druck und Bindung: CPI books GmbH, Leck
Printed in the EU

Aber ja, gewidmet der unglaublichen Minderheit

Ojinaga
Chihuahua
Creel
Los Mochis
Culiacán
N
W
O
S
MEXIK
Guadalajara
PAZIFISCHER OZEAN
0
300
600 km

EREINIGTE STAATEN
Monterrey
Golf von Mexiko
Tampico
Cancún
Playa del Carmen
Tulúm
rétaro
Teotihuacán
Mexico City
Cuernavaca
Villahermosa
Oventic
BELIZE
Oaxaca
San Juan Chamula
apulco
San Cristóbal
de Las Casas
GUATEMALA
EL SALVADOR

Sinnliche Massage! – Du bist nicht unsterblich! –
Rufe heute noch an!
Werbeposter in einer mexikanischen Stadt

Ich verschiebe den Tod, indem ich lebe, indem ich leide,
indem ich riskiere, indem ich gebe, indem ich verliere.
Anaïs Nin

Hiersein ist herrlich. Alles. Die Adern voll Dasein.
Rainer Maria Rilke

VORWORT

Das wird kein Reisebuch. Es wäre überflüssig. Jede Hausmauer in Mexiko wurde bereits beschrieben, Millionen Fotos zirkulieren im Netz, Hunderttausende Webseiten gibt es. Auf Youtube kann man den Rest seiner Lebenszeit mit dem Betrachten einschlägiger Beiträge verbringen.

Was tun? Das Einzige, was so ein Unternehmen – noch ein Buch – rechtfertigt: Der Reporter wirft einen sehr eigenmächtigen, auch provozierenden Blick auf alles, was ihm über den Weg läuft. Auf Frauen, auf Männer, auf alles, was an ihm vorbeizieht, was ihn entflammt und mitreißt, was ihn heulen lässt und bitter sein, alles, was seine Begabung zur Menschenliebe und Freundschaft weckt, was seine Wut und Verachtung provoziert, alles eben, was (weltwachen) Menschen gemeinsam ist: die Neugier auf das Leben anderer.

Je radikaler der Schreiber sich ausliefert, je verwundbarer er sich herzeigt, desto inniger verführt er den Leser zur Teilnahme. Der Schreiber als Katalysator, um Nähe herzustellen. Nähe zum Fremden, an dem so vieles uns fern ist. Und vieles so nah.

Ich – jetzt bin ich selbst Leser – will von einem Buch entführt, ja, gebeutelt werden. Ich bin nicht zimperlich. Solange ich hinterher eine Spur weniger ignorant bin, will ich nicht klagen. Der Autor darf ruhig schwitzen und in Not geraten. Das muss er, sonst ist er mein Geld und meine Lebenszeit nicht wert.

Ich will erklären, wie ich mir – nun als *travelwriter* – das Schreiben im 21. Jahrhundert vorstelle: dass in der Nähe von Kairo Pyramiden herumstehen, wissen sogar die, die von der Welt nichts wissen wollen, sprich, viele. Also muss man mit einer Geschichte zurückkommen, die überrascht. Nicht der uralte Senf der uralten Pharaonen, nein, irgendein Dreh muss in der Story auftauchen, von dem vorher niemand wusste, okay, einige nur wussten. Ja, es würde reichen, wenn der Verfasser das, was er gesehen und gehört hat, auf unerwartete, besser, auf verblüffende Weise interpretiert. Wenn er, jetzt kommt es, etwas Erstaunliches anbietet. Keinen Scoop, keine atemberaubende *breaking news*, einfach etwas, das mich – nun wieder Leser – mit Dankbarkeit erfüllt, und ich, durchaus begeistert, ausrufe: *So* kann man es auch sehen!

Erstes Beispiel, heiter: Marilyn Monroe, ach, hunderttausend oder hundert Millionen Mal haben wir schon gelesen, dass sie eine süße Piepsstimme hatte, dass sie busig und unvorstellbar fotogen war, dass sie nie ihren Text konnte und Tony Curtis ihr bei den gemeinsamen Dreharbeiten zu »Some like it hot« gedroht hatte, in den Irrsinn zu gehen. Ach, wär's da nicht herrlich gewesen, wenn ich – ich meine ja nur – von ihr erhört worden wäre und jetzt etwas, gewiss Herrliches, zu erzählen hätte?

So ähnlich, denke ich, müssen Bücher über die Welt sich anhören. *Surprise me, scribbler!* Dann werde ich dich anlächeln und dir Treue schwören.

Zweites Beispiel, wenig heiter: Im »Neuen Testament« – Lukas 7,36–50 – steht, dass Herr Jesus einer »Sünderin« ihre »sexuellen Sünden« vergab. So wurde es uns in der Volksschule eingetrichtert: Der heilige Jesus erbarmt sich der unheiligen Prostituierten. Ach ja, nachdem sie ihm »die Füße geküsst und gesalbt« hatte. Kniend, versteht sich. Bis ich, inzwischen erwachsen, die Interpretation dieser Stelle von einer amerikanischen Frauenrechtlerin las, die viel einleuchtender klang: Die Anmaßung von Männern, die sich einmal mehr als Moralapostel aufspielen und dem Weib – natürlich verkommen und natürlich eine Nutte – »vergeben«. Kein Wort über ihre gewiss rüde Kundschaft, kein Wörtchen über ihre Zuhälter, keine Silbe über die Scheinheiligkeit der damaligen Gesellschaft, die käufliche Frauen gegen ein Almosen vögelte und sie hinterher ächtete. Das ist es: Plötzlich sah ich die Szene unter einem Aspekt, der zum Andersdenken führte.

Ein letzter Zwischenruf: »In Mexiko« wird wieder ein Bericht über die so genannte Dritte Welt. Ich will mich bemühen, nicht nur *black storys* abzuliefern. Vor Jahren hat Elke Heidenreich (wohlwollend) ein Buch von mir besprochen. Eines über Afrika. Zuletzt erwähnte sie, dass sie sich schon lange nicht mehr in die dunklen Ecken unserer Erde wagt. So mitgenommen sei sie von dem, was sie einst sah. Ich bin noch nicht so weit. Aber nah dran. So will ich nichts Schönes übersehen. Und nichts Vergnügliches. Um meine Wundstellen damit abzutupfen. Und die der Leser.

Aber gewiss, Mexiko verfügt über einen bestechenden Trumpf: Wer hier entlangreist, wird gleichzeitig an einem Crashkurs zum Thema »Wer bin ich?« teilnehmen. Links und rechts warten Erfahrungen, die jeden überhäufen. Mit dem, was wir alle ersehnen: vehemente Gefühle und Erkenntnisse, die ganz hellblauen, die ganz dunkelschwarzen. Jeder, wenn er sich nur traut, wird beim Wahrnehmen der Fremde etwas über sich begreifen, selbst das Wunderlichste, das Verborgenste in ihm. Reisen ist auch eine Reise nach innen. Der Schatz Mexiko gehört jedem, der noch immer hungert. Mehr kann ein Land der Welt nicht schenken.

1

Dieser Augenblick: wenn das Flugzeug die Piste hinunter rast und hinauf in den Himmel von Paris klettert. Der stets am schönsten ist, wenn ich ihn verlasse.

So leicht die Minuten. Ich will sie festhalten. Wie jeden Atemzug Wärme. Um mich zu wappnen für die Reise. Dreizehn Stunden später werde ich in Mexiko landen, und ich ahne, nein, ich weiß: Das Land wird mich fordern.

Noch einen Moment habe ich abgespeichert: Vor dem Check-in ging ich auf den einzigen freien Sitzplatz zu. Und der Mann daneben sah mich kommen, lächelte und räumte sein Gepäck weg. Was für eine souveräne Eleganz. Andere tun, als würden sie einen nicht sehen. Und machen erst (missmutig) frei, wenn man sie darum bittet. Er, dieser Fremde, er teilt. Seltsamerweise fiel mir ein Bericht über einen mexikanischen Fechter ein. In seiner Garderobe standen drei Wörter an der Wand: *Calma / Alegría / Fuerza*, Ruhe, Freude, Stärke. Wie beneidenswert.

Zwischenstopp in Amsterdam. Vorbei an den neumodischen Gaskammern, die wie Telefonzellen aussehen. In jeder steht ein Raucher. Die Rache der Gesundheitsterroristen: die Sünder vergasen.

Nicht weit davon findet sich ein kleines Glück, ein *Meditation Centre*. Ganz weltlich, ein Raum mit Kissen, keine Möbel. »No phone« heißt es am Eingang. Hier darf man eintreten und einen sagenhaften Zustand genießen. Stille. Ich lümmle am Boden und kann nicht still sein. Ich spüre meinen ruhelosen Körper, mein unruhiges Herz.

Als ich die Augen öffne, sehe ich einen Mann hereinkommen, der einen farbenfrohen Überwurf trägt. Ich denke sofort an einen Besuch in Auschwitz. In einem Teil des Lagers, so erklärte man uns, trugen Häftlinge bizarrerweise bunte Decken, deshalb nannte man die Ecke im damaligen KZ-Jargon »Mexiko«. Irgendwann frage ich den Fremden. Gewiss, er fliegt zurück in seine Heimat.

Ruhiger Flug. Ich lese, wie immer, weil ich in 10 000 Metern Höhe nicht schlafen kann. In einem Zeitungstext über das Reisen fordert der Autor uns Leser auf, »in Demut unterwegs zu sein«. Was für ein wunderliches Blech. Als Büßer durch die Welt? Nijet! Ich habe einen anderen Rat in petto: Reise selbstbewusst, mit einer grundsätzlich freundlichen Ausstrahlung.

Am frühen Abend des nächsten Tags in Mexico City. Dieses Trancegefühl nach einer durchwachten Nacht. Die Stadt ist ein Moloch, aber ich bin zu müde, um mich zu wehren. Der Bus schaukelt durch die Straßen, und die Lichter hinter dem Fenster schaukeln mit.

In einem Hotel absteigen, in dem ein fantasievoller Besitzer wirtschaftet. Im Bad meines Zimmers steht der poetische Satz: »Je mehr Wasser wir verbrauchen, desto weniger Paradies haben wir.« Ich höre meinen Nachbarn duschen, endlos. Ihm ist das Paradies egal.

2

Frühstück, ach, diese bedenkenlos lächelnden Mexikaner, ihre Nonchalance im Umgang mit der Wirklichkeit. Auf den drei Fernsehschirmen laufen drei Schlachthofgeschichten. Und alle vier, fünf Minuten wird ein Mensch geschlachtet. Doch niemand nimmt Notiz. Eine Frau schreit um ihr Leben, und jemand ruft: »Un café americano, por favor.«

Hat Leichtigkeit damit zu tun, dass man dicht macht? Dass man die Welt nicht mehr zulässt, sie wegblendet?

Hinein in die Stadt, vor zum Zócalo, dem Zentrum der 20 Millionen. Hier vor genau zehn Jahren haben sich 18 000 Frauen und Männer ausgezogen, um von Spencer Tunick fotografiert zu werden. Der Fotograf hatte vor langer Zeit seinen einzigen Einfall: Leute vorzuführen, indem er sie als nackte Herde zusammentreibt und ablichtet. Sorry, Kunst, klar. So schwachsinnig kann eine Idee gar nicht sein, auf dass es nicht Heerscharen von Willigen gäbe, die mit Eifer dabei sind.

Jetzt ist das Malheur passiert, mein Hirn steckt voller Splitternackter. Und ich sehe die Mexikanerinnen und Mexikaner an mir vorbeigehen, durchaus angezogen, aber in meinem Kopf plötzlich hüllenlos. Und da ich vor Tagen gelesen hatte – ich bin also unschuldig –, dass das amerikanische und das mexikanische Volk um den Spitzenplatz in der Weltrangliste der Superpfünder kämpfen, bin ich unfreiwillig versucht, genauer hinzublicken.

Nein, versprochen, ich bin weiser geworden. Nein, ich werde mich diesmal nicht lustig machen, sie nicht auslachen. Ich will über sie nachdenken, will ihr Geheimnis heben.

Ich habe mir vorgenommen, vorsichtiger zu kritisieren. Reiner Spott riecht billig. Zudem fängt niemand ein neues Leben an, weil ich an ihm herummaule. Ironie soll mich retten. Und Leichtigkeit. Keine Sorge, ich bin auch heute kein Gutmensch, der sich jeden und alles schönredet. Das geht nicht, auch nicht in Mexiko. Denn wir haben keine heiligen Mexikaner. So wenig, wie in Deutschland heilige Deutsche herumstehen. Wir haben immer nur Frauen und Männer, denen man sich nah fühlt, und andere, an denen man achtlos oder grimmig vorübergeht, und wieder andere, die man gern zu seinen Freunden zählen würde.

3

Zurück zu den Überschwappenden. Das Problem ist hier zur nationalen Chefsache erklärt worden. Jeden dritten Tag trompeten es die hiesigen Medien in die Welt. Ein Volk riskiert, unter einem Fleischgebirge zu ersticken. Dass es so weit kommen konnte, ist umso wunderlicher, als viele MexikanerInnen – bevor die Fresssucht sie überwältigt – ausgesprochen gut aussehen, ja, beneidenswert wohl geformt auftreten.

Wie sensationell dehnbar Körper sind. Wie unglaublich folgsam jeder dieser Leiber seine enorme Last mit sich herumträgt. Statt zu murren und zu streiken. Nein, jeden Tag muss er mehr schleppen und jeden Tag – gewiss eine Spur geräuschvoller ächzend – macht er sich brav auf den Weg und trägt den Menschen, der ihn so schindet, durch den Tag. Faszinierend. Wie kann man etwas so lieblos behandeln, das uns so treu bis zum letzten Schnaufer begleitet. Nein, ich bin kein Fan des Schönheitswahns, ja, ich hasse den Terror, mit der die Kosmetikindustrie uns nachstellt, uns bloßstellt, nein, ich predige keine Traummaße. Aber ich bin wieder einmal, wie so oft in meinem Leben, fassungslos.

In Mexiko geht es zu wie sonst in der Welt: Die Reichen sehen – laut Statistik – schlanker aus, sie haben das Geld für die passende Ernährung, für das Fitness-Studio, für die zuständige Information. Die Armen nicht, sie haben das alles nicht, dafür die mächtigen Kilos. Okay, die Superarmen haben nicht einmal das, die sind wieder dünn. Selbst die schlechte Kost ist unbezahlbar.

Natürlich werde ich das Geheimnis nicht lüften. Aber *einen* Grund weiß ich, der auf viele »Andersdünne« – diesen Ausdruck gibt es tatsächlich – zutrifft. Hier die Geschichte.

Als ich einige Zeit in Mexico City lebte, um die Mühsal einer neuen Sprache auf mich zu nehmen, lernte ich Jimena kennen, die an derselben Schule Englisch studierte. Die

19-Jährige bewegte sich wie ein schönes Tier. Vor jedem Kuss schleckte ich mir die Finger ab. Aus Dankbarkeit. Jimena war warm und neugierig, wir taten uns gut.

Sieben Jahre später, nun als Reporter mit einem Auftrag, landete ich wieder in der Hauptstadt. Ich rief sie an, und wir verabredeten uns. Was ich besser nicht hätte tun sollen. *Never go back to your dreams*. Als die jetzt 26-Jährige das Restaurant betrat, erkannte ich sie nicht. Auf eine umwerfend attraktive Frau war ich gefasst, und ein kolossal deformierter Mensch, zweieinhalb Mal voluminöser, näherte sich meinem Tisch. Sie wusste um die Katastrophe, und ich fragte sie wie hypnotisiert: Warum? Gentlemen tun das nicht, aber ich war getrieben von dem Wunsch zu wissen: Wie konnte das passieren? Eine Schönheitskönigin, noch dazu klug, hatte ihren sagenhaften Schatz verspielt.

Jimenas Antwort, hier auf Stichpunkte verkürzt, klang irgendwie banal und irgendwie dramatisch: Bald nach unserem Abschied lernte sie einen Mann kennen, heiratete ihn und bekam ein Kind. Und jede Sehnsucht zerstob. Kein Studium in den USA, kein Gatte, der täglich zum Verlieben einlud, kein Baby, das sie unbedingt, unbedingt so früh, gewollt hätte.

Sie sei eben kein Wutmensch, nein, sie habe geschwiegen, nie rebelliert und alles – um sich über den Absturz zu trösten – in sich hineingefressen. Wörtlich. Und so versank der letzte Traum, der vom Schönsein und Begehrtwerden.

Ich stehe noch immer am Zócalo, als ich mich an Jimenas Geschichte erinnere. Und ich denke plötzlich, dass alle uferlos Dicken eine Wunde in sich tragen, die sie jeden Tag mit Kalorienbomben besänftigen. Klar, viele Gründe gibt es, um dem eigenen Leib die Fürsorge zu entziehen. Doch ein (verborgener) Schmerz ist einer davon.

Zócalo, hier hat Konquistador Hernán Cortés auf dem von ihm zertrümmerten Marktplatz der Azteken *la ciudad de México* gegründet. Was haben die Spanier im Namen ihres Herrgotts in dieser Weltgegend gemordet und ausgerottet. Und was haben sie an Architektur, an grandiosem Größenwahn der Menschheit geschenkt. Der *Plaza de Armas* – so hieß der Zócalo früher – steht auf der Weltkulturerbe-Liste der UNESCO.

Ich gehe in die Kathedrale, sie ist der »heiligsten Jungfrau Maria über den Himmeln der Stadt« gewidmet. Sie ist die berühmteste »Unbefleckte« der Welt und sie schwebt nicht nur hier, sondern über (fast) jedem der 124 Millionen Einwohner des Landes. Nirgends auf dem Globus wird so inbrünstig zu ihr gebetet. Mit offensichtlich geringen Erfolgsaussichten. Entweder flüstern die Gläubigen nicht glühend genug oder die »Mutter Gottes« ist taub. Oder sie ist, so behaupten die fünf Prozent Atheisten, eine Schimäre. Wie auch immer, die Gegend hier, die *Vereinigten Mexikanischen Staaten*, gehört zu den mörderischsten Landstrichen, die zurzeit von sich reden machen.

Religion wird ein Thema in diesem Buch, unvermeidlich. Zu mächtig und allerorten tritt sie auf. Aber wie bei den Überdicken werde ich mir Mäßigung auferlegen. Nicht mit Feuerzungen das Gebaren der Religiösen kommentieren. Ich will jedoch herausfinden, einmal mehr: Warum? Warum dieses fieberhafte Verlangen nach Gott? Wo wir doch – wenn wir nur mit hellen Sinnen durch die Welt gehen – erkennen müssen, dass wir keinen haben. Keinen lieben Gott, auch keinen bösen. Wir haben nur uns. Nur Frauen und Männer, die uns in Zeiten der Bedrängnis beistehen. Oder eben nicht.

Wie sagte es William Blake: »Some are born to sweet delight, some are born to endless night.« So, genau so. Die einen – egal, ob radikal gottesfürchtig oder grundsätzlich gottlos – kommen unter die Räder. Und die anderen – wieder vollkommen unabhängig von Frömmigkeit oder Heidentum – erleben »süße Wonnen«. Glück muss her, die fantastischen Zufälle, die trefflichen Gene, dann kommt einer schwungvoll durch. Fehlt das eine oder das andere, dann bröckelt das Leben, wird armselig und hundsgemein.

Wie hier in Mexiko. Wenige Wochen später wird in den Zeitungen stehen, dass die vergangenen dreißig Tage die gewalttätigsten waren, ja, das Land einen Pegel an Grausamkeit erreicht hat, von dem das moderne Mexiko vorher nichts wusste.

Als der Gesandte von Montezuma II., dem vorletzten Herrscher der Azteken, Hernán Cortés fragte, warum er so besessen von Gold sei, antwortete der Spanier bemerkenswert wahrhaftig: »Meine Gefährten und ich leiden an einer Herzkrankheit, die nur Gold heilen kann.«

Das Gold, das nie gefunden wurde, heißt heute »drogas«. Und gewiss hat Cortés seine Gier und seine Begabung zum Blutrausch weitervererbt. Hunderttausende arbeiten aktuell im *drug business,* und wer fleißig die Presse durchblättert, findet jeden Tag Fotos von Leichen mit abgehackten Köpfen. Die ganz Gründlichen hacken auch Arme und Beine ab. Drogenhändler unter sich, rund um die Uhr schwer bewaffnet, das Hackebeil stets auf dem Rücksitz. Abtrünnige, Informanten, Konkurrenten und Überläufer müssen zweifach bestraft werden: mit dem Tod und mit der absoluten Entwürdigung.

Bis ans Ende der Reise wird mich der Widerspruch erstaunen zwischen dieser schier rastlosen Hilfsbereitschaft der vielen und dieser (stattlichen) Minderheit, die das Land in Atem hält.

5

Ich bin noch immer in der Kathedrale. Der Pfarrer lobpreist gerade das Paradies, er weiß sogar, dass »das Himmelreich Gottes nah ist«, ja, Vertrauen täte gut, »damit die Menschheit sich aufs überirdische Reich vorbereite«. Vor einer Stunde bewunderte ich im *Palacio Nacional*, dem Sitz der Regierung, ein riesiges Wandgemälde von Diego Rivera, dem berühmten Maler und Mann der noch berühmteren Frida Kahlo. Ein Teil des Kunstwerks hieß »la lucha de clases«, der Klassenkampf, dort sieht man Karl Marx, wie er einem Bauern, einem Arbeiter und einem Soldaten von der sonnigen Zukunft – organisiert vom Kommunismus – vorschwärmt.

Ach, die Sehnsucht der Menschlein, sich eine leuchtende Ferne vorzugaukeln. Die Gegenwart gefällt uns nicht. Seit Urzeiten ist das so. Wie das Verlangen nach Märchen, die uns – mit oder ohne Herrgott – vertrösten sollen.

Zugegeben, ich bin spirituell unbehaust. Als Notaggregat habe ich mich für den Humanismus entschieden. Alles, was lebt und atmet, zu achten ist strapaziös genug. Für die höheren Heldentaten wie »Liebe deinen Nächsten wie dich selbst« oder »Verzicht auf Eigentum« bin ich zu schwach. Ich liebe nicht jeden, und ich will mein Fahrrad, meinen Mac, mein Bankkonto und meine Pariser Wohnung behalten.

6

Zwei Mauern weiter, fünfzig Meter links von der Kirche, stehen die ambulanten Handwerker, die Tagelöhner, einer neben dem anderen, den Sack mit dem Werkzeug vor sich, mit dem Pappdeckel, auf dem steht, was sie anbieten: Fliesenleger, Dachdecker, Klempner, Maurer. Warten, bis einer vorbeikommt und sie anheuert. Für den Tag. Und ist der vorüber, stehen sie wieder an und warten. Ich beame mich in Nestors Kopf, den Anstreicher. Der erzählt, dass er manchmal drei Tage hintereinander dort Position bezieht, und niemand ihn abholt. Ja ich, alias Nestor, weiß nun, dass ich sechs Mal die Woche hier antanzen muss, um – so poetisch sagt er es – »buscar la vida«, *das Leben zu suchen*, sprich, Arbeit zu finden. Die mich und meine Familie ernährt.

Auch das habe ich mir vorgenommen für dieses Buch: Einblicke ins harte, unlustige Leben zu beschreiben – so gut ich es vermag. Aber am Schluss auf jede Pose der Ergriffenheit zu verzichten. Weil sie mir heute eher peinlich erscheint. Und eine Spur unwahr. Denn wäre ich tatsächlich erschüttert, ich würde den armen Teufeln helfen. Nicht nur mit wohlfeilen Sprüchen. Die nichts kosten, zu nichts verpflichten, mich nur öffentlich herausputzen. Von jetzt an: dem Leser von der Wirklichkeit berichten und dann den Mund halten. Taugt die Szene, wird sie wirken. Taugt sie nicht, hilft auch kein nachgeliefertes Tränenmeer.

Die (endgültige) Umkehr brachte ein Interview in der »New York Times« mit Ryszard Kapuściński, dem Reporter, dem so eleganten Stilisten. Das Gespräch bewegte sich auf einer erstaunlichen Flughöhe, bis der Pole mit Weihrauch auf der Zunge zu reden begann. Der Gipfel der Rührung über sich selbst war der Satz: »Ich bin eine Stimme für die Armen.« Aua, nein, Ryszard, das bist du nicht. Denn ein paar Tage bei den Elenden abhängen, dabei Geschichten kassieren, für die man später bezahlt und berühmt wird, und ja – welch Glück – nach dem Zuhören wieder verduften dürfen: Das alles sind Nachrichten aus einem Luxusleben, das mit der Existenz der Abkratzer wenig, falsch, nichts zu tun hat. *Tell their story!* Und dann Punkt, ohne Nachsatz, ohne uns – getragen von pathetischem Gedöns – von der eigenen Hochanständigkeit zu berichten.

Nun, der Gute ist längst tot, aber die Predigt soll auch mir gelten. Wir alle unterliegen der Versuchung, uns glorreicher auszustellen, als wir sind.

7

Jagd auf Raucher, überall. Sogar über manchen Caféterrassen hängt »NO FUMAR«. Das ist sehr erheiternd, denn die Riesenkrake Mexico City produziert täglich weltrekordverdächtige Mengen Schadstoffe, so ätzend, dass man sich jeden Abend zur Dialyse begeben sollte, um sein Blut von den Abertausend Tonnen Kohlendioxid zu reinigen, die sie hier in die Luft schleudern. Deshalb der Politiker letzter Schluss: Nicht die Autofahrer sollen zu Hause bleiben, sondern die Raucher. Diese Weisheit gilt weltweit. Das erinnert mich an einen Cartoon, auf dem man einen Mann sah, der an das Tor einer Schule ein »No Smoking«-Verbot nagelte, während im Hintergrund eine Windhose näherdonnerte. Der Witz dieser Zeichnung als Sinnbild für die Treffsicherheit, mit der wir unseren tatsächlichen Problemen ausweichen.

8

In mehreren Nebenstraßen, die vom Zócalo wegführen, lehnen an den Wänden Helme, Schilder und Schulterpolster, Knie- und Schienbeinschützer. Ein flüchtiger Blick könnte vermuten lassen, hier stehen die Rüstungen der Spartaner. Nur die Speere fehlen. Nein, sie gehören zu den Polizisten, die in vergitterten Bussen und Panzerwagen Stellung bezogen haben. Seltsam, die Gegend ist ruhig, keiner schreit, keiner demonstriert. Ich frage und höre, dass ihr Auftrag »vigilancia« heißt, *Überwachung*. Dabei nicken sie Richtung Geschäfte, verstanden. In dem Viertel arbeiten die Schmuckhändler, viel Gold liegt in den Schaufenstern.

Ich werde noch erfahren, dass Wertgegenstände, die von mexikanischen Bullen bewacht werden, bei ihnen nicht unbedingt am besten aufgehoben sind. Wertvolle Produkte – und die wertvollsten im Land heißen Kokain, Heroin und

Methamphetamin (= Crystal Meth, dagegen ist Koks eine Aspirintablette) – verschwinden oft in umsichtigen Polizeihänden. Der Berufsstand gilt als ultrakorrupt. Knapp die Hälfte davon, so seriöse Untersuchungen, wirtschaftet im »narco negocio«, wobei die hilfsbereiten Ordnungshüter die verschiedensten Dienste übernehmen: Sie halten die Verbindung zwischen Staatsmacht und Verbrechersyndikaten. Sie informieren rechtzeitig über Razzien. Sie dealen eigenhändig, verkaufen die beschlagnahmte Ware selbst. Sie greifen nicht ein, wenn ein Kartell in einer Gegend – nur ein Beispiel – Bauern terrorisiert, die sich weigern, auf ihren Feldern Mohn anzupflanzen. Sie organisieren den reibungslosen Waffenhandel, indem sie aus staatlichen Munitionskammern den wichtigsten Nachschub – vor allem AR-15, Berettas und Glocks – entwenden. Sie lassen sich als »sicarios« verpflichten, als *Mörder*, die – im Schutze eines offiziellen Polizeieinsatzes oder als inoffizielle Todesschwadronen – die Gegner ihrer Auftraggeber liquidieren. Statt sie zu verhaften, was gefährlich wäre, denn ein Verhafteter könnte plappern.

Doch es gibt noch eine dritte Kraft, die eifrig am Ruin des Landes mitarbeitet: die Politiker-Kaste. Journalisten, die seit Jahrzehnten darüber recherchieren, gehen davon aus, dass über vierzig (!) Prozent dieser gefallenen Staatsdiener als Schreibtischmörder und/oder maßgeblich als Promoter, Hehler und Schutzpatrone den Drogenbossen (und kollaborierenden Polizisten) zuarbeiten. Ich werde noch Paradebeispiele liefern, die so aberwitzig klingen, dass man sie nicht ohne Amüsement zur Kenntnis nimmt.

Bin ich hemmungslos ehrlich, dann lauert in einer dunklen Ecke in mir (auch) Bewunderung für diesen Abschaum. Nein, nicht für ihre Bestialitäten, aber für diesen Glauben, unberührbar zu sein, diese skrupellose Überzeugung: Ich bin Gott!

Sorry, ich habe mich verlaufen. Doch wer Polizisten in

Mexiko begegnet, den überfallen so manche Nebengedanken. Auch die frohgemuten. Ich bekomme Augenblicke geschenkt, die ich noch nie erleben durfte.

Wie jetzt: Zwei Polizisten betreten einen 7-Eleven-Laden der Supermarktkette. Eine Frau und ein Mann, die nonchalant hereinschlendern und – ich sehe sie, aber sie sehen mich nicht – so tun, als wären sie Kunden. Doch blitzschnell hinter dem Getränkeautomat verschwinden und – sich küssen. Zwei schwer Bewaffnete umarmen sich schwer verliebt. Und er streicht ihr über den Busen unter der engen Bluse, und sie drängt sich ihm entgegen. Begeistert schaue ich hin.

Oder: Auf dem Bürgersteig überholt mich ein junger Kerl, der plötzlich nach links ausschert und einer Polizistin in den Hintern zwickt. Und weitergeht. Sie dreht sich um und lächelt. Ich frage sie, wie das? Und sie, entspannt: »Ah, es un loco«, *er ist verrückt*.

9

Weil wir bei den lächelnden Frauen sind, hier noch ein Blick in einen Sexshop. Erfreulich, denn im Schaufenster sieht man eine Frau, okay, den Pappkarton einer Frau, die selig die Augen verdreht, denn sie erfreut sich gerade am »Satisfyer«, dem neu eingetroffenen Dildo. Die Sprechblase über ihrem Kopf blinkt: »¡Soy feliz!«, *ich bin glücklich*. Wie lange mussten Frauen darum kämpfen, bis sie von ihrer Lust reden durften? Ohne dafür gelyncht zu werden?

Sehr lange. In Mexico City steht ein »Museo de la Tortura«, ein *Foltermuseum*. Man zeigt etwa siebzig Gerätschaften, die erfunden wurden, um Menschen, weltweit und öffentlich, zu quälen. Viele schindeten, andere schindeten und töteten. »La Santa inquisición« als emsigster Auftraggeber für jede Art Höllenpein. Vor allem Frauen waren Opfer. Schon Äußerungen gegen die »männliche Anmaßung von

Gewalt« plus die grundsätzliche Verachtung Frauen gegenüber reichten, um sie die Allmacht der Herrschenden spüren zu lassen. Besonders gefragt war die »Eiserne Maid von Nürnberg« (deutsche Qualitätsarbeit wurde überall geschätzt): ähnlich einer länglichen Taucherglocke, in die sich die Unselige hineinstellen musste, das Monstrum dann geschlossen wurde und unzählige Eisenspitzen – von oben bis unten und rundum – in den Körper drangen. Aber nicht an den lebensbedrohlichen Stellen. Eine Teufelsfinte, um das Sterbendürfen so lange wie möglich hinauszuzögern.

Der Kampf um Respekt, das ist ein zäher Kampf. Auch der steht jeden zweiten Tag in den Zeitungen: wie Frauen um ihre Rechte streiten, wie sie sich auflehnen gegen die Arroganz des Macho-Männchens, gegen die Gewaltlust der einen gegen die anderen. Die Regierung hat vor Kurzem härtere Strafen für jene beschlossen, die glauben, dass das Mittelalter nie aufhört und Züchtigung – bis hin zum Totschlag – das übliche Mittel ist, um Meinungsverschiedenheiten zu regeln.

10

In einem einfachen Restaurant hinter den Markthallen lerne ich Glorietta kennen, um die fünfzig, mit einem wachen Gesicht. Wir kommen ins Gespräch, weil ich wissen will, was die vielen Prospekte auf ihrem Tisch bedeuten.

Glorietta ist *campesina*, Bäuerin, sie reist im Auftrag einer Genossenschaft durch das Land, um aufzuklären: über den Giganten Monsanto und sein massives Bestreben, den hiesigen Markt mit transgenen Maissorten zu überrollen. Sie hat Samenproben dabei, ihre Unterlagen, ihre Bücher. Seit Wochen ist sie unterwegs. Sie geht davon aus, dass der amerikanische Konzern die zuständigen Entscheidungsträger kauft. Um sie gefügig zu machen.

Niemanden, absolut niemanden werde ich auf dieser Reise treffen, der nicht Politiker, auch jener Partei, die man gewählt hat, für »criminales« hält, für eine Horde niederträchtiger Abzocker, denen jede Quelle recht ist, um ihre Gier nach Pesos und Dollar zu stillen. Die nie gestillt wird. Gier ist unstillbar.

Fragen an Glorietta zum Thema Drogen. Wie sie sich die Maßlosigkeiten erklärt, die maßlose Gewalt. Und die Indigene wird die Erste (von vielen) sein, die ausweicht. Es scheint, als wollten die Mexikaner nicht darüber reden. Dafür gibt es, ich werde es noch erfahren, verschiedene Gründe, zuerst: Zweifellos sehe ich anders aus als der »typische« Einwohner des Landes, dennoch fehlt das Vertrauen, sprich, sie wissen nicht, auf wen sie sich einlassen. Ich könnte ein Gringo sein, der irgendwo seine dreckigen Hände im Spiel hat, ein Reporter, der sie aushorchen, ein Spitzel, der sie überführen will. Das klingt absurd, doch manche meiner Gesprächspartner haben derlei angedeutet. Das Misstrauen ist beachtlich. Sogar in der eigenen Familie.

Zweitens: Sie schämen sich der Zustände und dessen, was die Welt aus Mexiko berichtet. Das ist ein globales Phänomen, kein Fleck auf Erden will, dass man schlecht über ihn redet.

Letzter Punkt: Sie verdrängen den Irrsinn. Es gibt ihn, aber man will nichts (mehr) davon hören. Denn der Irrsinn dreht sich im Kreis, und niemand findet den Weg zu einer Lösung. Wozu also darüber sprechen?

Herzlicher Abschied von Glorietta, die keine Ausrede akzeptiert und meinen Kaffee bezahlt. *Calor humano*, menschliche Wärme, die haben sie hier auch. *Mucho.*

11

Eine der innigeren Vergnügungen in der Ferne: durch eine Stadt flanieren, die man nie wirklich kennen wird. Da zu wuchernd, zu ausufernd, da ohne Ende.

An einer Straßenkreuzung turnen drei Halbwüchsige. Immer wenn eine Straße per Ampelrot blockiert ist, stellen sie sich auf und legen los. Der junge Kerl schwingt sich auf sein zweieinhalb (!) Meter hohes, einrädriges Rad, kickt mit dem rechten Fuß seinen Panamahut auf den Kopf, pfeift ein Lied, balanciert je einen Ball auf seinen Zeigefingerspitzen und jongliert anschließend einen Wirbel von Keulen, die ihm die Mädels zuwerfen. Das Trio ist eine Augenweide, ihr Swing, ihre Souveränität, die Eleganz der Körper. Und er, der Hübsche, ist der König der Welt, sie gehört ihm jetzt, und alle fünf Minuten wird er Neid und Bewunderung ernten. Und Pesos, wenn er kurz vor dem Überspringen auf Grün mit dem Hut entlang der Autos läuft.

Was für ein Privileg, Frauen und Männern zuzusehen, die etwas können, ja, deren Können wie Zaubern aussieht. Und die dabei gleichzeitig die Lebensfreude ihrer Umgebung ankurbeln. Angesichts von Leuten, die ihren Zeitgenossen zielgenau Mühlsteine aufs Herz wuchten, sollte man für sie, die Befeuerer, einen Feiertag einrichten, sagen wir, einen »Tag der Menschenfreunde«.

12

Ich komme an einer Autowerkstatt vorbei, Männer unter sich, die begeistert Blech reparieren. Radiogeplärr. Ich höre einen meiner spanischen Lieblingssongs: »Desnúdate Mujer«, *zieh dich aus, Frau*, »yo quiero ver también el arte que tu tienes cuando haces el amor«, *ich liebe es, deiner Kunst beim Liebemachen zuzuschauen*. Von Frankie Ruiz, längst mit 40 dank einer Leberzirrhose verendet. Das Lied ist macho, aber sweet macho, gesungen von einem, der wie so viele überwältigt ist von weiblicher Schönheit. Und Frauen fallen mir ein, die einer solchen Aufforderung – »desnúdate« – mit Freuden nachkommen. Und dem begehrenden Mann keine Moralpredigt halten.

13

Die Stadt bietet Gegensätze. Am Zaun entlang des Parque Chapultepec hängen Fotos, große Fotos, grandiose Fotos, die von den Wundern Mexikos berichten. Und seinen Wunden, seiner unheimlichen Armut. Eines haut um. Man sieht – fotografiert durch einen entkernten, auf der Müllhalde gelandeten Fernseher – eine alte Frau, die im Abfall nach etwas Essbarem sucht. Der Titel, meisterlich: »Reality Show«.

Auf nach Coyoacán, das Viertel hat koloniales Flair und wenig Hungernde. Ich komme am weltberühmten »casa azul« vorbei, in dem Frida Kahlo bis zur ihrem Tod 1954 wohnte. Mit dem überdicken Diego Rivera, den sie als Frosch mit weißlich-grüner Haut bezeichnete, mit wabbeligen Hängebrüsten. Der sie liebte und nebenbei eifrig mit anderen Frauen schlief. Was sie ihm mit zahlreichen Liebhabern (und Liebhaberinnen) heimzahlte. Sie heirateten zweimal und kamen nie voneinander los. »Ich vermisse uns«, soll er gesagt haben, als Antwort auf ihre Frage, warum er sie nicht verlassen könne.

Frida stänkerte oft über Riveras ausufernden Körper. Wie ich das jeder Frau gönne. Wir Männer tun das auch. Ach, das heuchlerische Bestehen auf die rein »inneren Werte«. Verlogener geht es nicht.

Das »blaue Haus« ist längst Museum, und an diesem Nachmittag wartet eine Menschenschlange – ich schreite sie ab – von 211 Schritten davor. Was für ein Triumph. 65 Jahre nach ihrem Todestag gedulden sich Hunderte, jeden Tag, um sie zu bewundern. Wie sagte es André Breton: »Fridas Kunst ist wie eine Schleife um eine Bombe.« Eine Vulkanfrau lebte hier.

Die Mexikanerin wurde von den Göttern mit allem beschenkt, mit Schönheit, mit Drama, mit Leid, mit Erfüllung und mit dem Kostbarsten: ihrem Genie, dem Malen. Um dieses Leben auszuhalten.

Nicht weit davon, nur ein paar Ecken entfernt, steht das Gebäude, in dem Leo Trotzki die letzten eineinhalb Jahre vor seiner Ermordung verbrachte. Rivera und Kahlo, bereits Ex-Kommunisten, hatten sich bei der mexikanischen Regierung für seinen Asylantrag eingesetzt, für einen Mann starkgemacht (mit dem Frida dann ins Bett ging), der neben Lenin und Stalin zu den führenden Köpfen der russischen Revolution zählte: der die Rote Armee aufgebaut hatte und – eher voraussehbar – bald Stalins Todfeind wurde. Und die Flucht antrat.

Trotzkis Burg – er musste immer um sein Überleben fürchten – ist ebenfalls der Öffentlichkeit zugänglich. Aber hierher kommen nur wenige Besucher. Nun, Señora Kahlo war sinnlich und produzierte sinnliche Dinge, und Trotzki war eine eher unwirtliche Intelligenzbestie, von der noch heute keiner sagen kann, ob er – wäre er an die Macht gekommen – sanfter mit der Menschheit umgesprungen wäre als Josef Wissarionowitsch Stalin, der ehemalige Priesterseminarschüler.

Ich bin hier, weil ich vor Jahrzehnten den Joseph-Losey-Film »Die Ermordung Trotzkis« gesehen hatte. Mit Richard Burton als Hauptdarsteller und Alain Delon als dessen Mörder Ramón Mercader. Und Romy Schneider als dessen Freundin. Am 20. August 1940 kam Mercader – Spanier, Stalinist und von Moskau als Henker beauftragt – gegen 17.20 Uhr in das Haus. Monatelang hatte er sich das nötige Vertrauen erschlichen, immer mithilfe seiner (ahnungslosen) Verlobten, die zugleich eine Mitarbeiterin des berühmten Flüchtlings war. Betrat das hochheilige Arbeitszimmer, legte

Trotzki einen Bericht mit Bitte um Durchsicht vor, wartete, bis sich der 60-Jährige über das Manuskript gebeugt hatte, zog den mitgebrachten Eispickel hervor und holte aus. Am nächsten Tag erlag Trotzki im Krankenhaus seinen Verletzungen. 300 000 nahmen an seiner Beerdigung teil, Mercader musste für zwanzig Jahre ins Zuchthaus, wurde anschließend abgeschoben und starb – hoch geehrt als »Held der Sowjetunion« – in Havanna. An Krebs, noch nicht 65.

Trotzki, hieß es, verfügte über das kostbarste und bestorganisierte Gehirn, das je auf so dramatische Weise umkam.

Das Anwesen gleicht einer Festung, drei Wachtürme, hohe Mauern, die Unterkünfte für die Leibwächter und das Gesinde, Hasenställe. Nirgends Protz, kein Luxus. Es gibt Filmaufnahmen, die den Hausherrn beim Hühnerfüttern zeigen. Die Wohnräume sind eher rustikal, bemerkenswert der Raum für seine Sekretäre. Blick auf eine *Edison Dictating Machine*, damals Hightech, um Sprache aufzunehmen. Im Schlafzimmer sieht man noch die Einschläge eines früheren (misslungenen) Anschlags. Eine Eisentür führt ins Arbeitszimmer, links die Bücherwand, auch mit deutschen Büchern (wie Lenin hielt sich Trotzki eine Zeit lang in München auf), amerikanische, französische Literatur, Jack London, Hemingway, Sartre, Gide, eine Biografie über Madame Curie. Rechts ein schmales Bett, der Meister litt an Migräne, musste sich immer wieder hinlegen. Und natürlich der überladene Schreibtisch, an dem er zwölf bis vierzehn Stunden täglich arbeitete. Im hübschen Garten steht ein Grabstein mit Hammer und Sichel, unter dem seine Asche liegt. Wie die seiner Frau Natalja. Sie ist eine der wenigen aus Trotzkis Familie und Verwandtschaft, die der Vernichtung durch Stalins Schergen entging.

Beim Verlassen des Grundstücks denke ich voller Wertschätzung an Mexiko. Während Europas schwerster Jahre – Nazizeit, Kriegszeit – hat das Land nicht nur Kommunisten aufgenommen, sondern auch viele Hitlergegner, deren Leib und Leben von dem noch besesseneren Massenmörder bedroht wurde.

Irgendwie mochte ich Trotzki, vielleicht hatte es mit Burtons Darstellung zu tun. Damals wusste ich nicht, dass jene, die vom besseren Menschen in einer besseren Welt träumen, ja, sich als glühende Erlöser aufführen, dass genau sie sich später als die talentiertesten Schwerverbrecher outen würden. Trotzki hatte schon vor seinem Streit mit Stalin Anzeichen bemerkenswerter Brutalität gezeigt. Gewiss hätte sie ihn zu schauerlichen Großtaten verführt, wenn er als Alleinherrscher in die Sowjetunion zurückgekehrt wäre.

14

Mit einem Bus zurück ins Zentrum. Ich beobachte einen Mann, nicht jung, nicht alt, der während der langen Fahrt – Rushhour – mehrmals aufsteht und seinen Platz anbietet, Ticketgeld an den Fahrer weiterreicht, älteren Leuten (er sitzt ganz vorne) beim Einsteigen hilft. Absurderweise denke ich für Augenblicke, dass er sich irgendwann vor uns aufstellt und zu predigen beginnt, ja, uns wissen lässt, dass er früher Gangster war und Frauen verprügelte, aber eines Nachmittags Gottvater über ihn kam und ihn auf den rechten Pfad führte. Nichts davon, er ist einfach Ritter, ohne Zirkus, ohne den Blick dessen, der weiß, dass er Gutes tut und die Welt auf ihn schaut. Der Mensch ist lässig und unaufgeregt. Ich erinnere mich an die Mail eines Lesers, der meinte, dass ihm die Tränen kommen, wenn er einen Akt von cooler Hilfsbereitschaft beobachtet. Wie ich das verstehe.

15

Im Norden der Stadt liegen die beiden Basiliken, die der »Santa María de Guadalupe« geweiht sind. Der Ort ist weltberühmt. Manche rutschen in die neue hässliche oder die alte schiefe, so ansehnliche Kirche. An jeder Ecke ein Laden mit »artículos religiosos«, hunderttausendfach bunter Klimbim. Ausgesprochen witzig die tragbaren Wiegen, maßgezimmert für den Heiland als Baby-Heiland. Ja, mannshohe (!) Jesusjünger gibt es zu kaufen: Heerscharen von Heiligen, stets um den Gottessohn geschart und gewiss alle einen Kopf kürzer als er.

Aber ja, ich hab's geschworen, ich will nicht lästern oder – ich bin ein Schwächling – nur verhalten aufmucken. Zudem werde ich mit zwei Situationen belohnt, von denen man nur lernen kann: In einer Seitenkapelle, in der fleißig und kniend gen Himmel geklagt wird, entdecke ich – scheinheilig ebenfalls auf Knien und nach links schielend – ein Paar. Schon wieder. Diesmal hinter einem Beichtstuhl (!) versteckt und innigst zugetan. Bestimmt noch ein atü leidenschaftlicher als die Polizistenbraut und ihr Bräutigam. Und ich denke, dass neunzig Prozent der hier anwesenden Männer – die auf jeden Fall – sogleich tauschen würden. Denn Schmusen heilt, wissenschaftlich und empirisch bewiesen. Und entzückt. Während noch immer keine Beweise vorliegen, dass Knien auf kaltem Steinboden zur Lebensqualität beiträgt.

Zweite Lehrstunde. Zwischen den beiden Kirchen liegt eine Halle, über deren Eingang »Juramentos« zu lesen ist, *Schwüre*. Und täglich um 16 Uhr geht es los: Die Bude wird voll, etwa 200 Sünder, meist Männer, wenige Frauen. Sind alle Plätze belegt, läuft über drei Monitore ein zehnminütiges Video mit Szenen, in denen der Protagonist via Alkohol und Kokain sein Leben (und das anderer) ruiniert. Herrlich dramatisch inszeniert. Um zu demonstrieren, wo – in der Gosse, schlimmer, im Leichenschauhaus – die Zuschauer landen werden, wenn sie nicht »umkehren«. Dann bekommen die Bußfertigen einen handtellergroßen Zettel, auf dem die Heiligste abgebildet ist und auf der Rückseite der »Schwur« steht, der zu einer »alianza con Dios« einlädt: »Ich – hier den Namen eintragen – bin mir bewusst, was ich tue, und verspreche fest vor dem allmächtigen Gott, weder rauschhafte Getränke noch Drogen zu konsumieren noch zu rauchen noch zu stehlen noch zu zanken noch Böses zu sagen noch dem Aberglauben zu verfallen noch untreu zu sein etc.«

Was immer das *et cetera* bedeuten mag, die Damen und Herren haben sich viel vorgenommen. Am Schluss des Textes heißt es: »... para ser un buen cristiano católico«, *um ein guter katholischer Christ zu sein*. Mitgefühl überkommt mich, wenn ich die Versammelten nach vorne schlurfen sehe, um den jetzt unterschriebenen Schwur abzugeben. Keine Damen und Herren, vielmehr Frauen und Männer, deren Körper und Gesichter Zeugnis davon ablegen, dass ihre übermütigen Tage schon hinter ihnen liegen.

Der Pfarrer hält noch einen *pep talk*, stramme vierzig Minuten endlos. Ob Zureden jene erreicht, die täglich zu sind? Seltsame Predigt, denn es wird deutlich, dass man sich das »ewige Leben« erst durch ein Scheißleben verdienen muss. Die Unbeschwerten hienieden haben in der Ewigkeit nichts verloren. Aber bald wird es ausgesprochen entspannt, denn irgendwann sind die ersten Schnarchtöne zu hören. Der ganz große Durchbruch wird auch heute nicht passieren. Das letzte Wunder fand hier vor 470 Jahren statt. Da kam die Jungfrau persönlich vorbei. Erzählen sie.

Was könnte ein Gottloser der Menschheit anbieten? Für den Fall, dass der Monotheismus – diese Phantasmagorie aus Angst, Schuld und Himmelsglocken – verschwinden sollte? Wenn ich hier in der »Kapelle des kleinen Brunnens« eine Frau beobachte, die sich über den Glassarg der »im Königsgewand schlafenden Königin Jungfrau« beugt und ihr die drängendsten Wünsche zuflüstert, dann berührt das eine Seite in mir, die ich mit all meinen Mitmenschen teile: die Sehnsucht nach »etwas«, das uns beisteht. In meinen schwachen Stunden beneide ich die Träumer für ihre Halluzinationen, die übrige Zeit weiß ich wieder, dass von »oben« nichts zu erwarten ist. »Das Schicksal des Menschen ist der Mensch«, klarer als Brecht kann man es nicht aussprechen.

16

Nachts trau ich mich im Hotelzimmer an die Glotze ran. Das ist tapfer, aber ich will dieses Land verstehen. Ein wenig, immerhin. Machen wir kurzen Prozess: Das hiesige Fernsehen ist – mit Ausnahme einiger Kanäle, wie weltweit nicht anders – eine Hirnzertrümmerungsmaschine. Ich frage mich, ob die zuständigen Macher zynisch sind. Oder einfach realistisch. Siehe Deutschland: ARTE hat einen Marktanteil von 1.1 Prozent, 3sat tatsächlich 1.3. Dagegen ist die Mediengruppe RTL – Brustvergrößerungen, Boxkämpfe, Bauer sucht Frau – mit über 28 Prozent dabei. Denken ist, wir wissen es längst, kein Massensport. Nirgends.

So wie es Kammerjäger gibt, um Ungeziefer zu vernichten, so sind andere mit der vordringlichen Aufgabe beschäftigt, den menschlichen Geist plattzumachen.

Die nationale Spezialität in Mexiko sind »Telenovelas«, endlose Serien aus dem »wahren Leben«. Mit Titeln, die alles verraten: »Locura de amor« / *Wahn der Liebe* oder »La fea más bella« / *Die schönste Hässliche* oder »Reina de Corazones« / *Königin der Herzen*. Und hundert Blödigkeiten mehr. Ja, sogar die Welt-Jungfrau hat eine eigene Sendung, die 1000. (!) Folge steht an: »La Rosa de Guadalupe« / *Die Rose von Guadalupe*. Wer drei Abende durchhält, denkt über Selbstmord nach.

Garniert wird das Angebot mit Serien aus den USA. Da fällt auf, dass selbst die Putzfrau wie eine Miss Amerika aussieht. Und noch hurtiger und cooler gemordet wird.

Erstaunlich, aber ich habe noch nie so viele unglückliche Frauen gesehen wie in den hiesigen Telenovelas. Man sieht sie entweder traurig oder zornig oder schluchzend. Strahlend Glückliche ja, doch nur kurzfristig. Interessant zudem – Männer schreiben gewöhnlich die Drehbücher –, dass kein anderes Ziel eine Mexikanerin anzutreiben scheint, als *den Einen fürs Leben* zu finden. Ist das so? Wenn ja, wie unsexy, wie abtörnend.

Ein Sonderfall sind die Pornovideos, die manche Hotels anbieten. Ich habe mit Interesse hingeschaut, denn alles, was Menschen einander antun – vom Bezauberndsten bis hinein ins Gräulichste –, macht mich reicher. Auch wenn mir dieser Reichtum bisweilen das Herz aufschneidet. Oder die Augen bluten lässt beim Anblick von so viel Uneleganz.

Auch 13-Jährige wissen heute, dass Sexdarsteller nicht als Liebespaare auftreten, sondern brav ihre Verrenkungen vorführen und sich die Lady meist nach zweieinhalb Minuten hinkniet, damit der Hengst ihr Gesicht vollkleckern kann. Umwerfend erotisch ist das nicht, aber es geht noch wüster: Hier machen sie nicht Liebe, hier spielen sie Krieg. Umstandslos bringen sie ihre primären Geschlechtsteile – die sekundären werden nur flüchtig oder gar nicht eingesetzt – in Stellung und gehen aufeinander los. Die Vagina als Kriegsschauplatz. Denn in Nullkommanichts rüttelt der Schwanz des Mannes wie ein Maschinengewehr im Unterleib der Frau. Um rasch und anstandslos abzufeuern: der offensichtlich einzige Zweck des schauerlichen Zeitvertreibs. Das Ganze begleitet von Geräuschen, die – würde man nur den Ton hören – an Revierkämpfe zweier Nilpferde erinnern.

Bemerkenswert, wie Frauen und Männer so elend unbegabt mit ihren durchaus gefälligen Körpern umgehen. Ich will behaupten, dass Verschmuste nach dem Liebesspiel attraktiver aussehen, wenn, ja wenn, das Spiel aus warmen, einander verschlingenden Bewegungen besteht.

Ich will alles widerrufen, jeden Ruf des Schreckens, denn eines Abends kommt spätnachts eine Reportage über einen Dichter, von dem ich nichts wusste: Efraín Huerta. 1914 geboren im selben Jahr wie zwei andere grandiose mexikanische Schriftsteller, Octavio Paz (Nobelpreis 1990) und José Revueltas. Eine Stunde lang dauerte der Bericht, und jede Minute habe ich das Medium Fernsehen gepriesen: Ein Mann wurde vorgestellt, der ironisch war, zynisch, sarkastisch, ungemein humorvoll, zudem Kommunist und – wie die beiden anderen – irgendwann aus der Partei flog, da der Kommunismus und die Freiheit des Geistes offensichtlich nicht zusammenpassen. Huerta, der wilde, provozierende Liebesgedichte wagte, der sein Land liebte und darüber ein ganzes Buch – *Amor, patria mía* – veröffentlichte, der seine Hauptstadt liebte und ihr ein Hassgedicht – *Declaración de odio* – widmete, in dem er liebesnärrisch und verzweifelt von den Narben, den Leichen, vom »Stahl, vom Blut, vom erschöpften Schweiß« der Metropole, von der Einsamkeit der Hunde, der Nutten und Stricher, von der Melancholie der Dichter und von »den Tagen so schwer, als wäre der Kopf abgeschnitten« sang.

Huerta war radikal, einer, der Tropfen aus seinen Venen in die Tinte mischte. Ein Zauberer, der sich mit einem Presslufthammer in der Rechten an den Schreibtisch setzte. Hier ein kurzes Gedicht, eine Art Selbstporträt, da es so eindeutig von ihm erzählt (die Übersetzung ist von mir, ich habe keine deutsche gefunden):

La montaña rusa
Durante medio siglo
La poesía fue
El paraíso del tonto solemne.

Hasta que vine yo
Y me instalé con mi montaña rusa

Suban, si les parece.
Claro que yo no respondo si bajan
Echando sangre por boca y narices.

Die Achterbahn
Ein halbes Jahrhundert lang
War die Poesie
Das Paradies des feierlichen Idioten
Bis ich kam
Und meine Achterbahn aufstellte

Fahren Sie mit, wenn Ihnen danach ist.
Doch bin ich nicht verantwortlich, wenn Sie aussteigen
Den Mund und die Nase voller Blut.

Von Señor Huerta, der 1982 starb, will ich lernen. Einer, der sich traut, sich jede Herzkammer offenhält und hinterher Poesie abliefert. Ein Achterbahn-Mensch, der es rauf und runter mag, nicht bremst vor Kurven, ja, keinem Schwinger ausweicht.

17

Die Metro von Mexico City. Fast fünf Millionen benutzen sie täglich, und jeder – mittendrin im endlosen Meer der Leiber – kann sich dabei beobachten, wie er es mit seinem Menschenfreundlichkeits-Quotienten hält.

Als ich diesmal zum ersten Mal hinunterstieg und als Massenmensch unter Menschenmassen einen Hunderte Meter langen Gang entlanghetzte, vor mir die Köpfe mit schwarzem Haar, da war mir, als wären wir ein gewaltiger Heereszug. Nur zogen wir in keine Schlacht, zogen nur in die nächste Metro. Wo andere Heere schon auf uns warteten.

Bei einem dieser Märsche erinnerte ich mich an Gustave Flauberts Bemerkung: »Reisen macht dich bescheiden. Du erkennst, welch kleinen Platz du in der Welt einnimmst.« Normalerweise mag ich dieses Gerede vom nichtigen Menschlein unterm Sternenzelt nicht, das ist mir zu barock, irgendwie zu eso-eselig. Denn oft habe ich mich unter einem glitzernden Himmel fantastisch gefühlt. Weil er weit und offen war. Aber im Untergrund dieser Stadt mit seinen 20 Millionen hat der französische Schriftsteller recht. Hier ist es gnadenlos eng, und du bist nur noch ein senkrechtes Stück Fleisch, das aus allen Richtungen gequetscht wird. Von anderen Gequetschten.

Eine Szene soll reichen: In der Station Hidalgo will ein Mann den Waggon verlassen. Aber er kann nicht, er schreit, er boxt, er brüllt, doch nichts hilft. Da die Wartenden bereits hineindrängen und nicht daran denken, ihn vorbeizulassen: zu kurz die Zeit, um den Zug zu entern. Der Mann ergibt sich, versucht sein Glück an der nächsten Haltestelle. Plötzlich verstehe ich auch, warum die Passagiere nicht weiterrücken in den Mittelgang: weil jeder versucht, so nah wie möglich am Ausgang zu bleiben. Um nicht zurückgewirbelt zu werden, wenn man rauswill. Beste Strategie: Eben nicht sofort rein, denn so wird man nach »hinten« bugsiert. Steigt man zu spät ein, ist die Menschenwand unpenetrierbar geschlossen. Im Bruchteil einer Sekunde muss man den rechten Augenblick erkennen und sich als Letzter noch Zugelassener hineinpressen. Dann Luft anhalten, damit die Türen zugehen. Das alles ist gewiss nicht die Hölle, aber so könnte die Fahrt dorthin aussehen.

Mehrmals fiel mein Blick auf ein Foto, das an den Metrowänden klebte. Man sah ein Gesicht mit einem Atemschutz über den Lippen, die erklärenden Zeilen darunter: »Halte den Mund zu, damit kein Gas ausströmt.« Ich lese das gern, mein Sinn für das Groteske hat mich noch nie im Stich gelassen.

Die Frauen haben es besser. Der erste Wagen gehört ihnen allein. Um sie vor Männern zu schützen, die nicht wissen, wie in geballter Nähe sich benehmen. Während im Rest der Metro Poster hängen, die eine wenig erfreuliche Männervisage – ungepflegt, eher hässlich – zeigen, die lasziv in die Kamera blickt, Text: »Este es el morbo con el que miran a tu jefa todos los días«, *das ist die krankhafte Geilheit, mit der sie jeden Tag deine Chefin anblicken.*

Okay, es geht noch radikaler. Irgendwann finde ich in einem der Waggons den berühmten »Penis-Sitz«. Die Rücklehne besteht aus einer modellierten Männerbrust, und auf der Sitzfläche liegt (!) ein erregter Plastikpenis. Nur Männer dürfen sich daraufsetzen. Das ist lustig und eindeutig: Respekt für Frauen! Nicht dickhosig sich aufdrängen!

Frausein kann bisweilen anstrengend sein. Für die ganz jungen Frauen noch anstrengender. Sexuelle Aufklärung ist noch immer ein Thema. Vom Staat wird sie geliefert, aber von bestimmten Kreisen – welchen wohl? – hintertrieben. Denn Jungfrausein ist einfach gottgefälliger als Frausein. Ich sehe in der Metro einen Teenie, von dem ich nicht sagen könnte, ob sie elf oder dreizehn ist. Doch ihr Bauch ist unmissverständlich. Über 400 000 Minderjährige gebären jedes Jahr in Mexiko. (Südamerika hält den Weltrekord mit einer fünfeinhalbjährigen – !!! – Mutter.) Ein paar Meter daneben steht ein Mädchen, vielleicht volljährig, doch gewiss schwanger. Sie verkauft Kaugummis, ihre zwei Töchter im Schlepptau. Um sie früh einzuschulen in ein sinnloses Dasein.

Jetzt kommen mir ungute Gedanken. Diesmal schlüpfe ich in den Kopf des ungeborenen Kinds: Darf man mich zeugen, wenn mit Sicherheit – ¡puta mierda! – feststeht, dass ich eines Tages genauso Kaugummis verkaufen werde? Grimmig würde ich der werdenden Mutter zurufen: Tu's nicht! Dieses Scheißleben will ich nicht! Ich will hüpfen und toben und irgendwann ein Erwachsener sein, der Geld verdient mit etwas, das ihn beschwingt. Aber wie Milliarden vor mir bin ich sprachlos, niemand fragt, ob ich zustimme oder nein schreie. Und so macht meine Mutter aus mir ein tatsächliches Kind, sie tut es aus gräulich falsch verstandener Liebe, aus Unwissenheit, ja, aus Angst, am Ende allein dazustehen. Lauter Gründe, die ich nicht hören will. Weil ich mich bereits ein Leben aushalten sehe, in dem keine Zukunft vorkommt, und wenn doch, dann eine mühselige, unnahbar fern aller Herausforderungen und Freuden, die die Welt für andere bereithält.

Die *Underground* dieser Stadt lehrt jeden Vorbeikommenden etwas von menschlicher Existenz. In den Zügen und außerhalb von ihnen. Natürlich gibt es Linien und Zeiten, in denen man nicht als gehäuteter Hering unterwegs ist, ja, sich setzen kann, ja, Männer aufstehen und Frauen einen Platz anbieten. Wo der Blick frei wird auf die, die hier ihr Auskommen (wenn sie denn damit auskommen) verdienen: die ambulanten Habenichtse, die Elastikbänder »für Hände mit Rheuma« verkaufen. Oder eine Hautcreme »für alle Schmerzen«. Oder (raubkopierte) DVDs. Oder Ohropax – um den Lärm zu dimmen. Oder Ohrhörer – um den Lärm voll aufzudrehen. Oder andere, die nichts haben, nur sich, und als Azteken verkleidet herumspringen. Und andere, die nichts (mehr) haben und rote Zettel verteilen, auf denen man lesen kann, dass die Ernte missraten ist und sie um eine Gabe bitten. Und andere, die gar nichts (mehr) haben und als Blinde, geführt vom kleinen Sohn, dahinschlurfen, mit dem Rucksack auf dem Rücken (aus dem Taifunmusik plärrt) und der Blechdose vorne an der Brust. Oder eine Frau, die als Soloblinde unterwegs ist, und aus ihrem mitgeschleppten Lautsprecher schmalzt einer »Lamentablemente vas a olvidarme«, *leider wirst du mich vergessen*. Und hinter ihr kommt ein Greis vorbei und bittet um Geld, »por el amor de Dios«. Und ich ihn frage, warum man aus Liebe zu Gott spenden soll und nicht, weil sein Anblick einen anrührt. Er lächelt gütig und schüttelt den Kopf. Er ist schwerhörig.

So enden die, die bereits bankrott auf die Welt kommen: Jeden Tag aufstehen und wissen, dass kein Geld da ist, kein Bankkonto, keine Krankenversicherung, keine Rente, ja, dass mir schon als Kind nichts gehört, nur mein Körper, auf den ich morgens die billige Ware schnalle und losziehe. Jeden Tag. Und wissen, dass kein Tag anders sein wird. Kein Fluchtweg weit und breit. Vielleicht triebe ich mich hier in der Metro herum, vielleicht stünde ich an Straßenkreuzungen und verkaufte »Rückenkratzer«, jene bizarren Stecken, an deren Ende eine kleine Plastikhand befestigt ist. Damit sich Autofahrer den schweißjuckenden Rücken reiben können.

Eine Vorliebe für das Absurde kann helfen. Sonst schwärzt Zynismus die Gedanken: Keine Meditationsmusik erwartet die Passagiere wenn sie, die Heringe, den Zug verlassen, nein, Werbung aus Monitoren schreit sie an. Der Kapitalismus gönnt keine Pause. Zwei Kostproben: Eine »viaja turistica a la estación espacial internacional« wird uns angeboten, *ein Touristenausflug zur internationalen Weltraumstation*. Das hat Witz, wenn man bedenkt, dass ein Metroticket fünf Pesos (25 Cent) kostet und die Reise hinauf in den Himmel für 20 Millionen Dollar zu haben ist. Jetzt meine Lieblingswerbung. Sie ist an Aberwitz nicht zu toppen. Sie erzählt uns etwas vom Unterschied zwischen der Realität – Schweißperlen auf der Stirn und die gefühlte Nichtigkeit im riesigen Haufen – und der Welt der Gaukelei: Man sieht eine hübsche Frau in hübscher Landschaft, im Vordergrund steht eine Mineralwasserflasche. Die Hübsche sagt: »Dank dieses Mineralwassers bist du heute da, wo du bist.«

Das ist das Glück und das Dunkle im Beruf eines Reporters: Er sucht die Zumutungen. Nicht immer bewusst. Diffus bewusst geht auch. Sie sind sein täglich Brot, er braucht sie. Glückliche haben keine Geschichte, die Geschundenen sind aufregender (das Wort ist wohlüberlegt), sie tragen eine Wunde. Und sie zeigen sie her.

Nach einer langen Fahrt schwärme ich dem Ausgang nach oben zu. Aber an der vorletzten Stufe, noch einen Meter von der Erdoberfläche entfernt, erwischt mich Diego. So heißt der Mann, der da sitzt und jedem triumphierend seine zertrümmerte rechte Wade entgegenstreckt. Nur noch Knochen, an denen ein paar Fleischfetzen hängen. Immerhin tropft kein Blut mehr, alles verschorft. Ein Autounfall, sagt er. Und warum lässt er sich keine Prothese machen? Oder das Teil reparieren? Der 47-Jährige meint, das ginge nicht, er hätte kein Geld. Ich antworte, dass es gewiss auch in Mexiko ein Krankenhaus, eine NGO gäbe, die ihm helfen würden. Dabei schaue ich ihn ungerührt an. Diego ist ein Schlitzohr, irgendwann beichtet er: Die Wunde will er nicht hergeben, sie ist sein Klingelbeutel. Je fürchterlicher sie aussieht, desto mehr kassiert er.

18

Oben, drei Schritte von Diego entfernt, befindet sich *Polanco*, ein Nobelviertel. Fein die Häuser, die Botschaften, die Restaurants, ein Schild verweist auf »Apartamentos exclusivos«. Kein Krüppel liegt herum, ihre Abwesenheit ist wohl in den (sündteuren) Mieten inbegriffen. Sogar die Straßennamen klingen nach Glamour, hier wohnt man in der Calle Homero oder Gutenberg oder Julio Verne oder Horacio. Pinien biegen sich sanft, die Luft riecht wie Luft. Ich komme an acht Metern hohen Schaufenstern vorbei, in denen Chanel, Tiffany und Gucci ausstellen. Man sieht Menschen, die die Wunderwerke aus Europa tragen. Für Augenblicke bin ich schwach und will mit ihnen tauschen: tausendmal täglich begehrt und fotografiert werden und nie eine Metro betreten müssen.

Ich finde die Buchhandlung *El Péndulo*, sie soll mich heilen. Kurzfristig. Sie geht als kleine Sensation durch, so großzügig, so geschmackssicher ist sie eingerichtet. Einladung zum Lümmeln und Denken. Gedanken aus der hintersten Ecke der Welt kann man hier lesen. Fast die gesamte deutschsprachige Geisteselite steht in den Regalen. Neben allen anderen Eliten. Einfache Kost gibt es auch: Ich sehe einen Mann, der es sich in einem der Sessel bequem gemacht und seine Füße plus Straßenschuhe auf dem Tischchen vor ihm ausgestreckt hat. Er liest gerade »Superación personal«, frei übersetzt: *Persönliches Fortkommen*. Er scheint sich seit Kurzem erst mit dem Thema auseinanderzusetzen, denn bei der Erkenntnis, dass man seine dreckigen Boots nicht auf fremde Tische hievt, ist er noch nicht angekommen.

Plötzlich – wie seltsam, wie widersprüchlich zum hellblauen Ambiente – packt mich die Melancholie. Jeder kennt das: dass unerklärlich eine Stimmung auftaucht, die mit dem aktuellen Jetzt nichts zu tun hat. Irgendeine Synapse platzt, und man fällt in ein Loch. Tief und düster.

Nein, ich will nicht aufhören zu atmen, will nicht zu saufen anfangen, will mich nicht betäuben, will alle Tage teilhaben. Aber die Stunden kommen, wie an diesem Dienstagnachmittag, da entgleist mir die Gegenwart, und ich halte sie nicht mehr aus: nicht die Verrohung, nicht den Verlust an Eleganz, nicht die Gewalt, nicht die Infantilisierung, nicht das Gebrüll nach Wachstum, nicht – nur konsequent – das Totschlagen der Natur. Dann bin ich jämmerlich, dann bin ich k. o. Bis der Moment kommt, in dem ich wieder unbelehrbar verliebt bin ins Leben. Und losrenne in die Welt.

Ich suche mir etwas zum Lesen. Buchstaben wärmen. Ich finde Henry Millers »Días tranquilos en Clichy«, *Stille Tage in Clichy*. Ich schmökere, ich liebe Henrys lasterhafte Übertreibungen, seinen Witz, seine Weisheit. Er ist ein so zuverlässiger Aufmöbler.

Wunderlich leise ist es, wie immer unter Zeitgenossen, die sich versenken. Schon klar, wegen Überfüllung wird hier niemand ausgesperrt. Der Laden ist riesig, und eine Handvoll Leute teilen sich ihn. Die Buchhandlung bietet sogar einen »Kurs für kreatives Schreiben« an. Und ein Plakat hängt am Eingang, mit Bildern aus den Überwachungskameras. Zur allgemeinen Heiterkeit, da es sich um Fotos von »Individuen« handelt, »die Bücher stahlen«. Mich erheitert es besonders, denn ich habe zwei Jahrzehnte lang geklaut und wurde nie gefasst. Ich weiß, ich sollte mich schämen, aber die Freude ist trotzdem da.

19

Rüber in den Parque Lincoln, an einem Vogelhaus vorbei. Einige Vögel bewegen sich frei, andere befinden sich noch in Käfigen. Ich erfahre, dass die Neuzugänge sich zunächst an die Umgebung gewöhnen müssen, erst dann dürften sie fliegen. Sie alle wurden aus den Klauen illegaler Tierhändler gerettet. Ich beobachte einen Pfau, der sich wie die Wiedergeburt von Narziss aufführt. Er widmet sein Dasein seiner Schönheit. Ach, ich widme das meine der Schönheit der Welt.

20

Raus aus Mexico City. Mit der Metro zur größten Busstation des Landes, groß wie ein Flughafen. Da nur eine Bahnstrecke für Passagiere existiert, wurde das Busnetz professionell ausgebaut. Und es funktioniert, die Fahrzeuge sind modern, meist pünktlich, das Personal durchaus freundlich.

Vor der Abfahrt steigen zwei Polizisten ein und filmen jeden Einzelnen. Manche müssen ihre Papiere zeigen. Dieser Vorgang wird sich noch oft wiederholen. Stichworte:

Sicherheit und Gewalt und Verbrechen. Vor Tagen stand in der Presse der Bericht über einen »angel exterminador«, einen *Racheengel*: Ein Bus wird nachts von vier Halunken gestoppt, mit Messern bedrohen sie die Fahrgäste, fordern alle Wertgegenstände. Als sie fertig sind mit ihrem Raubzug, erhebt sich ein Mann, schießt einen nach dem anderen des Quartetts nieder, gibt das Diebesgut an die Eigentümer zurück, bittet die Zeugen, keine Angaben über sein Aussehen zu machen und steigt mitten auf der Strecke, mitten in der Nacht aus. Die Polizei tappt im Dunkeln, die Dankbaren halten den Mund.

Die Fahrt ist kurz, nur fünfzig Kilometer Richtung Nordosten, nach Teotihuacán. Zwischen den Jahren 150 und 450 nach unserer Zeitrechnung war der Ort die religiöse und wirtschaftliche »Hauptstadt« im mesoamerikanischen Raum. Mehr als zwanzig Quadratkilometer groß, bis zu 200 000 Bewohner. Die architektonischen Leistungen sind erstaunlich, das Verlangen nach Schönheit scheint ein unverwüstliches Gen in der DNA der Menschheit zu sein.

Eine Priesterkaste gab den (scharfen) Ton an, der Rest gehorchte. War der Klerus besonders feierlich gestimmt, wurden zur Eröffnung eines neuen Tempels Menschen hingerichtet, auch Kinder. In der Sprache der damaligen Siedler, dem *Nahuatl*, ist hier »der Platz, an dem die Götter zur Welt kamen«. Man sieht, jede Epoche hat ihren ganz eigenen Wahn.

Irgendwann verschwand diese Zivilisation, man weiß bis heute nicht, warum. Die Natur kam wieder, erst Anfang des 20. Jahrhunderts wurde die Wildnis von Archäologen freigelegt. Imposante Anlage, am imposantesten die beiden Pyramiden, die dem Mond und der Sonne gewidmet sind, den Hauptgöttern.

Ich werde mich jetzt nicht zu Teotihuacán auslassen. Ich verstehe nichts von Archäologie, ferner kann man hundert Seiten über jeden hiesigen Quadratmeter im Netz nachlesen. Drittens ergreift mich die Furcht, einen klassischen Reiseführer abzuliefern, in dem endlos viele Zeilen über alte und uralte Steine fadisieren.

Trotzdem bin ich gern da, denn es gibt etwas zu lernen, geheimnisvolle Dinge aus ganz modernen Zeiten. Zudem bekomme ich umgehend meine Ration heiteren Nonsens geschenkt. Vor der Sonnenpyramide – sie ist teuflisch steil – steht ein Schild, das jene warnt, die mit folgenden Problemen unterwegs sind: Herzschwäche, Schmerzen an Schultern, Hals und Knochen, hohem Blutdruck und – Stöckelschuhen. Einige Meter weiter, gleich neben der ersten Stufe, sieht man das Piktogramm einer Person, direkt vor einem schräg nach oben gerichteten Pfeil. Wer hätte das gedacht: Hier geht es hinauf!

Fliegende Händler schwirren, dazwischen ein paar Bettler. Wenn ich denke, bereits genug gespendet zu haben, sprich, mein Geiz mich wieder einholt, dann gehe ich nicht genervt davon, sondern verwickle den Bittsteller in ein kurzes Gespräch. In Afrika hielt ich am Ende stets eine Moralpredigt, fragte, ob Schnorren dem Heiland gefallen, ja, was ER wohl dazu sagen würde. Ein kleiner Geniestreich meinerseits, denn der Gottessohn ist eine Wunderwaffe. Noch keiner wagte, ihm zu widersprechen. Hier in Mexiko trage ich, wie an diesem Vormittag, ein Gedicht vor. Am liebsten eins von meinem vor Tagen entdeckten Helden, von Efraín Huerta. Und das Wunder der Sprache findet statt. Noch der schlichteste Mensch lässt sich von der Musik der Worte ergreifen. Und zieht versonnen von dannen, beschenkt von einem Dichter.

Jetzt kommt die Lehrstunde, die Lernstunde. Seit es Handys gibt, fasziniert mich die Handy-Hysterie. Noch beim Klettern der Sonne entgegen bleiben sie mittendrin stehen und checken – und daddeln. Möglicherweise hat Pepe unter »Geiles Teil« seinen neuen knallroten Pullover auf Instagram präsentiert, und sofort muss ein *Like* her. Oder Liselotte schreibt unter »pressiert«, dass die Badeschlappen eben nicht im Kofferraum liegen, sondern auf dem Rücksitz. Gleich darauf meldet sich Tracy – betreffs: »raining dogs and cats« – und will wissen, ob es in Mexiko auch so stürmt wie in Wisconsin.

Geradezu makaber, wie das Smartphone die Gegenwart abschafft. Sie ist out, unhip, keiner will sie mehr. Hier wäre Teotihuacán, wären die Geheimnisse einer verwunschenen Kultur, die einmalige Gelegenheit, ein bisschen klüger davonzugehen.

»Hier und jetzt«, das ist ein Spruch aus dem uralten 20. Jahrhundert. Alles ist sexyer als der momentane Augenblick. Und jede andere Weltgegend und jeder andere Weltbewohner scheinen begehrenswerter zu sein als die, die einen umgeben. Unübersehbar: Die Wirklichkeit enttäuscht, also treten viele die Flucht an. Ins Virtuelle.

Manchmal hüpfe ich aber vor Vergnügen von einem Bein auf das andere, denn wie immer hat das Unheimliche seine absurden Seiten. Ein paar Schritte von der Mond-Pyramide entfernt, legten die Teotihuacanos einen auf den Quadratmeter genauen Ort fest: »qincunce«, *der Nabel der Welt*. Und davor stehen die Besucher nun Schlange, um sich per Selfie zu fotografieren: Ich bin das Zentrum, die Welt ist der Rahmen! Sie spielt die zweite Geige, wenn überhaupt. Es geht nicht mehr darum, anderen die Ferne zu zeigen, sondern das *big myself*. Und dahinter – eher verschwommen – den Rest des Universums. Der moderne Mensch kennt nur noch einen Ort der Sehnsucht: sich. Längst hat er Narziss überholt. Er plumpst auch nicht mehr in den Teich, nein, er macht ein Foto von seinem wasserklaren Spiegelbild. Und eilt zum nächsten.

Ich übertreibe natürlich, denn ich sehe Leute, die eisern die Hauptstraße entlang ziehen, »la calzada de los muertos«, *die Avenue der Toten*. Und sich nicht ablenken lassen, nicht vom Schweiß, nicht von Elektronik, von nichts. Sich vor eine ausgegrabene Ruine stellen und sie betrachten, in einem Buch (oder Tablet) nachlesen, wieder betrachten. Die Franzosen nennen ein solches Verhalten »zenitude«, sagen wir, *konzentriert sein wie jemand, der Zen praktiziert*. Ich schleiche hinterher, ich will sein wie sie. Ich will, dass sie mir ein Stück abtreten von ihrer Begabung: *eines* zu tun, dann – nie gleichzeitig – etwas anderes zu tun. Und stets mit letzter Aufmerksamkeit. Das sieht elegant aus, ungemein inspirierend.

Noch eine Anmerkung. Ich schwöre, mich jagen auch Eitelkeiten. Schreiber, die sich als moralisierendes Vorbild aufführen, sind nichts als *a pain in the ass*. Und Reisen ist eine patente Art, sich auf die Schliche zu kommen. Schliche, die man lieber verheimlichen würde. Aber das Handy-Wichtigtuer-Syndrom habe ich verschlafen. Das anstrengende Gefühl, unentbehrlich zu sein, kam nie bei mir an. Ich bin grundsätzlich nicht – sofort – erreichbar. Doch nie überfällt mich die Furcht, dass sich die Erdachse nicht weiterdreht, weil die Verbindung zu mir unterbrochen ist. Sie dreht sich weiter, wie beruhigend. Statt wichtig zu sein, kann ich Dinge tun, die mir wichtig sind.

Am Ende der Anlage steht eine Tafel. An ihr lässt sich erkennen, dass man nun auch in Mexiko versucht, dem Dünkel der Mestizen gegenüber den Ureinwohnern entgegenzuwirken. Verwunderlich, wie zäh sich Hochmut am Leben hält. Obwohl der erste Präsident des Landes – Benito Juárez, Mitte des 19. Jahrhunderts, hoch verehrt – ein »Indio« war, glauben die einen noch immer, dass sie zur nobleren, ja intelligenteren Menschheit gehören. Der Text ist trocken und eindeutig: »Erinnere dich daran, dass die indigenen Sprachen ebenfalls Sprachen sind«, lies, »richtige Sprachen«, kein Kauderwelsch unter Wilden.

Die Kapriolen des (hiesigen) Rassismus: Viele Mestizen fühlen sich ihrerseits von den »ganz« Weißen verachtet. Die Hackordnung geht folglich so: Die Rein-Weißen verhöhnen die Halb-Weißen, die wiederum auf die Un-Weißen herabblicken. Ich wette, dass auch die noch Menschenwesen entdecken, die sie für minderwertiger erachten als sich selbst.

Nein, Reisender, du musst nicht alle mit Herzensglut umhalsen, auch vor keinem mit Ergebenheit niederknien, ach, es reicht völlig, wenn du jedem, der dir nahekommt, in die Augen blickst und ihn – Ratschlag meines Zenmeisters – »just fucking normal« behandelst.

21

Auf in den Norden. Sehr früh in die Metro, denn zu Stoßzeiten – ein besseres Wort gibt es nicht dafür – sind Rucksäcke wegen Platzmangels (!) verboten. Gestern noch in einer Buchhandlung die Reiseführer für Mexiko durchgeblättert. Bei manchen von ihnen wurde die nördliche Hälfte des Landes ganz ausgespart. Zu schlecht der Ruf, zu viele Totgemachte, Touristen wollen das nicht sehen. Ich muss es sehen, ich habe einen Vertrag unterschrieben.

Als mein Mac hinter der Röntgenmaschine am Busbahnhof vom Band fällt und mein Hemd bereits große Schweißflecken zeigt, erinnere ich mich wieder, dass ich gern Genie geworden wäre. So könnte ich zu Hause bleiben und warten, bis die Götter mich mit einer Idee zur Herstellung von Weltliteratur beschenken. Tun sie aber nicht, also muss ich raus und Beute machen. Zudem lehrt uns die Geschichte, dass die Überbegabten irgendwann, ziemlich früh, für Glanz und Gloria zahlen mussten. Mit einer Schwindsucht, mit Leukämie oder Irresein, mit unheilsamer Verzagtheit. Ich habe das alles nicht, mir gehört nur der Schweiß.

Vor dem Einsteigen gibt es zwei kleine Aufmerksamkeiten. Jeder Passagier erhält – wie fast immer vor einer langen Fahrt – einen Softdrink und etwas zum Essen. Die noch erfreulichere Gabe kommt jedoch vom Fahrer: Er trägt einen tadellos geschnittenen Anzug mit weißem Hemd und einer haarscharf passenden Krawatte. Die kommenden Monate werden zeigen, dass das grundsätzlich bei allen Busunternehmen so gehandhabt wird: der Mann am Steuer als Visitenkarte der Firma.

Was für eine Genugtuung für einen Ästheten. Nachdem man – egal wo – nicht mehr auf die Straße treten kann, ohne Zeitgenossen zu begegnen, die vorne den Bauch und rückwärts den Hintern heraushängen lassen, steht hier einer, der verstanden hat, dass er zur Verschönerung der Welt, ja, zur Menschenfreundlichkeit beiträgt.

Die Reise geht nach Tampico, Richtung Nordosten, Atlantikküste. Ein interessanter Tag holt aus. Neben mir sitzt ein vielleicht 45-jähriger Mexikaner, verschlossen, was eher selten ist. Ich will wissen, was in ihm vorgeht. Er strahlt etwas aus, was irritiert.

Neun Stunden wird die Fahrt dauern, es eilt nicht. Zuerst heißt es, sich zu wappnen. Denn der Bus hat noch nicht die Ausfahrt erreicht, da blinken die vier Monitore schon auf, und nach knapp drei Minuten spritzt das Blut der ersten Leiche über den Bildschirm. Ab sofort wird nahtlos gemordet. In den Abspann des einen Films ballert bereits der nächste Streifen. Stille ist verboten, etwas Bedrohliches scheint von ihr auszugehen. Eine leichenlose Zeit ist eine sinnlose Zeit. Später regnet es Bomben, Kalaschnikows reichen nicht mehr, nun muss großflächig ausgerottet werden. Verhandeln, Kompromisse suchen, mit Hirn ein Problem lösen? Soweit kommt es noch.

Ich wünschte bisweilen, ich besäße eine Hornhaut, die ich bei Bedarf über mein Herz spannen kann. Um es zu schonen. Damit es nicht zu zittern anfängt angesichts von so viel blutrünstiger Geilheit. Wäre ich dreizehn, ich würde glauben, der Mensch sei ein auf Auslöschung programmierter Roboter.

Irgendwann komme ich mit Carlos, meinem Nachbarn,

ins Gespräch. Zögernd. Ich bin sicher, dass der Allerweltsname nicht sein richtiger ist. Ich rieche eine Story und zeige ihm meinen Pass. Er soll wissen, dass ich kein Mexikaner bin, an meinem Akzent ist das ebenso erkennbar. Ich erzähle ihm, dass ich als Erdkundelehrer in Deutschland arbeite. Ja, ich lüge. Um Vertrauen zu gewinnen. Und »Carlos« vertraut mir. Ob er die Wahrheit spricht? Fraglich.

Wir plaudern, sagen wir, ich frage und Carlos antwortet. Einsilbig. Wir reden über Gewalt. Die Gewehrsalven aus allen Richtungen lassen keine Wahl.

Die afrikanische Krankheit heißt »Tribalismus«: sich als »Stamm« zu begreifen und nicht als Nation, als ein Volk. In Mexiko könnte man sie mit dem schönen spanischen Wort »desánimo« bezeichnen, mit Mutlosigkeit. Alle, Carlos nicht ausgenommen, haben den Mut verloren, an diesen Staat zu glauben. Die Infamien, die sich seit vielen Jahrzehnten die verschiedenen Regierungen – knietief verkuppelt mit jeglicher Art Schwerverbrechen – leisteten und leisten, trieben jedem die Hoffnung auf ein funktionierendes Staatswesen aus. Aus unzähligen Ecken stinkt es nach Gesetzlosigkeit. Im Fernsehen laufen Werbespots, die Frauen und Männer – die Hand am Herz – zeigen, die furchtlos »¡Cuenta conmigo, México!« in die Kamera sprechen: *Rechne mit mir, Mexiko!* Finanziert wird der Aufruf vom Innenministerium. Ein eher hilfloser Versuch, die Millionen Bürger zur demokratischen Mitarbeit zu überreden.

»Iguala«, irgendwann fällt das Stichwort. Auf der Titelseite von »La Jornada«, der Tageszeitung, die ich mitbrachte, steht ein Bericht darüber. Ich erzähle Carlos, was ich über den Fall weiß (der durch die Weltpresse ging und den ich seit Monaten verfolge): In der Nacht vom 26. auf den 27. September 2014 wurden 43 Studenten in Iguala, einem Ort im Bundesstaat Guerrero, ermordet. Sofort begann eine gigantische Vertuschungskampagne, an der sich die Polizei, die dortigen Provinzpolitiker, der Gouverneur und die Regierung beteiligten. Auf Druck der Öffentlichkeit und der betroffenen Eltern wurde massenhaft verhaftet. Und viele nicht verhaftet. Plus eine Informationssperre veranlasst, von oberster Stelle, von Präsident Peña. Mit Verweis auf »die nationale Sicherheit«. Eine internationale Untersuchungskommission wurde bald wieder nach Hause geschickt. Nach allen erdrückenden Indizien und Zeugenaussagen passierte in etwa – stark vereinfacht – Folgendes: Die Studenten reisten in fünf Bussen Richtung Hauptstadt, in einem der Fahrzeuge lag Heroin im Wert von zwei Millionen Dollar versteckt. (Reisebusse als Transportmittel für Drogen, auch das ist üblich.) Da das lokale Drogenkartell, die *Unidos Guerreros*, einige der jungen Männer – zu Unrecht – für Mitglieder einer rivalisierenden Bande hielt, fürchtete es um seine Ware, kontaktierte die zuständigen, mit ihm unter einer (blutigen) Decke steckenden Autoritäten: Polizei, Militär, die politischen Entscheidungsträger. Die 43 wurden festgenommen, verschleppt, erschossen und – wer genau wen ist noch unklar – verbrannt, verscharrt oder in einem nahen Fluss versenkt. Dass man die meisten der Leichen bis auf den heutigen Tag nicht fand, ist der zweite Skandal. Sie sind Teil der anderen 35 000 Skandale, sprich, Verschwundenen in Mexiko, die wohl – für immer – verschwunden bleiben.

Jetzt redet Carlos, weniger einsilbig. Mein Bericht scheint ihn zu überraschen. Doch er kommentiert ihn nicht. Dass ein Ausländer sich so innig mit seinem Land auseinandersetzt, wundert ihn. Er lächelt. Und sagt es endlich, umständlich und ungenau, aber er spricht es aus: dass er sich damit beschäftigt. Dass er – im wessen Namen will er natürlich nicht preisgeben – seit Jahren nach Beweismaterial sucht. Nein, keine familiäre Verbindung zu den persönlich Involvierten. Ich frage ihn, ob er als Privatdetektiv arbeitet, als Polizist in Zivil, als von (sauberen) Politikern Beauftragter? Er verstummt plötzlich, vielleicht bereut er die paar

Hinweise. Dass er in brisanter Mission unterwegs ist, brauche ich ihm nicht zu erzählen. Wer auffliegt, wird vernichtet. Nicht ohne vorher gefoltert zu werden. Und hinterher im Plastiksack auf dem Müll zu landen.

Überraschenderweise steigt Carlos beim nächsten Halt aus. Was nicht vorgesehen war. Möglicherweise will er mich loswerden, will Spuren verwischen. Ach, einen harmloseren Zuhörer als mich wird er nicht finden.

22

Die ruhigen, fast stillen Passagiere im Bus, ganz im Gegensatz zum Getöse aus den Bildschirmen. Eine Erfahrung, die sich wiederholen wird: nie ein Betrunkener, nie Streit, selbst die Jungen benehmen sich zuvorkommend, niemand, der rüde ist, abweisend. Wie verwunderlich, dass ein so höfliches Volk solche Massen von Übeltätern hervorbringt.

Nein, nicht so wunderlich, denn es gibt zwei Erklärungen, die der zivilisierten Koexistenz im Land eher unzuträglich sind: die extreme Armut und der extreme Reichtum. Solange beide jährlich neue Rekorde brechen, wird der Kontinent bluten. Eine dritte Triebfeder soll noch gelten, völlig unabhängig von sozialen Befunden: *la condition humaine*, die Gier, das »Böse«, das Verlangen nach Geltung und Ansehen. Man muss folglich weder arm noch reich sein, um sich am Schinden und Morden zu beteiligen.

Tatsächlich werde ich in dieser Gegend, im Norden, keinem Westler begegnen. Die Angstpropaganda auf den Webseiten verschiedener Botschaften ist beeindruckend. Die hiesige Presse leistet ebenfalls ihren Teil. Okay, die Zahlen sind eindeutig, Mexiko gehört zu den drei gefährlichsten Ländern der Welt. Wochen später wird sich herausstellen, dass dieser Sommer die höchste Mordrate der letzten zwanzig Jahre geliefert hat. Aber Reisende, die keine schmutzigen Hände haben, die weder Drogen verschieben noch als

Berufskiller jobben noch sich politisch betätigen: Sie kommen zu 99 Prozent nicht unter die Räder. Das eine Prozent wären diejenigen, die kein Glück beschützte, die aus Versehen in einen Kugelhagel liefen. Oder verwechselt wurden. Oder als unfreiwillige Zeugen an der falschen Ecke standen. Somit: Die Chancen, dass ich hier als Kollateralschaden ende, scheinen eher gering zu sein. Trotzdem, ich will auf der Hut sein.

Ich lese, geschriebene Sprache als Vademecum, mein Serum gegen die Dämonen, jene, die mir schon lange gehören, und jene, die neu auf mich einstürmen. Das Alphabet als Schutzengel. Eine Meisterleistung. Meine beiden (sündteuren, maßgeschneiderten) Silikonpfropfen sind meine beiden anderen Beschützer. Wie Korken sitzen sie in den Ohren. Der moderne Mensch muss sich abschirmen, sonst wandert er in den Irrsinn.

Ein paar Blicke hinaus auf die Landschaft: staubige Sträucher, die dreckigen Straßen in den vergessenen Orten. Regenzeit, *mañana*-Stimmung, die rauchenden Männer vor den Kneipen, die Polizeistation hinter Sandsäcken. Neben den Mautstellen – hier gibt es Geld – stehen Soldaten auf den Ladeflächen der Transporter. Schussbereit. Für den Fall, dass jemand die Kassen leerrauben will.

Tampico versöhnt. Der rotseidene Abendhimmel über der kleinen Großstadt, der Duft einer Frau, die an mir vorbeigeht. Und ein großes Werbeposter mit zwei Männern in der typischen Arztkleidung, Text darunter: »Pijamas quirurgicas«.

Vor knapp 500 Jahren gründeten die Spanier hier einen Stützpunkt, dann kamen die christlichen Missionare. Der indigenen Bevölkerung wurden ihr Land und ihr Glauben gestohlen. Später fielen Piraten ein, dann die Franzosen, dann endlich kam die Geburtsstunde eines freien Mexikos, und die Stadt begann zu blühen. In den Zwanzigerjahren des letzten Jahrhunderts fing Tampico an, berühmt zu werden, der Ölboom brachte Wohlstand, der zweitgrößte Hafen der Welt entstand. Hier landete 1939 Trotzki an, hier betrat so mancher (deutsche) Flüchtling, der den Nazis entkam, zum ersten Mal mexikanischen Boden.

Das *Cártel del Golfo* und *Los Zetas* – von hochrangigen Ex-Militärs gegründet und laut CIA die technisch versierteste und grausamste Drogenbande – schaffen im Bundesstaat Tamaulipas, zu dem Tampico gehört, an.

Ein paar Schritte vom Bahnhof entfernt, finde ich eine Unterkunft. Will ich eine Rechnung, kostet sie mehr. Eindeutig, ich bin ebenfalls korrupt, denn ich verzichte auf eine Quittung. Das hilft dem Besitzer, seinen Staat um die Steuern zu betrügen. Und hilft mir. So betrüge ich mit.

Abendessen, in der Kaschemme liegt der »Express« aus. Die Zeitung wird täglich mit Blut gedruckt, auf jeder Seite mindestens zwei Kettensägenmassaker. Als Trostpflaster wird vorne und hinten (sehr groß) ein Atombusen-Starlet vorgestellt. Fast nackt. Sternchen Sheila meint heute: »Ich bin Masochistin, ich bin glücklich, denn ich darf oft leiden.« Man kommt – zumindest als Mann – aus dem Staunen in diesem Land nicht heraus.

Damit keine Missverständnisse entstehen: In Mexiko gibt es neben Zehntausenden Drogenschlächtereien auch die ganz »normalen« Morde. Vor ein paar Tagen hat hier in der Stadt ein Rechtsanwalt (!) seinen besten Freund liquidiert. Weil er dessen Frau begehrte. Unergründliches Menschenherz.

Am nächsten Tag ins Zentrum, zum *Plaza de Armas*. Beete und Blumen, wunderlich friedliches Leben und mittendrin ein »sala de lectura«, ein offener Kiosk mit Büchern, die man vor Ort anlesen und mit nach Hause nehmen kann. »Sophies Welt« steht in den Regalen und Herman Melvilles Romane und Italo Calvino und Bernhard Schlinks »El regreso« / *Die Heimkehr* und ein Buch über »Autodegradación«, über die *Selbsterniedrigung* der Mexikaner: ihr Anbeten der westlichen Kultur und die Missachtung der eigenen Leistung.

Ich komme mit José, dem Bibliothekar, ins Gespräch. Ich frage ihn, warum Mexiko – so groß, so reich – nicht auf die Beine kommt. Und er, der Mexikaner: »Somos flojos, somos huevones«, *wir sind faul, stinkfaul.* (Ein huevón ist einer, dem aus Trägheit die Hoden am Boden schleifen.)

Fabian übernimmt, er ist Pastor, er sieht mein ungläubiges Gesicht und greift zur Bibel, die ebenfalls ausliegt. Er schlägt das *Deuteronomium* auf, Kapitel 28, »Segnungen des Gehorsams und Konsequenzen des Ungehorsams«. Der 34-Jährige hat nichts Geiferndes, ich mag ihn sofort. Er macht sich Sorgen um mich, versucht tatsächlich, mich zum himmlischen Glauben zurückzuführen. Wie es mich fasziniert, einem zuzuschauen, der auf alles eine Antwort hat, der stets einen Ausweg weiß. Weil es nur darum geht, so Fabian, »wahrhaftig die Anordnungen des Herrgotts zu befolgen«, ja, »dem Weltenkönig unbedingte Gefolgschaft zu leisten«.

Ach, hier ist sie wieder, die rote Linie, die nie überschritten werden darf: Denn ich will immer mein Hirn befragen und wissen, was es zu sagen hat. Das Lied von der Erhabenheit der Fügsamkeit, so überaus beliebt, ich kann es nicht singen.

Fabian deutet auf seine zwei Narben im Gesicht und die zwei Einschuss-Stellen im (dicken) Bauch. Er nennt sich heute einen »Geretteten«, da er früher für die *narcos* gearbeitet hat. Bis er umkehrte, Richtung Ergebenheit für den Herrn. Ohne Auftraggeber – auf Erden oder im Himmel – scheint er nicht auszukommen. Er ist ein feiner Kerl, er meint es gut mit mir, er schreibt mir ins Tagebuch, dass »Gott auf deiner Seite rauft« (sic).

Ein paar Schritte vom Bücherkiosk entfernt, steht eine Statue von José Calderón Torres. Nein, sie sitzt, muss sitzen, denn José war während vieler Jahre einer der längsten Menschen der Welt, 235 Zentimeter hoch, 1915 hier geboren und 1973 hier gestorben. Bis zu seinem neunten Lebensjahr entwickelte er sich normal, dann – wie bombastisch sie es sagen – »überkam ihn der *gigantismo*«. Und er schoss in die Höhe. José war Hafenarbeiter und am Ende seines Lebens verkaufte er Lottoscheine. Von einer Freundin wird nichts berichtet. Größe macht einsam. Aber, so heißt es, er war ein »nobler Mann« und »un caballeroso«, *ein Kavalier*, bei den Damen. Als er beerdigt wurde, ragten seine Beine weit aus dem Leichenwagen.

Zur *Plaza de la libertad*, dem Platz der Freiheit, noch ein Zentrum der Stadt. Dafür muss man die Spanier lieben. Und die Mexikaner dazu: Mit grandioser Stilsicherheit bewahren sie das Erbe ihrer ehemaligen Schinder. Die Fassaden der Häuser, man sollte sich davor hinknien, aus Dankbarkeit für so viel Ebenmaß.

Das ist das Gefährliche an der Schönheit. Wer sie einmal abgespeichert hat, wird vor jedem Stück Hässlichkeit zittern. Vor Schrecken.

In einer Ecke des Platzes gibt es ein Humphrey-Bogart-Denkmal. Auch er sitzt. An einem Tischchen. Daneben steht ein Stuhl, auf dem man sich zu Mister Cool gesellen kann. Wie ein goldstrahlender Ritter leuchtet er in der Nachmittagssonne. Ein Kinoplakat hinter ihm verweist auf den Zusammenhang: In der Gegend hat der Star unter der Regie von John Huston 1947 den »Schatz der Sierra Madre« gedreht. Nach dem gleichnamigen Buch des geheimnisvollen (deutschen) Schriftstellers B. Traven, der in den 20er Jahren des vergangenen Jahrhunderts nach Mexiko geflohen war. Bogart spielt in dem Drama einen extrem uncoolen, von Gier und Misstrauen zerfressenen Goldgräber, der zuletzt alles verliert, auch das Leben, auch den Kopf. Den ihm Banditen abschneiden.

Die Story passt, denn das Enthaupten von Gegnern hat eine lange Tradition im Land, die gerade mit Schwung wiederbelebt wird: wer mir mein Gold rauben will, sprich, mir beim Beschaffen und Verkaufen der Droge in die Quere kommt, den zerstückle ich. In sechs Teile. Einmal der Schädel, einmal die vier Extremitäten, einmal der Torso. Die hiesige Presse ist so frei, die Zerstückelten tags darauf als Foto dem Publikum zu präsentieren. Das gefällt den Mördern, denn sogar das ist ein Zeichen des Zeitgeists: das Ergebnis der Mordlust vieltausendfach veröffentlicht zu sehen, das verschafft die ultimative Genugtuung. Eine Art Gütesiegel. »Bien hecho«, *gut gemacht*. Die ganz Fleißigen filmen mit ihrem Handy das Massakrieren und schicken es an verschiedene Fernsehanstalten. Noch hält man sich mit der Veröffentlichung zurück.

Früher tat man alles, um ein Verbrechen zu verheimlichen, heute fordert der Täter Publicity. Auch, um seine Feinde zu warnen: Schaut hin, ich bin's, ich kann Köpfe abhacken! Der aufmerksame Leser entdeckt Parallelen zwischen dem »Islamischen Staat« und den mexikanischen Kartellen. Inzwischen berichten die Medien, dass die ersten islamistischen Zombies in Mexiko eingetroffen sind. Und dass Pläne zur Zusammenarbeit existieren. Wer die Porträts der Männer aus dem fernen Orient mit den Fotos von den Männern aus dem nahen Okzident, ihren neuen Amigos, vergleicht, der wird feststellen, dass die einen sich einen verzottelten Vollbart haben wachsen lassen und die anderen einen schwungvollen Schnauzer. Jeder Mordclan hat seine Vorlieben. Und die einen bitten Herrn Allah, sie beim Morden tatkräftig zu unterstützen, und die anderen flehen zur Überjungfrau, auf dass sie erfolgreich schlachten und nicht geschlachtet werden. Ihnen allen gemeinsam ist ihr liebstes Steckenpferd: das Vernichten von Menschen.

Ein notorischer Mörder hat es leicht. Das Leben eines anderen hat keinen Wert, sein einziger Wert ist sein Besitz, sein Geld, sein Auto, ja, sein Handy. Das macht den Killer unverwundbar, da kein Skrupel ihn zögern lässt. Verschärft wird dieser Zustand noch durch das Wissen der eigenen Wertlosigkeit. Denn er weiß, dass in jedem Augenblick ein anderer Skrupelloser ihn niedermetzeln könnte.

Ein Begriff geistert durch das Land: »Impunidad«, *Straflosigkeit*. Viele, die sich überlegen, auf Schwerverbrecher umzusatteln, stellen fest, dass niemand die Unholde – egal ob Täter oder Schreibtischtäter – belangt. Okay, ich kann totmachen, und keiner fängt mich ein! Wer das erkannt hat, das gemütliche Morden und die Nachsichtigkeit des (so bestechlichen) Staats, der wird ein leichtsinniger Strolch, durchaus gut gelaunt. Findet er sich dann noch auf der Titelseite der Zeitungen, so ist sein Glück auf Erden schier vollkommen: Meucheln macht Spaß, ich bin dabei: Jetzt werde ich berühmt!

23

Tampico hat heroische Seiten. Unten am Hafen entdecke ich eine Büste von Jesús García Corona, dem »Helden von Nacozari«. Wer von seiner Geschichte erfährt, kann sich gleich (heimlich) fragen, wie er selbst reagiert hätte. Für mich steht die Antwort schon fest: Ich wäre davongelaufen.

Jesús war Bremser bei der mexikanischen Eisenbahn. Am 7. November 1907 hielt sein Zug in Nacozari, einer Kleinstadt, nahe der Grenze zu Arizona. Er bemerkte, dass einer der Waggons – voll mit Dynamit – oben auf dem Dach Feuer gefangen hatte. Er sprang auf, fuhr den Zug mit Vollgas sechs Kilometer lang bergabwärts – bis er gemeinsam mit dem Zündstoff in die Luft flog. Sein Tod rettete Hunderten das Leben. Jeder 7. November ist sein Tag, gefeiert noch heute von seinen Kollegen. Dem 26-Jährigen zu Ehren, dem »Helden der Menschheit«.

Nur ein paar Schritte weiter hat *dentista* Doctor Mario seine Praxis eingerichtet. An der Hausmauer hängen kindlich gemalte Zeichnungen von mehr oder weniger verfaulten Mundhöhlen. Daneben ein Poster mit *Lucha-Libre*-Luchadores, vielleicht seine Kunden, denn den Catchern fliegen oft die Zähne raus. Als drittes eine Liste mit den »servicios«, die der Zahnarzt anbietet: »reparaciones« und »extracciones«, ob festsitzendes Gebiss oder beweglich. Er kümmert sich um alles, kleine Makel, große Makel.

Wer sein Erdgeschoss-Kämmerchen betritt, muss nicht todesmutig wie Bremser Jesús sein, aber starke Nerven helfen. Marios Schlager sind »Platinkronen« für 800 Pesos (40 Euro). Als ich – eingedenk eigener astronomischer Behandlungskosten – verdutzt nachfrage, erfahre ich, dass es sich weder um Platin, auch nicht um Gold handelt, sondern um »metal amarillo«, um *gelb gefärbtes Eisen*. Neben der Kasse steht eine Schuhschachtel voller neuer und gebrauchter Gebisse und Zähne. Man darf aussuchen.

Wie Sprache uns tröstet. Wer will schon wissen, dass seine zukünftigen Zähne aus billigem Material bestehen. Er hört Platin und verdrängt die Schummelei. Zudem verspricht der Meister »ein Lächeln wie ein Star aus Hollywood«.

Als ich die acht Quadratmeter verlasse, fällt mir ein, dass das Wort »Patient« vom lateinischen *patiens* kommt: Leidender. Dass die seit Ewigkeiten schlummernde Erinnerung nun mein Bewusstsein erreichte, muss wohl mit den Beißzangen des Doktors zu tun haben, die im Regal auf ihre Opfer warten. An überirdischen Beistand hat der joviale Doc ebenfalls gedacht: Über dem Seifenspender stehen die Figuren der »heiligen Familie«, Joseph, Maria und das Kindlein. Was für eine Mischung: Folterwerkzeuge, Aberglauben und die Aussicht auf gelb lackierte Backenzähne.

Tampico macht Freude. In der Nähe des *Plaza de Armas* wird jetzt, am späten Nachmittag, getanzt. Jeder, den ich frage, warum denn heute an einem normalen Werktag gefeiert wird, zeigt ein belustigtes Gesicht. »Asi es«, *so ist es halt*. Meine Neugier muss ihnen seltsam vorkommen. Es braucht doch keinen speziellen Grund, um sich zu vergnügen. In den Nebenstraßen spielen verschiedene Bands, und die Jungen und Alten wiegen sich. Kein Rock, kein Punk, nein, eher verträumt und verliebt die Musik. Andere lehnen an den Häuserwänden und schauen zu. Auch verträumt und wohl nicht verliebt. Die Sonne wirft lange Schatten, jemand spielt ein Saxofonsolo, und man will so sein wie er und nur dastehen und die Welt verführen mit etwas, das so schwerelos und souverän daherkommt. Und der Fremde beneidet dieses Volk, das so radikal vergessen kann: das andere Leben, die anderen Tage.

Polizeiwagen stehen an den Kreuzungen. Tampico, heißt es, starrt vor Waffen.

24

Abends in meiner Kaschemme, ich liebe diese einfachen Wirtshäuser, Arbeiter kommen hierher, man lächelt sich an, eine friedliche Stunde. Essen und nebenbei den mitgebrachten Packen Zeitungen lesen. Ich finde ein Interview mit Juan Soler, einem argentinischen Schauspieler, der vorwiegend in Mexiko arbeitet und in Südamerika weltberühmt ist. Er sagt einen Satz, der sich tadellos anhört und wundersam selbstgerecht klingt. Und zugleich Auskunft über seine Ignoranz gibt: dass es ihm, Soler, gefalle, »Korrupte und Böse zu spielen, etwas, was ich im tatsächlichen Leben niemals wäre«. Nun denn, ein gut aussehender Mann, der mit seinem Talent einen Haufen Geld verdient, solch einer hat leicht reden. Aber die meisten sehen nicht gut aus und eine besondere Begabung haben sie auch nicht, sprich, da stehen die Chancen schon besser, sich von einem dicken Bündel begeistern zu lassen.

Dieser grandiose, fleckenlose Blick auf sich selbst hat etwas Rührendes, weil er zeigt, dass man 50 Jahre alt werden kann und noch immer nichts von der eigenen Verführbarkeit begriffen hat.

Gehen wir einen Schritt weiter, schauen wir uns das Œuvre von Señor Soler an, hui, eine hirnverbrannte Telenovela nach der anderen: *Wenn ich mich verliebe* oder *Engelsgesichtchen* oder *Schilfdickicht der Leidenschaften* und über ein Dutzend mehr hammerblöder Serien. Seine Fähigkeiten für so viel Schwachsinn einzusetzen: Irgendwie hat das mit Korruption zu tun, mit der besinnungslosen Absicht, via billige Arbeit das Bankkonto vollzustopfen. Intelligente Filme würfen gewiss weniger Reichtum ab, dann müsste man vielleicht auf Protz und noch mehr Protz verzichten.

Mir käme nie die Idee, dass Geld keinen Reiz auf mich ausübt. Ich würde irgendwann schwanken. Es ist lediglich eine Frage der Höhe des Betrags, mit dem der Verführer winkt. Noch war er nicht hoch genug. Nur die Scheinheiligen unter uns halten sich für Heilige. Ach, die Ahnungslosen.

25

Weiter Richtung Nordosten, nach Monterrey. Einchecken im Bus, kein Metalldetektor, kein Röntgen des Gepäcks, jedes Teil gerade außer Betrieb. Man könnte seelenruhig seine Dolche und Pistolen mitnehmen.

Fahren wir los, schaue ich um mich: Gesichter betrachten. Ich bemerke eine Frau, die sich die Augen schminkt. Mit letzter Aufmerksamkeit ist sie bei der Sache. Sie weiß um ihre schönsten Augen, und ich liebe es, unbemerkt auf Leute zu schielen, die sich unbeobachtet glauben. Vollkommen wahr sind sie in diesen Augenblicken, vollkommen sie selbst.

Die heutige Zeitungslektüre kann durchaus erheitern. Auch wenn sie von den Taten der Gangster berichtet. Man sieht Fotos der Villen, die sich die Drogenbarone spendiert haben, auch im Ausland, am liebsten in den USA. Diesmal geht es um den Besitzstand eines ehemaligen (hohen) Finanzbeamten, der erfolgreich auf Bandenführer umgeschult und sich in Kalifornien häuslich niedergelassen hat. Mitsamt der Familie. So erfährt der Leser, dass die Señora Gemahlin noch schnell eine 20-Millionen-Dollar-Hütte für die Tochter gekauft hat, und der Sohn den Vater beim Investieren des Blutgelds berät. Dass der Boss Wert auf eine anständige Erziehung legt, erkennt man daran, dass er seine Kinder auf die (kostspielige) *Mater Dei Catholic High School* schickt, deren Webseite verkündet, dass dort unter anderem »spirituelles Wachstum« gefördert wird.

Der Mann ist schwer zu fassen, da seine multiplen Geschäfte über Strohmänner, Offshore-Konten und Postkastenadressen laufen. Zudem stinken auch große Teile der amerikanischen Polizei nach Korruption, sprich, eine Hand beschmutzt die andere.

26

Ankunft in der Hauptstadt des Bundesstaats Nuevo León. Eineinhalb Millionen leben in Monterrey, Handelszentrum, Drogenzentrum und – laut Umfragen mehrfach bestätigt – die »Stadt mit der besten Lebensqualität Lateinamerikas«. Mexikanische Widersprüche.

Ich finde das Hotel »El Encanto«, *der Liebreiz*, der Name ist vielleicht eine Spur übertrieben, aber das Zimmer ist sauber, ein solides Bett, ein Tisch, geräumig, und nachts, so erfährt man, wacht ein Mann mit Knüppel vor dem Eingang. Werbebroschüren liegen im Schrank, auf einer steht: »Traer en el sangre el legado del éxito«, *im Blut das Erbe des Erfolgs tragen*. Das hätte ich gern als junger Mensch gespürt. Nun, die einen kommen schon glorreich auf die Welt, und die anderen müssen sich ihren Platz erst erschuften.

Monterrey wird mir Freude bringen und Storys, ich spüre

es. Ich entdecke einen Ort zum Frühstücken und Tagebuch schreiben. Mit Steckdose, Wi-Fi und kichernden Bedienungen, die unaufgefordert Kaffee nachschenken. So einfach kann das Glück eines Reporters aussehen: eine ruhige Ecke und ein Mac und das Wissen, dass keiner stört beim Stöbern nach dem einen richtigen Wort und dem nächsten einen richtigen Wort. Wie unspektakulär und wie glückselig machend. Sprache als Werkzeugkasten: um mich jeden Tag zu reparieren, die Schäden der letzten 24 Stunden. Und mich neu zu tunen. Für die nahe Zukunft.

Rüber in die »Central«, die riesige Schalterhalle des Busbahnhofs. Ich will mich über eine bestimmte Verbindung erkundigen. Eine attraktive Angestellte sitzt am Schalter, und ich begrüße sie mit: »Ah, die Schönheit der mexikanischen Frauen.« Ein Passepartout-Satz, der auf jedem Erdteil funktioniert, da überall eine Frau schön sein will. Noch keiner bin ich begegnet, die nicht gern ein Kompliment hört. Und noch nie habe ich den Augenblick erlebt, in dem ein kleiner Lobgesang – ganz gleich, auf was er sich bezieht – nicht das Leben erleichtert: ihr Leben, weil sie wieder weiß, wie sie die Welt bereichert, und meins, weil sie jetzt besonders hilfsbereit Auskunft gibt.

Durch die Großstadt flanieren, Samstagvormittag, Gewoge, Schreie, Stinkluftverkehr. Ein ambulanter Händler verkauft USB-Sticks, auf die man »250 000 Lieder herunterladen kann«. Was für ein Optimismus. Wie viele Hundert Jahre muss einer werden, um das zu schaffen.

Zwei Burschen drücken auf die Heckscheibe jedes Autos, das an der Kreuzung hält, eine Schablone, dann streichen sie mit gelber Farbe darüber, und das Wort TIGRES – der Name des hiesigen Fußballclubs – leuchtet. Dafür springen ein paar Pesos. Mexikaner sind fútbol-närrisch.

Vorbei an einem Laden, in dem sie Hochzeitskleider verkaufen. Mit Taillen, die an Marie Antoinettes Maße erinnern, *nachdem* ihr die Zofe das Korsett geschnürt hat. Ich bekomme das anrührige Bild einer Frau geschenkt, vielleicht 30, die vor dem schönsten Kleid steht, superweiß und designed für einen Wonderbody, ja, sie versunken dasteht und – ich wette, meine Vermutung stimmt – nachdenkt, wie ihr maßloser Körper je da hineinpassen soll. Und ihr Gesicht trauriger und trauriger wird, weil sie keine Antwort findet, und sie still und mit gesenktem Kopf weitergeht.

Ich beobachte einen Mann, der sich die Schuhe putzen lässt, im Schatten unter einem mächtigen Baum. Neben dem Hochsitz des Schusters hat noch ein Tischchen Platz, auf dem Süßigkeiten, Kaugummis und verschiedene Zigarettenschachteln liegen, sein kleiner Nebenverdienst. Die Kunden kaufen die Glimmstängel per Stück, höchstens zwei auf einmal.

Ich will genauso sitzen und meine verkommenen Stiefel wieder glänzen sehen. Im Laufe der Jahre bin ich weise genug geworden, mir jedes Betroffenheitsgestammel zu ersparen. Auch den Schuster damit zu verschonen. Ich freue mich einfach, dass jemand so freundlich ist, sich mit mir zu befassen. Ich werde die kommende Viertelstunde nicht mit dem Gedanken verderben, ach, der arme Mensch, ach, ich Herrenmensch, ach, du das Opfer und, ach, ich der Ausbeuter. Nein, ich habe längst verstanden, dass ich zu schwach bin, um die Welt auf den Kopf zu stellen. Doch ich habe gleichzeitig begriffen, dass ich die Zeit, die der andere mit mir verbringt, dafür hernehmen kann, sie ein wenig fideler zu organisieren. Also plaudern Ramón und ich, und das schöne Spiel beginnt: Ich frage und der andere zeigt sich her. Der Single muss einiges loswerden, denn er beichtet gleich, dass er die Ehe an die Wand gefahren hat. Weil zu oft betrunken. Weil er seine Jobs, auch den eines Automechanikers, zu oft verlor. Weil er immer wieder Frauen nach Hause (!) abschleppte. Auf meine Frage, warum er seine Schäferstündchen nicht in einem Hotelzimmer abgehalten hat, meint er trocken: »Ja, hätte ich tun sollen.« Kein Hinweis auf eine etwaige Schuld der Ehefrau. Er allein ist verantwortlich. Er betont es ausdrücklich.

Ob er glücklich ist? Hm, »entre sí y no«, *zwischen Ja und Nein*: »Weißt du, das Leben hat mir vieles versagt.« Aber er bleibt ganz unwehleidig. Nein, Depressionen habe er keine, nur einsam sei er in manchen Nächten, der Sex fehlt. Und für die *chicas* das Geld. Er mag seine Arbeit, denn sie macht Leute ein bisschen attraktiver. Sagt er und er sagt es so genau.

Ramón hat mich noch gefragt, woher ich komme. Als er das Wort Paris hört, entfährt ihm ein leichtes Stöhnen. Natürlich war er nie dort, »doch was ich so im Fernsehen mitbekommen habe …« Was denn? Und Ramón, fast flüsternd: »Las mujeres, las mujeres.« Inniger Abschied. Wie nah sich Männer fühlen, wenn sie von Frauen reden. Begeistert reden.

Ramón verfügt über das Geheimnis, sein wenig glorreiches Dasein hinzunehmen, ohne dass sein Herz schwärt. Er hadert nicht. Man könnte das als Gleichgültigkeit kritisieren. Oder als Großtat bestaunen.

Diese Hinnahme ist ein zweischneidiges Schwert. Sie verhindert jede Änderung, und sie sorgt dafür, dass der Mensch an seinem Unglück nicht zerbricht.

Wie ein *shining knight* gehe ich davon, unheimlich, wie Leder leuchten kann. Während ich noch seine Arbeit bewundere, denke ich über Ramóns Hunger nach einer Frau nach. Ach, die Mexikanerinnen, mit welcher Selbstverständlichkeit tragen sie die Insignien körperlicher Vollendung zur Schau. Schon 16-Jährige blühen wie Göttinnen. Ironischerweise hat das spanische Wort »castigar« zwei Bedeutungen, *verführen* und *bestrafen*: Nicht vieles ist schmerzlicher für den Mann zu ertragen als sein so begehrlicher Blick auf so begehrte Menschenkinder. Die ihn – einfach durch ihre Anwesenheit – »verführen«, reizen. Und sogleich »bestrafen«, weil der Verlockung, dem Reiz, meist keine Erlösung folgt. Die Göttin geht vorbei, und der Begehrende blickt sehnsüchtig hinterher.

Zum Macroplaza, einem der Zentren von Monterrey, hier stehen das Theater der Stadt, die imposanten Gebäude der Regierung und mittendrin »La Fuente de la Vida«, *der Brunnen des Lebens*. Hemmungslos macho und doch hinreißend: der griechische Meeresgott Poseidon auf seinem Streitwagen, aus dem vorne und hinten Wasser auf die Bronzefiguren herrlicher Frauen schießt, die enthusiastisch ihre Arme ausbreiten. Das Wasser als Urbild des Lebens, die Frau als Urbild der Schönheit.

Leute spazieren, fliegende Händler verkaufen Sonnenschirme und Eis, Sonntagskünstler bauen ihre Stände auf. Ich lerne Rocco und Juan kennen. Rocco tätowiert, und Juan sitzt da und – schaut. Er ist scheu, und die Hälfte seiner Zähne (»einfach so rausgefallen«) fehlen. Ich besteche ihn mit einer Cola plus Sandwich, er fasst Vertrauen und redet: Er hat kein Zuhause, schläft im nahen Park, hat siebzehn Jahre beim Ölgiganten Pemex als Schlosser gearbeitet, dann wurde rationalisiert, und Juan flog aus der Firma, flog aus dem Leben: Er zieht mit seiner Frau zu seiner Mutter, die irgendwann dement entschlummert. Nun raus aus der Wohnung, unbezahlbar.

Es geht noch tiefer: Er lässt sich scheiden, weil sie (!) Alkoholikerin wurde – und kurz darauf mit 48 stirbt, leberkaputt. Seine beiden Kinder wollen mit ihm, »dem Versager«, nichts zu tun haben, Juan zieht nach Monterrey. Große Stadt, hier gibt es Arbeit, er hat Hunger, er muss essen.

Jetzt bekommt die Geschichte einen ungeheuren Dreh: Vor einigen Monaten kam eine Inderin hierher, an diesen Platz, und hielt einen Yogakurs ab. Aus zehn Metern Entfernung schaut er ihr zu. Er nimmt keine Stunde Unterricht (Geld fehlt noch immer), liest kein Buch darüber, hat vorher nie das fremde Wort aus Indien gehört. Doch das Gesehene packt ihn, er speichert alles ab, er übt. Und verdient nun damit seinen Unterhalt.

Wir gehen die wenigen Schritte zur nächsten Kreuzung, stark belebt. Und dank des 57-jährigen Habenichts entsteht ein wunderlich absurdes Bild: Sobald die Autos vor der Ampel stoppen, stellt sich Juan in die Mitte der Fahrbahn, verbeugt sich zweimal, streckt bei 39 Grad Außentemperatur seine ewigschwarzen Fußsohlen in die Luft und führt seine Asanas vor, blitzschnell eine nach der anderen. Und zufällig hat auch eine offene Stretchlimousine gehalten, und zwanzig blutjunge Mädchen und Jungs – lachend, schreiend, Bierdosen schwenkend – blicken amüsiert und verblüfft auf den Mann, der nichts hat als seine sieben Verrenkungen und – längst schweißgebadet – versucht, sie zur Übergabe von ein paar Pesos zu überreden. Und Juan verneigt sich am Ende noch einmal und läuft mit seiner Blechdose entlang der Autofenster.

Wir gehen in einen Supermarkt und besorgen etwas zum Essen und Trinken. Ich muss ihn drängen, meine Einladung anzunehmen. Juan, der Abgerissene, der Quereinsteiger-Yogi, hat einen feinen Charakter. Er schnorrt nicht.

Auf dem Weg zurück spricht uns ein junger Kerl an und gibt jedem von uns ein Bonbon, auf dem steht: »Glaube an den Herrn, und du bist gerettet.« Er verwickelt uns sogleich in ein Gespräch. Er ist Ingenieur und studierte sogar in Frankreich. Ja, er sei Baptist und er wolle von der Liebe Gottes zu den Menschen reden.

Es ist zu heiß, um Widerstand zu leisten, also erzähle ich ihm die Geschichte von einem Freund, der (diskret) religiös war und mich immer erstaunt hat mit seiner Großzügigkeit, seiner Nachsichtigkeit anderen (auch mir) gegenüber. Bis er 36 wurde, und der Krebs kam, und er nach zwei qualvollen Monaten verschwand. Wo, bitte, geht es hier zur himmlischen Liebe?

Normalerweise hasse ich solche Diskussionen, da sie zu

absolut keinem Ziel führen. Doch eine Stimme in mir überredete mich, stehenzubleiben und hinzuhören. Irgendetwas an Manuel roch verdächtig, roch nach Strenge. Und tatsächlich, seine Antwort ist von erstaunlicher Kälte: »Dein Freund hat Böses getan, von dem allerdings nur Gott wusste. Und so musste er sühnen.« Verstanden, Patrick ging ab und zu ins Puff, und dafür gab es die Todesstrafe.

Die Belehrung hat eine Fortsetzung. Manuel zückt sein Handy und drückt auf eine Bibel-App. Da steht neben vielen Befehlen, Untersagungen und Vorschriften der Hinweis, »dass Gott darauf besteht, dass kein Sex vor der Ehe stattfindet«. (Okay, in der Ehe hört er von selbst auf.) Ja, er halte sich wörtlich daran, er will gehorchen.

Armer Teufel. Ich werfe einen genauen Blick auf den 27-Jährigen. Durchaus ansehnlich, durchaus nicht dumm. Nur die Scheiße im Hirn, sie wird reichen, um sein Leben zu ruinieren. Ich schmunzle bei der Vorstellung, wie er seinen nach Haut und Küssen vibrierenden Leib knechtet. Um seinem Herrn und Gebieter hoch droben einen Liebesdienst zu erweisen.

Was haben sich die Menschlein nicht alles einfallen lassen, um dem Glück auf Erden aus dem Weg zu gehen.

Abschied von Juan, wir vereinbaren, uns morgen wiederzusehen. Zurück mit dem Bus, essen, Zeitungen lesen, das Restaurant verlassen, in die Straße zu meinem Hotel einbiegen und – jetzt wird es stürmisch: Männer prügeln sich, zehn Dicke oder ganz Dicke rennen aufeinander los. Wobei Freunde (?) von ihnen mehrmals versuchen, dazwischenzutreten und die Wutentbrannten zu trennen. Das wüste Dreschen wird begleitet von den Flüchen der Matadore und dem vielstimmigen, sirenenartigen Gekreische mehrerer versprengt herumflatternder Prostituierter (Bahnhofsviertel!). Wir Zuschauer bewegen uns synchron mit, denn die beiden Schlägertrupps wogen in der Calle Villagóm von einer Seite zur anderen, sie suchen nach Holzprügeln, werfen mobile Absperrgitter um sich, einer reißt einen Topf kochenden Wassers vom Herd einer im Weg stehenden Garküche, ein Messer taucht auf, und alle, vermute ich, wissen nicht so genau, ob nicht doch plötzlich eine Beretta blitzt und die ersten Kugeln sausen. Ich brauche Zeit, bis ich aus den hysterisch sich überschlagenden Stimmen begreife, um was es geht: »turf fight«, *Revierkampf*, aber nicht um Drogen, sondern um Damen. Neue Damen wollen hier anschaffen. Undenkbar, und so gehen die Zuhälter der Alteingesessenen auf die Zuhälter der Eindringlinge los. Das Ambiente passt perfekt, die Leuchtschrift meines Hotels – El Encanto, was man auch mit »die Verzauberung« übersetzen kann – blinkt, daneben stehen die einschlägigen Bars, darunter »El Tibet« (!) und »La Jarra« (*der Krug*, denk: der Bierkrug), und weiter hinten blinken die rotblauen Lichter eines Polizeiautos, dessen Besatzung die Kampfarena jedoch nicht sieht, da die sechsspurige Avenida Cristóbal Colón dazwischenliegt.

Irgendwann kommt die Polizei doch, zwölf Frauen und Männer, bewaffnet wie für einen Krieg steigen sie von der Ladefläche des Pick-ups. Die Kampfhähne stieben davon, zwei lassen sich erwischen, mit blutigen T-Shirts und Beulen im Gesicht. Endloses Palaver, in dem es um nichts als die reine Unschuld geht.

Während die Personalien der beiden aufgenommen werden, spricht mich Dolores an, wohl ihr »Künstlername«. Eines der Mädels, die hier zu Diensten stehen. Ob ich nicht ins Tibet mitkommen wolle? Dabei greift sie nach meinem linken Unterarm und knetet ihn. Kluges Freudenmädchen, sie erkennt sogleich, dass mir nach einem anstrengenden Tag eine Massage guttäte. Sie zeigt mir die Visitenkarte der Spelunke, eine »Arena V. I. P.« gebe es, von wegen Séparée und wir ganz allein. Ergreifende Vorstellung, wie Dolores warmes Öl auf meinem Rücken verteilt und gleichzeitig das Diamant-Sutra aufsagt. Um die Wirkung ihrer Kunst zu verstärken. Leider ist der »Nachtklub« – ich war vormittags kurz drin – eine abgeranzte Bude mit einsamen Männern ohne Geld, ohne Frauen, ohne Zukunft, an der Theke lungernd. Und vertrockneten Rosen vor dem Bild der Jungfrau Maria. Und mit Damen wie Dolores, ähnlich verlebt wie das Mobiliar und die Herren. Ich verneige mich lächelnd vor ihr und vertröste auf morgen. Da greift sie zackig in meinen Schritt, ein letzter Versuch, mich umzustimmen. Mit Kusshand eile ich davon.

Das wird ein märchenhafter Abend. In meinem (dunklen) Zimmer setze ich mich ans Fenster, will rauchen. Was schwer verboten ist, wer ertappt wird, muss das genau Hundertfache (!) des hiesigen Mindestlohns bezahlen, ja, vor der Rezeption hängt eine Telefonnummer, ausschließlich für Denunzianten reserviert.

Blick hinunter auf die Nebenstraße, wo sie gerade noch keilten. Jetzt leer und still, irgendwann fährt ein Truck mit Soldaten hindurch, stehend, mit der AR-15 im Anschlag. Eine Szene wie aus einem Land, in dem Ausgangssperre herrscht: Jeder bleibt nachts zu Hause, und die Armee kontrolliert. Aber nein, Monterrey ist weit offen. Alle zehn Minuten zieht für Momente die Metro – hier oberirdisch – zwischen zwei Hochhäusern vorbei, ein Augenblick wie aus Chicago, so modern, so lichterblitzend, so schnell. Und dann – nun wird es unschlagbar romantisch – tippelt ein Betrunkener entlang des Trottoirs, auch er ganz leise, nur sacht schwankend und auf den Schultern sein Kofferradio, aus dem eine Frauenstimme singt: »Ven conmigo al cielo«, *komm mit mir in den Himmel.*

Dieses Bild lege ich selig im großen Buch des Lebens ab. Um mich bisweilen daran zu erinnern. Voll Melancholie.

27

Morgens bei Jessy meine saubere Wäsche abholen. Er lebt seit langer Zeit hier. Einmal im Jahr fährt er nach Las Vegas, zum Amüsement. Ein einziges Mal wurde er, mit seinem Truck unterwegs, überfallen. In Nevada. Aber der Räuber konnte nicht Auto fahren, so nahm er nur die 50 CDs mit. Früher ging Jessy zu Fuß von seinem Haus zur Arbeit, seiner Wäscherei. Jetzt nur noch motorisiert, da zu gefährlich. Mit seiner ersten Frau hat er neun, mit seiner zweiten Frau sechs Kinder.

Halt ein, Leser, du denkst falsch, so ist es richtig: Jessy ist Amerikaner. Fünfzehn Kinder, furchterregend die Vorstellung, für alle verantwortlich zu sein. Doch der 70-Jährige strahlt Heiterkeit aus, er sagt, keines von ihnen landete auf der Straße.

Diesmal mit der Metro zum *Macroplaza*. In der Station gibt es eine Ausstellung über Alfonso Reyes, den berühmten Sohn der Stadt, den berühmten Dichter und Essayisten. Auf einer Plakette stehen ein paar Zeilen von ihm. Poesie zum Mitnehmen, Poesie zum Verschenken, als Kraftnahrung für den Tag (Übersetzung von mir, da eine »offizielle« unauffindbar):

Cuando salí de mi casa
Con mi bastón y mi hato,
le dije a mi corazón:
¡ya llevas sol para rato!
Sol de Monterrey

Wann immer ich mein Haus verließ
Mit meinem Stock und dem Bündel
Sprach ich zu meinem Herz:
Lass dich ein Weilchen von der Sonne tragen!
Der Sonne von Monterrey

In den Zügen hängen wieder die Hinweisschilder, doch bitte jede Art Krach zu vermeiden. Ein Blinder zieht gerade durch, sein Radio heftig aufgedreht. Das ist das durchaus Erfreuliche am Blindsein: Man übersieht unzählige Verbotsschilder.

Ach, von Juan weit und breit keine Spur. Er wäre der erste Obdachlose in meinem Reporterleben gewesen, der eine Verabredung einhält. Vielleicht haben Bankrotte den Begriff der Zukunft aus den Augen verloren, auch den der ganz nahen. Die gibt es wohl nicht mehr. Sie scheinen die Einzigen zu sein, die tatsächlich in der Gegenwart leben.

Mir fällt Miko ein, der Pole, der früher Elektriker war und jetzt Platte in Paris macht. Weil ihn seine Frau verlassen hat. Juan hat sein Job verlassen. Bei manchen braucht es nur ein – gewiss nicht monströses – Unglück, und sie fliegen aus der Bahn. Andere packen zehn Jahre KZ und stehen wieder auf.

Ich suche verschiedene Plätze ab, aber der Yogi ist nicht zu finden. Zuletzt setze ich mich in die Nähe der Kreuzung, an der er am Vortag geturnt hat. Möglicherweise taucht er auf. Kurze Zeit darauf geschieht etwas Überraschendes. Der Mann bleibt verschwunden, doch eine Frau nähert sich. Aus genau demselben Grund: um ein paar Pesos zu verdienen.

Wenn die Autos halten, wackelt sie los. Sie ist extrem gehbehindert (von Geburt, wie ich später erfahre), auf dem Rücken den kleinen Rucksack und links die Krücke. Sie kann kein Kunststück, sie hinkt, sie hat nichts als ihren wankenden Körper anzubieten. Tapfer geht sie auch auf jene zu, die ihr Fenster zugedreht haben. Steht da, still und krumm mit dem Pappbecher in der rechten Hand. Die Geste hat etwas Monumentales: Ein Mensch besitzt nur sich, sein schiefes Leben, seinen bettelarmen, ramponierten Leib. Nichts an ihm wirft Gewinn ab. Und vor ihm ein 50 000-Dollar-Range-Rover, der sich nicht rührt, wie ein Panzer unpenetrierbar, leise wummernd. Und losfährt. Und Rocia weiterhinkt. Aber ja, andere sitzen ebenfalls in einem Range Rover und kurbeln die Scheibe herunter und lassen es klingeln. Die einen so. Die anderen so.

Manchmal werde ich gefragt, wie ich mit den »Bildern« umgehe, die ich auf meiner Festplatte, dem Hirn, abgespeichert habe. Meist suchen sie mich nachts heim. Dann setze ich mich auf, in dieser Position bin ich robuster. Im Liegen überrollen sie mich. Und ich schaue sie an und warte. Bis sie wieder verschwinden. »Aufarbeiten«, uff, das geht nicht. Das sind die Sprüche aus der Diplompsychologie. Die Bilder zehren, die Bilder machen reich. Ich will sie nicht missen.

28

Heute arbeiten die Masseure im Park. Fast alle blind oder taubstumm oder beides oder beides ein bisschen. Wie immer fühle ich mich hingezogen zu Frauen und Männern, die exklusiv nur eine Aufgabe erledigen. Die Masseurin – oder der Masseur – steht, und der Massierte sitzt auf einem Stuhl, der mit einer gepolsterten Stütze ausgerüstet ist, gegen die man den Leib lehnt und die Nase in eine Ausbuchtung steckt.

Plötzlich fällt eine Kundin vom Sitz und bleibt ohnmächtig auf der Wiese liegen. Die Hitze. Ihre drei Freundinnen springen hinzu, und es stellt sich heraus – da ich frage, ob sie Hilfe brauchen –, dass sie ebenfalls taubstumm sind. Wundersames Bild der menschlichen Komödie: Die taubstummen MasseurInnen krächzen und gestikulieren mit den zwei Frauen, die auch krächzen und gestikulieren. Blinde heben den Kopf und versuchen zu verstehen, was los ist. Ich reibe mit einer nassen Papierserviette Gesicht und Stirn der Bewusstlosen ein. Als ich sie anspreche, wird klar, dass die Umgekippte auch kein deutliches Wort herausbringt. Himmel, das ist herrlich absurdes Theater mitten im Leben: krächzen, gestikulieren, Zeichensprache, verschreckte Zuschauer, ein Fremder, der keine Ahnung von medizinischem Beistand hat, und endlich eine Frau, die alles kann: reden und Gebärdensprache, ja, mithilft, den von der Hitze erledigten Leib aufzurichten, die Erschöpfte anzulächeln, ihr zuzuflüstern und eine kalte Cola einzuflößen.

Hier gefällt es mir, ich bleibe. Ungeheure Bodys kommen vorbei und suchen nach Frieden. Manche liegen wie Nilpferde auf dem Stuhl, der schüchtern unter ihrer Spannweite verschwindet. Und wie Liebesapostel legen die Frauen und Männer los, ziehen das Hemd hinten hoch, um die mächtigen Rücken zu kneten, zu walken, mit Öl einzureiben. Jeder Handgriff vertieft das Glück des Kunden. Das ist ein Akt der Liebe.

Ich lasse mich ebenfalls behandeln. Die kleine, sanfte, fast blinde Graziella lässt mich für eine halbe Stunde den Schweiß, das Land, die Welt vergessen. Hätte ich Geld wie Asche, ich gönnte mir die 45-Jährige als Hausmasseurin. Und jedes Mal, wenn das Leben mich einholt mit schwarzen Gedanken, würde ich nach ihr rufen.

Irgendwann muss ich laut lachen, gewiss Graziellas Schuld, denn ich entspanne von Minute zu Minute inniger. Lachen, weil mir Paulo Coelho, mein Lieblingsfeind, einfällt, genauer, eine seiner Perlen, die er vom Hochsitz seiner harmlosen Idiotien auf die Menschheit losgelassen hat: »Sprich mit dem Fremden, auch wenn du dessen Sprache nicht sprichst.« Ich habe es soeben erlebt, wohin es führt, wenn Sprachlose und Sprachfähige aufeinandertreffen, wenn die gemeinsame Kommunikation fehlt. Es führt zu Verwirrung, zu Hilflosigkeit, zu Missverständnissen, ja, in Gefahr. Vielleicht hat der brasilianische Clown unfreiwillig auf sich selbst verwiesen: bestände Literatur nur aus seinen Laubsägearbeiten, die Welt könnte tatsächlich auf Sprache verzichten. Denn nichts würde ihr fehlen, nicht ihre Schönheit, nicht ihre Tiefe, nicht ihre Wunder, nicht ihr Schillern und Geheimnis. Nur druckschwarz vollgemachte Seiten lägen herum.

Graziella wird mir unvergesslich bleiben. Selbstverständlich schloss ich die Augen während der Massage, doch irgendwann griffen meine Hände auf der Suche nach Halt nach einem handtellergroßen Gegenstand, der sich wie der Badge an einem Gepäckstück anfühlte, okay, dachte ich, da steht ihre Lizenznummer mit Foto und Personalien. Aber nein, als ich wieder »aufwachte«, sah ich auf ein gerahmtes Bild des Herrn Jesus. Er ist ganz offensichtlich unvermeidbar, er mischt überall mit.

29

Zurück ins Hotel. In der Metro hängen Poster, auf denen eine schwer bewaffnete junge Frau abgebildet ist. Sie soll Nachwuchs für die Polizei locken. Sogar zweimal Weihnachtsgeld wird zugesagt. Pro Jahr. Das ist in Ordnung. Der Beruf hat hierzulande eine hohe Sterberate. Denn neben den vielen Korrupten, die den Umtrieben in Mexiko zuarbeiten, gibt es viele, die integer bleiben und ihr Leben riskieren. Nicht zweimal im Jahr, sondern mehrmals pro Woche. Ein Polizist ohne schusssichere Weste wird mir nicht begegnen.

In den Waggons liegen Zettel aus, die Jugendliche einladen, an einem Intelligenz-Wettbewerb teilzunehmen. Mit Erstaunen liest man, dass in Mexiko die sehr Klugen mit dem Titel »sobredotación intelectual«, wörtlich *intellektuelle Überausstattung*, ausgezeichnet werden, ein Preis für die Superhellen. Man wünscht sich sofort, dass es viele sind.

Essen, schreiben, lesen. Die hiesige Presse ist nicht nur eine Quelle von Schrecken und Fassungslosigkeit, sie verbreitet auch Heiterkeit. Jeden Tag veröffentlicht sie mächtige Anzeigen von Wunderheilern, Gesundbetern und Allesversprechern, die vor keiner Schamlosigkeit haltmachen, sprich, den nicht so Hellen ihr letztes Geld rauben. Kein Leid und keine Krankheit und keine »obsesiones diabólicas« wurden bisher entdeckt, die diese Hinterhof-Schamanen nicht heilen könnten. Alles, was kaputt gehen kann, das Leben, der Körper, die Liebe, die Sexualität, das Bankkonto, hier wird es repariert – ¡100 % GARANTÍA!

Am heitersten die reinkopierten »Zeugenaussagen« der Kurierten, ja, heute meldet Maria Z. aus O., dass sie »nie geglaubt hätte, noch einmal auf zwei Beinen stehen zu können«. Natürlich übernehmen die Quacksalber auch jede Art Seelsorge. Der größte Jammer in Mexiko scheint das Liebeselend zu sein. Abertausende werden täglich verlassen und schluchzen nun der/dem Verlorenen hinterher. Wie unnötig. Warum nicht 933/3349677 wählen? Am anderen Ende der Leitung wartet »Maestro Pedro Pablo«. Einer von Hunderten von Kanaillen. Er verspricht, die/den Abtrünnige/n »innerhalb von 60 Minuten zu lokalisieren«, ja, »egal wie nah oder wie fern«. Die Wiedervereinigung ist dann nur noch Formsache: »Du wirst sie/ihn wiederfinden, vor deinen Füßen!« Und Mateo aus M. beeidet: »Meine große Liebe ist wieder an meiner Seite, completamente amorosa«, *total verliebt*.

»Die Wahrheit ist den Menschen zumutbar«, notierte Ingeborg Bachmann einmal. Das bezweifle ich. Viele wollen von ihr nichts wissen, sie wollen glauben und hoffen.

30

Weiter nach Norden nach Chihuahua. Eine Theorie besagt, dass die gleichnamige Hunderasse aus der Gegend stammt. Die Azteken waren der Überzeugung, dass die Kleinen die Toten ins Jenseits führten. Deshalb wurden sie bei jeder Beerdigung erschlagen. Andere haben sie mit Vorliebe verspeist. Man sieht, auch für Hunde ist das Leben anstrengend in diesem Land.

Die freundlichste Nachricht um 6 Uhr früh: Die Monitore sind kaputt. Dreizehn Stunden muss man niemandem beim Meucheln und Würgen zuschauen. Ein Feiertag.

Wir fahren Richtung Wüste, karge Landschaft, Steppe, staubiges Grün, staubiges Braun, in der Ferne die Sierra Madre mit ihren kahlen Hügeln, längst leergeholzt. Und eine Tiefenschärfe wie in Texas. Man könnte glauben, die Erde sei eine Scheibe. Leere beruhigt.

In der Zeitung steht ein Essay über Trumps Sehnsucht nach einer Mauer. Die her muss, um Mexikaner fernzuhalten. Jede Hassrede des Präsidenten, heißt es da, freue die Drogenkartelle und Schleppersyndikate. Denn so müssen, nur ein Beispiel, alle Tunnel, die bereits existieren, noch tiefer gegraben werden. Was die Tarife – für das heimlich Rüberschaffen – empfindlich in die Höhe treiben wird. Und die Bestechungsgelder: für den korrupten Teil der amerikanischen Grenzpolizei, die ja mit den *bandidos* zusammenarbeitet. Die freut der Hass auch.

Juan, mein Mann in Monterrey, hat mich inspiriert. Bei jedem Halt gehe ich jetzt hinter den Bus und übe ein bisschen Yoga. Ein Crack wird nicht aus mir, aber mein Leib nickt dankbar. Das Lobenswerteste an Yoga: Man braucht keine 1000-Dollar-Ausrüstung, keinem Verein beitreten, muss vorher und hinterher niemandem huldigen. Es erinnert an Zen, es ist »transportabel«, unprätentiös, offene Weite.

Kurz nach 18 Uhr ankommen. Wäre ich Maler und Impressionist, ich würde nach Mexiko auswandern. Und mich um diese Stunde hinknien und die Farben des Himmels preisen.

Ich warte auf ein Taxi und komme mit Raúl ins Gespräch. Er arbeitet als »camionero«, als *Lastwagenfahrer*. Sechs Mal die Woche braust er mit 60 Tonnen im Rücken über das Land. Zweimal haben sie ihn ausgeraubt, zweimal war er in Unfälle verwickelt. Aber nur Blechschaden. Vor genau zehn

Jahren starb seine Frau Alicia – durch die Unachtsamkeit eines anderen – bei einem Autocrash. Im vierten Monat schwanger mit Zwillingen. Seitdem steht der 56-Jährige allein da mit seinen fünf Kindern. »Eine wunderbare, wunderbare Frau« sei sie gewesen, er wird noch Zeit brauchen, um sich von ihrem Verschwinden zu erholen. Ja, die Einsamkeit franst an ihm, »un hogar« fehle ihm, *ein Zuhause*, sprich, eine Frau. Doch er will sich nicht zu Tode trauern, er will wieder leben. Deshalb ist er auch hier, in einer halben Stunde wird eine »amiga« eintreffen, Eda. Ich bohre nach, ja, das könnte etwas werden. Ja, er ist nervös, sie kennen sich schon eine Weile. Ach, er sei verliebt und würde sie sofort heiraten. Und sie wäre ganz einverstanden. Aber ihre Familie streikt: Ein Trucker sei ein eher dubioser, unglamouröser Beruf, oft weg, oft in Gefahr, oft die lauernde Verführung (die Girls an den Raststätten!). Er muss viel Überzeugungsarbeit leisten: bei Leuten, die gern wichtig und moralisch tun.

Was für ein warmer Mensch. Als das Taxi kommt, trägt Raúl, der Hoffnungsvolle, meinen Rucksack rüber bis vor den Kofferraum. Jeder Widerstand zwecklos. Herzlicher Abschied. Er soll stark bleiben. Lass dich nicht beirren!, rufe ich ihm noch zu und: »¡Coge la familia!«, *fick die Familie!*

Taxista Enrique bringt mich in die sieben Kilometer entfernte Stadt. Er kurvt mich zu verschiedenen Hotels, bis wir am »Santa Cruz« ankommen. Das gefällt. Es liegt an der Calle Ignacio Allende. Das ist einer meiner Helden, hier steige ich ab.

Wie konditioniert man ist. Als Enrique in seltsam enge Gassen einbog, eher duster, weg vom Zentrum, fiel mir wieder ein, dass Chihuahua einen gewiss ungesunden Ruf hat. Von wegen Mord und Totschlag. Und Entführung. Okay, der Mann ist nebenberuflich als Zulieferer unterwegs, und ich werde jetzt an einer Hintertür abgeliefert, durch die ich nie gehen wollte. Als ich ihm beim Aussteigen von meiner Furcht erzählte, lächelte er und meinte beunruhigend, dass ich mir durchaus Sorgen machen solle: Chihuahua wäre »hermosa y imprevisible«, *hübsch und unberechenbar*.

31

Frühstücken und lesen, das ist ein Geschenk der Götter. Doch irgendwann nicht mehr, als ich »El Paso«, die letzte der sechs Zeitungen, aufschlage. Ich habe mir überlegt, ob ich den nächsten Absatz veröffentliche. Wer nicht alles wissen will von Menschen, nicht alle ihre unfassbarsten Taten, der sollte die Zeilen überspringen.

Ich überspringe nie, Neugier kann krankhaft sein, ich weiß. Aber unheilbar ist sie auch. Doch sie scheint mir der einzige Weg zu sein, um zu lernen. Nicht neugierig zu sein ist ebenfalls eine Krankheit. Noch unheilbarer. Und zweifellos gefährlicher.

Diese grausame Szene ist nicht »umsonst«, sie soll diese Seiten nicht blutrot einfärben. Ich verweise auf sie, weil sie uns etwas vom Leben auf Erden erzählt, von der Absurdität, vom Leid.

Man sieht auf der Titelseite die Leiche eines Mannes, seine abgehackten Extremitäten säuberlich neben dem Torso platziert, der abgeschnittene Kopf liegt auf dem Brustkorb. Daneben ein Stück Karton, auf dem in Großbuchstaben »MIERDA« steht. Nicht weit von meinem Frühstücksei, nur ein paar Fahrminuten von hier – auf der Strecke, die unser Bus gestern zurücklegte – wurden die sechs Teile von der Polizei gefunden. Mitten auf der Straße, mitten in der Zivilisation. Der Journalist vermutet, dass der Tote ein Versteck mit gestohlenem Benzin – Banden bohren Ölpipelines an, um am »oro negro«, am *schwarzen Gold*, mitzuverdienen – entdeckt hatte und sich bedienen wollte. Und dabei überrascht wurde.

Untersuchungen belegen, dass die Generation der Söhne der Mörder sich leichter tut mit dem Massakrieren. Die Väter mussten es noch lernen, sich daran gewöhnen. Nicht der Nachwuchs. Der wuchs damit auf, der hat die Mordlust schon im Blut, der köpft mit ruhiger Hand.

Es heißt, dass Mitgefühl (auch) ein Gen ist, über das manche nicht verfügen. Nicht die einen, die ihre Mitmenschen zerstückeln, nicht die anderen, die ein solches »Lay-out« produzieren: oben das Grauen mit blutüberströmten Menschenresten, drei Zentimeter darunter sieht man »Claudia«, die mit ihren nackten Brüsten – ja was? trösten? ablenken? das Recht auf Information befriedigen soll?

Ich stelle mir vor, ich bin die Mutter des Opfers, schlage die Zeitung auf und sehe meinen Sohn Aarón, den ich vor 24 Jahren durch einen Akt der Liebe gezeugt habe, am Rand einer Landstraße liegen. In ein halbes Dutzend Einzelteile seziert und mit nur einem Wort bedacht: Scheiße.

32

Rein ins Zentrum von Chihuahua, der Hauptstadt des gleichnamigen Bundesstaats. Viele mexikanische Städte gefallen mir. Weil die Einwohner Sorge dafür tragen, dass ihr architektonisches Erbe bewahrt bleibt. Und immer: Bewohnern zu begegnen, die geduldig Auskunft geben, vorausmarschieren, wenn die Beschreibung eines Wegs zu kompliziert ist, ja, Polizist Luis mich seine Maschine inspizieren lässt, eine Honda M-106, ein voll ausgerüstetes Vehikel, schwer und giftig, um Gangstern hinterherzujagen.

Das ist ein Widerspruch, den Außenstehende so schnell nicht begreifen: Die Stadt wirkt wundersam friedlich. Heitere Fußgänger, Cafés, die ausgelassene Jugend, die blitzsauberen Straßen. Kein Pistolero wird auf einen zustürzen, niemand den Fremden niederschlagen oder hinter den

Marktständen strangulieren. Die Gewalt im Land ist geheim, zielgenau, spielt sich (fast) ausschließlich in bestimmten Kreisen ab.

Vor dem eleganten *Palacio de Gobernador* findet eine Demonstration von Frauen und Männern statt, die an Multipler Sklerose erkrankt sind. Sie wackeln bedenklich, aber geben sich tapfer und fordern lauthals die Regierung auf, nicht die billigen Generika zu verteilen, sondern die Originalmedikamente. Der Name »Bayer« fällt mehrmals.

Sie werden lange warten müssen, denn Chihuahua ist pleite. Das hat unter anderem mit Señor César Duarte zu tun, der hier vor Kurzem noch Gouverneur war und mit beispielloser Raffsucht und Cleverness – stets unterstützt vom blutsverwandten oder herangezüchteten Duarte-Clan – etwa 14 Milliarden Pesos (700 Millionen Euro) Staatsgelder veruntreute. Und auf seinen Konten versteckte. Bis er aufflog und beim großen Nachbarn untertauchte. Erfolgreich. Immerhin hat der Staat bereits seine Finca beschlagnahmt, so riesig wie 600 (!) Fußballfelder. Ach ja, sechs andere *ranchos* »gehörten« ihm auch. Und in den letzten zwei Jahren seiner Amtszeit als begnadeter Gierhals ließ er die Familie 163 (!) Mal – auf Staatskosten – in die USA fliegen. Zum Shoppen. Gattin Bertha, heißt es, gab mit Freuden aus, was Gatte César gestohlen hatte. Um den Aberwitz zu vervollständigen: Im Bundesstaat Veracruz wirtschaftete sein Namensvetter Javier Duarte, ebenfalls kleptomanisch veranlagt, ebenfalls Ex-Gobernador, ebenfalls flüchtig. Er allerdings wurde inzwischen in Guatemala verhaftet und ausgeliefert.

Der Mindestlohn im Land – gerade um 3,6 Prozent angehoben – beträgt jetzt pro Monat: 2081 Pesos, umgerechnet 3,46 Euro pro Tag. Das macht 1248 Euro: pro Jahr.

Niemand wird von heute auf morgen krank – vor Sucht nach Besitz. Selbst dieses Gebrechen hat eine lange Vorgeschichte: Nach der Eroberung von Tenochtitlán – dem späteren Mexico City – verteilte Eroberer Hernán Cortés die Beute, zahlte jedoch seinen Soldaten keinen Lohn. Im Gegenteil, sie hätten Schulden bei ihm, da er ihnen die medizinische Behandlung, die Ausrüstung, die Waffen etc. spendiert hatte. Als sie drohten, ihn zu töten, bot er seiner Soldateska ein zehnjähriges Moratorium an, mit dem folgenschweren Zusatz: »Geht in die Provinzen und beherrscht sie.« Und diese Mischung aus Wut und grenzenloser Macht ließ sie als *Gobernadores* zu diesen Blutsaugern werden, die wohl ihren heutigen Kollegen als Vorbilder dienen. Wobei sie in den modernen Zeiten nebenbei den Mordgeschäften der Drogensyndikate zuarbeiten. Nicht alle, aber so mancher.

Sinnigerweise befindet sich gegenüber dem Regierungsgebäude ein provisorisches Denkmal, das an Anwälte, Menschenrechtler und Journalisten erinnert, die tot sind. Tot gemacht. Und noch immer kein einziger Täter gefasst wurde. Weil Aufklärung die Machthaber nicht kümmert, ja, sie die Ermittlung verhindern. Ein Kreuz hängt da, mit vielen Nägeln. Jeder Nagel eine Leiche.

Ach, Mexiko hält auch stets das Gegenteil bereit. Das wären Leute, die – so heißt es in der Sprache psychiatrischer Gutachter – noch über einen »Resonanzboden für das Leid anderer« verfügen: In der Zeitung wird von einem gewissen Mario Dávalo berichtet, der auf einem Dreirad – per Handkurbel angetrieben – seinen beinlosen Körper durch Mexiko befördert. Und gestern hier in der Stadt ankam. Ein ganz einfacher Mensch soll der 49-Jährige sein. Er reise – so steht es auf einem Schild am Sattel –, um seine Landsleute wieder an drei Wörter zu erinnern, an: »Dignidad / Fuerza / Valor«, an *Würde*, an *Kraft*, an – valor kann man verschieden übersetzen – auch mit *Wert, Beherztheit*, ja *Güte*.

Seltsam, als ich das lese, mitten in Chihuahua, noch nah den vielen Nägeln und nicht lange her, dass ich das Foto von Aarón heute früh sah: Da spüre ich den Druck hinter den Augen. Bin mir nicht sicher aus welchem Grund. Vielleicht der radikale Widerspruch zwischen den namenlosen Gewaltorgien und diesem Mann, der seit einem Jahr – via Armmuskeln – dieses hitzige Land bereist. Mit nichts anderem im Gepäck als seinem guten Willen. Und ein bisschen Wäsche.

»Warum«, fragte Anton Tschechow, »leben wir nicht so, wie wir leben könnten?«

Reisen durch solche Weltgegenden sind gefährlich, diesmal im übertragenen Sinn: Entweder versteinert man oder fühlt sich wie Georg Trakl, der Dichter aus Salzburg. Der sich umgebracht hat, weil er dem Elend um sich herum nicht mehr standhielt. Ich will mich nicht zartbesaiteter präsentieren, als ich bin. Ich werde mir nicht aus Kummer über das Leid anderer das Leben nehmen. Auch bin ich kein Poesie-Genie, nicht drogensüchtig, zudem ersparte mir das Schicksal die Abgründe des Ersten Weltkriegs. Aber bisweilen schwinden mir die Kräfte, bin ich unfähiger denn je, mir das Unglück der vielen und das Glück der wenigen zu erklären.

Ich mache mich auf den Weg zum Parque El Palomar, dem Taubenschlag-Park. Da gedenken sie eines Mannes, der in etwa so lebte, wie er sich das vorgestellt hatte. Glücklich. Und dabei noch weltberühmt wurde.

Die Statue ist enorm, klar, denn hier steht der Held der Stadt, ihr gefeiertster Sohn: Anthony Quinn. Antonio hatte alles, um ein Star zu werden: eine 15-jährige Mutter, mit der er nach Kalifornien floh, einen Heldenvater, der in der mexikanischen Revolution kämpfte, besaß die Statur, den Kopf, seine Talente als Bildhauer, als Musiker und – dafür gab's den Weltruhm – als Schauspieler. In Hollywood. Sein Debüt gab er als Partner von Mae West in dem Theaterstück »Clean beds«. Was für ein wunderlicher Titel für zwei, die ihre Betten nie ganz sauber verließen. Anthony, der Windhund, hat dort und gewiss noch an anderen Orten zehn Kinder gezeugt. Dass er für den Film »Viva Zapata!« – neben Marlon Brando als Revolutionsführer – seinen ersten Oscar kassierte, machte ihn zum Nationalheiligtum.

Doch auf dem Sockel ist er in jener Rolle abgebildet, die ihm Unsterblichkeit verschaffte. Als griechischer Bauarbeiter Alexis Sorbas, das Schlitzohr, der Frauenbetörer, der Sprücheklopfer, der Lebensverliebte, der sprudelnde Freigeist, der heiter beim Anblick seines Pfuschs eine der berühmtesten Zeilen der Weltliteratur losließ: »Hast du jemals etwas so schön zusammenkrachen sehen?« Natürlich tanzt der steinerne Anthony, die Arme weit ausgebreitet, den Blick selig hinauf zu den Wolken, während auf seinem linken Daumen ein Spatz landet. Was für ein Gegenentwurf, was für eine Möglichkeit, mit seinem Leben umzugehen.

In der Abenddämmerung – über mir der Himmel aus tausendundeins Farben – gehe ich den langen Weg zurück zum Hotel. Plötzlich fällt mir Ken Oosterbroek ein, der südafrikanische Fotograf, mit dem ich befreundet war, und der nur Monate nach unserer letzten Reportage erschossen wurde. In Johannesburg. In ihrem Nekrolog schrieb seine Frau Monica: »So often, Ken was walking the streets of the world.« Das ist ein wunderbarer Satz. Und was für eine wunderbare Beschäftigung: *entlang der Straßen der Welt zu wandern.*

Ich bin gern Fremder. Ich will keine Nabelschnur, die mich mit »zu Hause« verbindet. Mich begeistert der Gedanke, dass niemand genau weiß, wo ich bin. Immer auffindbar sein, nie wirklich entkommen? So stelle ich mir den Vorhof der Hölle vor. Ich brauche nur ein einziges Werkzeug, um in der Fremde unterzutauchen: Sprache. Sie ist mein Adapter, um in einem Land anzudocken.

Nachts sitze ich wieder am Fenster meines Hotelzimmers und rauche. Ich liebe diese Stunde, die Stille, die schöne Einsamkeit. Geht unten ein Mensch vorbei, selten genug, wäre ich gern Romancier, der ihn beobachtet und sich ausmalt, was der Unbekannte denkt, wohin er will, wen er liebt und wer ihm Angst einflößt. Ich wäre dann allmächtig und würde erschaffen. Müsste nicht mehr in die Welt hinausrennen, müsste nur schweigsam in einem Raum verweilen und warten, bis Illusion und Imagination mich überkommen. Und dieses Flüstern – aus irgendeiner Ecke im Universum – in meinen Mac tippen.

Aber Reporter sind nicht begabt für Fantasie, sie kennen sich besser in der Wirklichkeit aus: Mein Blick fällt zufällig auf das Foto zweier Verhafteter in der offen daliegenden Zeitung. Beide mit einem schwarzen Balken über den Augen. Ich erinnere mich absurderweise an ein Kino in Thailand, das einen Pornofilm zeigte. In den Schaukästen konnte man die Bilder der Athleten sehen, wie sie ihre so einfachen Handlungen vollzogen. Überraschenderweise waren die Augen der Beteiligten überklebt, nicht ihre Geschlechtsteile. Wie sinnig: die Augen als unser intimster Ausdruck.

33

Klare Strukturen, die lernte ich im Zenkloster. Disziplin, genauer, Selbstdisziplin, ist ein Pfeiler des Glücks. Jeden Morgen tue ich das Gleiche: aufstehen, meditieren, frühstücken, Tageszeitungen lesen, Tagebuch führen. Ich frage mich nie, ob ich Lust dazu habe. Ich tue es.

Gewiss, lesen ist dabei das größte Vergnügen. Und ich versuche, nichts zu übersehen, auch nicht die Anzeigen der Damen und Herren, die per Annonce in der Presse ihre erotischen Dienste anbieten: Marbeth mag gern »69«, außerdem sei sie enorm busig, und wer früh anrückt, bekommt einen Sondertarif. Mandara offeriert eine »Schwedenmassage«, und Patsy geht mit jedem unter die Dusche und lockt mit einem »Gesamtpaket«. Zudem schafft sie selbst sonntags an.

Die Sehnsucht nach Frauen, sie wird bleiben bis ans Ende der Welt.

Streiflichter aus Chihuahua: An einem Laden vorbei, in dem sie alles für Hunde verkaufen. Das ist ein Ort, den Leute, die 39 Cent pro Stunde verdienen, nicht betreten. Angeschlossen ist ein Schönheitssalon, Fell waschen, schneiden, föhnen, Nägel putzen und stutzen, im Bedarfsfall wird auch entlaust. Dazu Regale voller Extras für das anspruchsvolle Tier, sogar Sonnenschirme in mehreren Farben werden angeboten. Mensch und Vierbeiner haben in Mexiko etwas gemeinsam: Die einen leben im Speck, und die anderen streunen durch die Straßen, eher hungernd.

In einem Stadtbus bittet ein junger Kerl um Geld, um seine Dialyse-Behandlung zu finanzieren. Er erklärt es sehr genau, öffnet eine Kladde, in der »alle notwendigen Papiere« liegen, die seine Worte belegen, ja, »dass er die Wahrheit« spricht.

Vor vielen größeren Gebäuden der Stadt sieht man einen dicken runden Punkt mit vier Pfeilen, die auf ihn deuten. Auf den Bürgersteig gemalt. Das sind die »puntos de reunión«, hier treffen sich die Leute im Falle einer Katastrophe, Feuer, Erdbeben, Terror. Damit die Einsatzkräfte nicht suchen müssen, sondern sofort die Versammelten evakuieren können.

Aus einem Lautsprecher – Ladenbesitzer stellen sie oft auf das Trottoir, die Vorbeikommenden sollen nicht zu kurz kommen – faucht diesmal kein Sombrero-Gedudel, auch nicht das Gekreische irgendeiner Disco-Thusnelda, nein, eine Frau redet klug über die Situation in Mexiko. Man flieht nicht, steht eher andächtig davor und hört zu.

34

Auf dem Weg zur »Casa Villa«, dem Haus, in dem Francisco »Pancho« Villa, einer der beiden berühmten Generäle der mexikanischen Revolution, lebte. Von 1914 bis zu seinem Tod 1923. Bevor ich ankomme, sehe ich an einer Hausmauer einen Satz von Emiliano Zapata stehen, dem anderen Berühmten. Der ebenfalls in einem Kugelhagel umkam, schon als 40-Jähriger: »Prefiero morir de pie que vivir de rodillas«, *lieber aufrecht sterben, als auf Knien leben.* Jeder Buchstabe in dieser Zeile trifft für die zwei Männer zu, die zehn Jahre lang – von 1910 an – mithilfe einer geschundenen Bevölkerung gegen die maßlose Phalanx aus Großgrundbesitzern, politischer Willkür und klerikaler Anmaßung kämpften. Ihr Leitmotiv war nicht zu korrumpieren: »Gibt es keinen Frieden für das Volk, gibt es keinen für die Regierung!«

Das Anwesen sieht gut aus, es passte zu Villa, dem Volkshelden, dem Weiberhelden, dem Outlaw, dem Hollywood-Star (er spielte sich selbst und ließ seine Schlachten live filmen!), dem Freiheitskämpfer. Als er hier einzog, war er kurz zuvor zum Gouverneur von Chihuahua gewählt worden, und die einen, die Verlierer, nannten ihn einen blutrünstigen Banditen, und die anderen, die Gebeutelten und Erniedrigten, feierten ihn als ihren Robin Hood.

»Bewaffnete, Betrunkene und Drogensüchtige« dürfen das Museum nicht besuchen. Gleich rechts vom Eingang betritt man Villas Büro, mit einer *Oliver* auf dem Schreibtisch. Unter Glas. Eine Heldenschreibmaschine, sozusagen.

Im Schlafzimmer fällt das eher schmale Bett auf, das er mit seiner Frau Luz teilte. Man ahnt, dass sie es – verheiratet mit einem Vollblut-Macho – nicht leicht hatte. Als Windel-Wechsel-Papa wurde Pancho nicht bekannt. Im Sekretär daneben versteckte er Waffen, klar, Haudegen schlafen in der Nähe von Flinten und Revolvern. Auf dem Toilettentisch liegt sein Rasiermesser, mit dem er sich, noch legendärer als das Gerät, seinen weltberühmten Schnauzer trimmte.

Feines Esszimmer, mit Wandmalereien eines italienischen Meisters. Villa waren die herrschaftlichen Gesten nicht fremd. Was nichts an der Tatsache änderte, dass er Dutzende Male sein Leben riskierte, um das soziale Elend seiner Landsleute zu verbessern. Zudem hatte er Glück, denn er wurde rechtzeitig, kurz nach seinem 45. Geburtstag, von sieben Attentätern erschossen. Früh genug, um nicht doch noch zum Blutsauger zu mutieren.

Im Hof steht der Dodge, an dessen Steuer er saß und in den Tod fuhr. Ein Automobil aus fernen Zeiten, jetzt hochglanzpoliert und mit zahlreichen Einschusslöchern.

Das aufregendste Zimmer im Haus ist der Raum, in dem Luz als Witwe lebte. Viele Jahre. Voller Fotos mit ihr und Prominenten, die sie besuchten. Auch Anthony Quinn kam vorbei. Und voller Filmplakate, darunter das mit Wallace Fitzgerald Beery, dem ersten Schauspieler, der Villa in »Viva Villa« porträtierte. Der Text auf dem Poster hört sich unbändig an und stammt ganz offensichtlich aus einem anderen Jahrhundert: »Villa astounds the world with his romantic thrill! He loved his country! He adored its women – and took them!« Ach, wie gern wäre ich einmal Held, und jemand schriebe eines Tages über mich, dass *ich mein Land liebte und dessen Frauen bewunderte*. Okay einfach, »nehmen« würde ich die Damen nicht, das klingt wenig elegant. Doch ich nähme – bevor ich losginge – allen Mut zusammen: um ihnen nah zu sein.

35

Ich gehe zum Palacio Federal, wo das *Centro Cultural Chihuahua* untergebracht ist. Am Eingang hängt ein Zettel, der das Personal zum freundlichen Umgang mit den älteren Besuchern ermahnt: »Sprich mit Respekt mit ihnen, höre ihnen zu, geh ein Stück des Wegs mit ihnen, lächle sie an!« Wie rührend, wie typisch mexikanisch.

Runter in den Keller, dort befindet sich die Zelle von Miguel Hidalgo. Ein Zeitgenosse Goethes, der 1810 den ersten Aufstand gegen die Fremdherrschaft der Spanier anführte. Ein schillernder Mensch, Philosophie- und Theologiestudium, Vater, Pfarrer und Kirchenhasser (!), Theatermann, Übersetzer von Molière und Racine, Rektor einer Universität, Freimaurer. Und verfolgt von den kirchlichen Autoritäten. Und hungrig nach nationaler Selbstbestimmung und Unabhängigkeit.

Nach Anfangserfolgen scheitert die Rebellion, Hidalgo wird gefangen und eingekerkert. Hier unten steht das Originalverlies, einst Teil einer Kirche. Immerhin, er hatte seine Pritsche, seinen Tisch, einen Stuhl, eine Kerze. Und Bücher, dazu Papier und Tinte.

Nach Monaten verurteilte ihn die Inquisition zum Tode durch Erschießen. Sein Kopf wurde – gemeinsam mit dem von Ignacio Allende, dem anderen »Rädelsführer« – zehn Jahre lang öffentlich ausgestellt. Um Respekt für die »römisch-heilige« Kirche einzufordern.

Jetzt kommt der Clou der Geschichte: Noch auf dem Weg zur Wand der Hinrichtung – so belegen es Augenzeugenberichte – spricht Hidalgo zu seinem Gott, lobt dessen »misericordia« (!), sagt, dass er noch immer ein Sünder sei und bittet gnädig um Vergebung. Wie schrecklich, wie unerträglich, wie erhellend. Warum tritt er nicht als Selbstbewusster vor das Peloton, er, der für das Grandioseste gekämpft hat, für das ein Mensch kämpfen kann: die Freiheit? Warum muss er sich in seiner letzten Stunde noch erniedrigen? Ich weiß es: weil die ihm von seiner Kirche – deren Missetaten er vielmals Zeuge war – lebenslang eingebimste Furcht vor einem rächenden Weltenschöpfer keine andere Wahl ließ. Seine Angst wollte es so. Jammerschade, denn Miguel Hidalgo war ein Heroe, der das Wertvollste – sein Leben –

hergab, um sein Vaterland von einem unsäglichen Joch zu befreien.

Erfreute wie genervte Leser fragen mich bisweilen, wieso ich in meinen Texten regelmäßig auf das Thema Religion zurückkomme. Die Antwort ist denkbar einfach: weil der Hokuspokus, verkündet von der Kanzel (oder von wo auch immer), nicht aufhört. Weil eines meiner Themen der Widerstand gegen Infantilisierung und Verdummung ist. Und weil ich denke, dass der Mensch aufhören sollte, sich von einer monströsen Angstmaschine – »Du sollst keine fremden Götter neben mir haben!« – terrorisieren zu lassen. Sich weigern sollte, sich von den seltsamen Figuren, die man uns die letzten sechs Millionen Jahre als »Gott« zumutete, drangsalieren zu lassen. Frei soll der Mensch sein und selbstverantwortlich. Soll den von Menschenhand fantasierten Kokolores auslachen und nicht an Jungfrauen und Niederkünfte à la »heiligen Geist« glauben, auch nicht an Propheten, denen ein Herr Erzengel Gabriel Nachrichten von hoch oben einflüsterte, auch nicht an einen Himmelsfürsten, der an »Auserwählte« ein »holy land« verschenkt, er soll sein Hirn in Betrieb nehmen, den Verstand. Er soll aufwachen und nimmer den uralten Stuss nachleiern. Er soll Würde zeigen und Courage, er soll sich seinen Mitmenschen zuwenden und nicht – auf Knien – in den (leeren) Himmel winseln.

Wie erfreulich, dass ich nicht mehr um Leib und Leben fürchten muss, wenn ich solche Absätze notiere. Ja, die Gesellschaft – zumindest im Westen – hat sich entwickelt. Dank der »lumières«, der *Aufklärung*. Die Licht in den überirdischen Obskurantismus brachte. Früher hätte ich tollkühn sein müssen, denn umgehend hätte ein Pfaffe zum Sammeln von Reisig aufgerufen. Um mich kurzerhand verfeuern zu lassen. Heute muss ich nur noch den (harmlosen) Zorn der Beleidigten aushalten, die meine Streitschriften lesen und – ganz tief, tief unbewusst – fühlen, dass ihr innig vergötterter Herrgott nicht existiert. Kein herrlicher und kein schrecklicher Herrgott, nirgends. Das macht sie noch zorniger.

36

Nochmals zurück ins Zentrum. Ich komme an einem Plakat vorbei, auf dem steht: »La sexualidad en el envejecimiento – Quien dice que no se puede«, *Sexualität im Alter, wer sagt, dass das nicht geht.* Übers Netz könne man sogar eine »demo versión« bestellen. Ich verzichte. Älteren Herrschaften zuzuschauen, wie sie aufeinander losrücken, das muss nicht sein. Von mir aus dürfen sich auch 120-Jährige begehren, aber dabei sein will ich nicht. Dieser Exhibitionismus, er hört nicht auf. Selbst Greise wollen sich heutzutage beim Fummeln herzeigen.

Viele Indigene befinden sich in der Stadt, sie verkaufen ihre hübschen Handarbeiten oder sitzen herum, betteln, einer kratzt auf seiner Geige. Das soziale Gefälle ist unübersehbar.

Doch irgendwann, es dunkelt bereits und die Straßen der Innenstadt sind schon verlassen, entdecke ich den einen, der es geschafft hat. Er gehört zu jenen, die Glück verschenken: Den Nachmittag über spielte er für Geld das übliche Mainstream-Trallala, aber nun spielt er für sich – und mich, seinen unsichtbaren Zuhörer. Der junge Mensch, vielleicht 30, hat seine Waffe gefunden, den einen Notausgang: Musik. Auf Noten entkommt er seinem Leben. Sie schweben, und er zieht hinterher. Nichts soll ihn mehr einholen, er will abhauen, und keiner folgt ihm, keiner verfolgt ihn, kein Kummer, keine Wut, keine Kugel. Wie in einem Zeichentrickfilm: Ein Schnitt, und der Hauptdarsteller verschwindet in Sphären, für deren Erleben andere sich vollsaufen oder Drogen spritzen müssen. Er nicht, er flötet sich davon.

Mit einem Wimpernschlag ist er die Welt los. Dramatisiert wird sein Auftritt durch einen Himmel, den die letzten Strahlen einer mexikanischen Sonne rot einfärben. Der Mann und sein seliges Gesicht, unberührbar jetzt, verzaubert, so beneidenswert. Ach, Kunst, ach, die glorreichste Erfindung der Menschheit.

Auf dem Weg zurück ins Hotel komme ich wieder an einem Graffito vorbei, da steht die beunruhigende Frage: »¿Quieres mejorar tu vida?«, *willst du dein Leben verbessern?* Das will ich jeden Tag, und manchmal gelingt es mir, und manchmal bin ich abends um fünf Jahre dümmer, da ich Fehler beging, die ich längst abschaffen wollte. Aber ich bin ein zäher Hund, ich will nach vorn. Bis zum allerletzten Stündlein.

37

Auf nach Ojinaga, der Grenzstadt zu den USA. Etwa 250 Kilometer nordöstlich von Chihuahua. Weshalb dorthin? Ich kann es nicht eindeutig sagen. Vielleicht aus Sentimentalität. Weil ich einst gelesen hatte, dass sich dort ein berühmter, auch von mir hoch verehrter amerikanischer Reporter und Schriftsteller aufgehalten hatte: Ambrose Bierce. Er ist heute grandios vergessen, war jedoch zu seiner Zeit – zweite Hälfte des 19. Jahrhunderts – weltberühmt. Hemingway erwähnte ihn als einen seiner Vorbilder. Der Mann litt an schwerem Asthma, seine beiden Söhne starben vor ihm, die Ehe war gescheitert. Und er soff. Doch er war ein brillanter Stilist und außergewöhnlich wagemutig. Noch als 70-Jähriger reiste er nach Mexiko, um über die Revolution zu berichten. Und »verschwand« zwei Jahre später. Bis dato weiß niemand, warum und wohin verschwunden. Erschossen? Selbstmord? Verdurstet? Unheimlich.

Am Busbahnhof in Chihuahua steht ein erstaunliches

Hinweisschild, das sich an die Angestellten hier richtet: »Gehen Sie keine Beziehungen der Vetternwirtschaft und des Vertrauens mit Kollegen ein!« Bald erfahre ich den Sinn der Botschaft. Sie soll verhindern, dass sich Seilschaften bilden, die gemeinsam Übeltaten – Gepäckdiebstahl, Ticketmauscheleien, Drogentransport – aushecken.

Die wunderschönen Hände des Mannes, der mein Ticket kontrolliert. Ich schlage ihm vor, Hand-Model (die gibt es!) zu werden. Er lächelt amüsiert.

Fahrt hinein in Wüstenlandschaften, Sträucher, Sand, Staub, die flammende Sonne. Blick auf die Sierra Madre, wo sie den letzten Busch im vorletzten Jahrhundert abgeholzt haben.

Neben mir sitzt eine hübsche Frau, mit der ich gern flirten würde, doch das geht nicht, da sie alle zehn Sekunden ihr Smartphone herausholt und die »mensajes« checkt. Man könnte meinen, sie arbeite für die DEA, die *Drug Enforcement Agency*, die amerikanische Agentur, die weltweit den ungeheuer teuren und sagenhaft erfolglosen »war on drugs« organisiert. Ich will es genau wissen und frage. Nein, sie betrachte auf Instagram Fotos, denn jetzt wäre Mittagszeit, und sie wolle sehen, was ihre Bekannten essen. Eiskalt hake ich nach, und sie bestätigt, aber ja, das interessiere sie. Sie versucht gar nicht, sich zu rechtfertigen oder diese Neugierde als eher peinlich hinzustellen. Ich schaue auf ihren kleinen Bildschirm und lese, dass ein gewisser Adolfo gerade geschrieben hat – »¡saludos cordiales por Celina!« –, darüber ein Foto, das ein Fleischstück zeigt, daneben einen gemischten Salat. *The breaking news* an diesem Donnerstag um 12.37 Uhr ist überwältigend: Señor Adolfo beim Mittagstisch. Dessen Porträt, höchst zufrieden grinsend, nun ebenfalls aufploppt.

Man kann nur staunen. Auf der einen Seite hören die Ansprüche des modernen Menschen nach Fortschritt, nach Verbesserung des »äußeren« Lebens nicht auf: das komfortabelste Auto, die feinsten Hotels, die raffinierteste Hightech. Darunter macht er es nicht. Luxus und *the state of the art* als Basisforderungen. Die minimalste Irritation genügt, und ein Shitstorm zieht auf.

Ganz im Gegensatz zu unseren geistigen Sehnsüchten. Da tut's auch eine Wassersuppe, je dünner und fader, desto begeisterter schlürfen wir sie. Adolfos Kotelett, das ist für meine Nachbarin das Aufregendste, was die Welt im Augenblick zu bieten hat. Wie soll da jemand seine Hirnmuskeln trainieren? Wie soll da ein Leben stattfinden, wenn man sein bisschen Zeit auf Erden mit dem Betrachten von Narreteien vertut?

Mir schwant, dass Wissen out ist. Es hat den Status von Sexyness verloren, im Gegenteil, nicht wissen ist hip, denn es zeigt, dass man keine Minute vertrödelt mit etwas, was null Zaster abwirft. Und nicht den eigenen Narzissmus fördert. Ich vermute, dass die Schere – wie bei arm und reich – immer weiter auseinandergeht zwischen jenen Zeitgenossen, die Bock auf geistreich haben, und den anderen, die nonchalant darauf verzichten können.

Das wird ein interessanter Tag. In einer der mitgebrachten Zeitungen sieht man ein Foto von Kim Kardashian: nach vorne gebeugt, einen Abhang hinaufkriechend, ihr ausladender Hintern – mit einem String als Feigenblatt – stiert in die Kamera. Wie ich später erfahre, entblödeten sich auch deutsche Blätter nicht, den schwer retuschierten, von Cellulite geplagten Arsch zu veröffentlichen.

Der Verlust der Scham, so Freud, ist das erste Zeichen beginnenden Schwachsinns.

Ich blättere weiter und finde einen Bericht über eine gewisse Tessy López, Wissenschaftlerin und Wunder. Ich lese ihn und lese ihn dann laut Celina vor, denn heute habe ich meinen pädagogischen Tag. Zudem scheint mir die vielleicht 27-Jährige nicht genetisch blöd, sondern eher über die Jahre verblödet. Vom Blödsinn, den sie konsumiert.

Señora López ist ein Einzelstück, sie ist ein Serum gegen die Bimbos (es gibt sie in allen Hautfarben), die uns mit Depeschen aus ihrem Nichtsnutzleben erniedrigen. Die 56-Jährige wurde vielmals ausgezeichnet, auch für ihre Arbeiten auf dem Gebiet der Diabetes. Für ihre Erfolge in der Nanomedizin wurde sie für den Nobelpreis vorgeschlagen.

Das klingt respektabel, klingt aber unfassbar, wenn man erfährt, was die mehrfache Mutter – neben ihrer Tätigkeit als Forscherin und Professorin – kassiert hat: Sechsmal schlug der Krebs zu, an sechs verschiedenen Stellen ihres Körpers. Ein halbes Jahr lang war sie nach einem Schlaganfall »quadripléjica«, *querschnittgelähmt*, Arme und Beine inklusive. Plus Unfähigkeit zu sprechen. Die Sprache kam vollständig zurück, nicht die Bewegungsfähigkeit, linksseitig ist sie noch immer massiv behindert. Was sie nicht hindert, denn von ihrem Schlafzimmer aus koordiniert sie jetzt neue Projekte. Und unterrichtet dort ihre Studenten.

Am stärksten jedoch rührt das Foto von ihr an. Sie sitzt auf ihrem Bett und lächelt freundlich. Man sieht auf ein vollkommen unverbittertes Gesicht. Es stimmt überein mit dem, was sie sagt: dass ihr erstes Ziel ist, Leuten zu helfen, die leiden. Dass sie auch für das größte Kinderkrankenhaus des Landes aktiv ist, versteht sich von selbst.

Wie einen Menschen von einem anderen Stern schaue ich sie an. Und weiß – und jeder weiß es, der von ihr erfährt –, dass man nie die Größe und nie die Güte haben wird wie diese Frau.

Celina hat bis zum Schluss durchgehalten, richtig ergriffen ist sie von Señora López, Mexikanerin wie sie. Ja, sie verspricht beim Abschied treuherzig, ab sofort weniger oft auf Steaks, Pfannkuchen und Tacos zu starren, dafür mehr zu lesen: von der Welt und dem, was sie an Aufregungen und Rätselhaftem zu verschenken hat. Ich bin schwer erheitert, denn vielleicht drückt die Bankangestellte an der nächsten Hausecke wieder den Knopf, um auf Instagram zu sehen, was ihre Freunde zum Nachtisch verspeisen.

38

Ojinaga hat wie alle Grenzstädte etwas Romantisches, ja, Verlorenes. Ich gehe, begleitet von einem gleißenden Himmel, die Straße entlang, die zum Rio Bravo führt, dem Fluss, der die beiden Länder trennt. An mir vorbei preschen die Autos, die weg wollen.

Der Wind wirbelt den Sand über den Asphalt. Zwei Tankstellen funktionieren noch, dazwischen ein paar billige Diners. Shops verrotten. Hinter den Scheiben einer verbarrikadierten Möbelhandlung stehen noch Betten und Tische. Die zerbrochenen Fenster eines Restaurants, der Blick in eine verwahrloste Küche. Ein Steinmetz hat sein Business aufgegeben, Grabsteine liegen quer, ein Herz Jesu leuchtet, darunter steht: »El Jesu Cristo es más grande que tu problema«, *Jesus ist größer als dein Problem.* Offensichtlich nicht, denn vieles sieht nach Bankrott aus.

Witzigerweise gibt es einen Kleiderladen, der »Tallas grandes« verkauft, Jacken und Hosen für die ganz Dicken. Strategisch klug gewählter Standort, da hier die Einheimischen vorbeikommen und die Amis, die einreisen.

Eine große Tafel macht Reklame für eine Schönheitsklinik mit dem sinnigen Namen »Botticelli«. Die Verdienste des Hauses werden überaus grafisch dargestellt, links »vorher«, rechts »nachher«:

Kleiner Busen, dann Sexbombe.

Mächtiger Bauch, dann Wespentaille.

Vollglatze, dann Haarpracht.

Auf einem leeren Parkplatz liegt jemand unter einem Truck, die Beine schauen hervor, ein Mechaniker bei der Arbeit. Schmalzig schallen die Schlager aus dem Radio. Einer singt flehend hinter seiner Angebeteten her, sein letzter

Trumpf ist der Hinweis, dass sie doch so vieles von ihm noch nicht wisse (»todas las cosas que no conoces de mí«). Ich überlege kurz und denke, dass es der Nähe zwischen Frau und Mann eher förderlich ist, wenn beide ein paar Geheimnisse für sich behalten.

Vor der Grenze gibt es in einer Nebenstraße eine Art Straßenaltar, »Oración del comerciante«, *Stoßgebet des Händlers*. Auf dass die Geschäfte gut laufen. Der dafür zuständige Heilige ist Herr Judas Thaddäus. Nicht zu verwechseln mit dem anderen Apostel, dem Bösen, dem Verräter, mit Judas Iskariot.

Ich gehe weiter – weiträumig vorbei an der offiziellen Passierstelle – und komme direkt zum Fluss, den die Amerikaner Rio Grande nennen. Keine Mauer, kein Zaun, nur, so ist zu hören, Bewegungsmelder und nachts mobile Patrouillen mit Infrarot-Kameras. Ich blicke hinüber aufs gelobte Land, Texas. Es sieht so aus wie hier, sonnenverglüht, braune Erde, durstig. Das Paradies ist außer Sicht.

Für Minuten bin ich ein Flüchtling aus Mittelamerika, sagen wir, einer aus El Salvador, arbeitslos, mittellos, auf dem Rücken ein Bündel und in der Hosentasche die Telefonnummer eines Onkels in Houston. Stünde ich hier, ich wäre bereits ein Held, denn ich hätte die Erpressungsversuche der Schlepper überlebt, die Lösegeldforderungen und die gratis mitgelieferten Morddrohungen der Drogenbanden, die Hitze und zuletzt die Prügel der mexikanischen Polizei. Jetzt müsste ich nur noch die letzte, die anstrengendste Prüfung bestehen: wie auf der anderen Seite landen? Um dort heimlich und für ein paar Dollar mehr den Buckel krummzumachen. Dabei noch immer auf der Flucht, diesmal vor den amerikanischen Autoritäten. Tag für Tag.

Ich breche den Albtraum ab, mir fällt wieder ein, dass ich Europäer bin. Ich fasse nach meinem Pass, um mich zu vergewissern, dass sich an meinem Glück nichts geändert hat. Das klingt absurd, aber ich seufze erleichtert.

Als ich mich umdrehe, um den langen Weg ins Zentrum von Ojinaga anzutreten, gelingt mir etwas, was ich tausend Mal versucht habe und kein einziges Mal schaffte: Etwa achtzig (!) Meter von mir entfernt, steht eine Katze, wir schauen uns an. Ich mache die typischen Lockgeräusche, und sie geht tatsächlich los, Pfote für Pfote, ruhig, unbeirrbar, so, als wäre ich ihre große Liebe, die sie endlich gefunden hat. Und schmiegt den Kopf an meinen linken Knöchel, lässt sich sorglos hochheben und kuschelt sich auf meinen Schoß, als ich mich neben den Fluss setze. Und wir zwei, mutterseelenallein, blicken nach Amerika. Sie schnurrend, ich ganz still. Gewiss ein halbes Stündlein.

So viel Nähe hat ihren Preis. Als ich weitermuss, will das Kätzchen dabei sein. Aber das würde nicht funktionieren, nie. Unser Leben ist so diametral verschieden. Und so streichle ich die Verschmuste ein letztes Mal, und das Herz tut mir weh, und ich renne davon, als müsste ich mich retten und als sollten der Schweiß und die Anstrengung mir helfen, den Schmerz zu unterdrücken. Ich Idiot, ich hätte sie nicht locken dürfen. Jetzt sind wir beide allein. Ein bisschen mehr allein als zuvor.

Die Hitze vertreibt alle Gefühle. Als ich den kleinen Platz, die Mitte des Kaffs, erreiche, dampft mein Hemd. Auf einer Bank, immerhin im Schatten, komme ich mit Julio ins Gespräch. Manchen sieht man an, dass sie Gesellschaft brauchen. Der 73-Jährige ist einsam, viel einsamer als ich, denn er hat 47 Jahre Ehe hinter sich, und das Ende der Fahnenstange ist erreicht. Längst erreicht. Beichtet er. Weil er es zu Hause nicht aushält. Dort säße ein Höllenweib. Deshalb treibe er sich hier herum. Um das abendliche Wiedersehen hinauszuzögern. Er könnte fliehen, doch dafür fehlt das Geld. »Ich bin Zuchthäusler mit täglich zehn Stunden Ausgang.« Julio hat Humor. Viel mehr ist ihm nicht geblieben, um sein »vida de mierda« – so nennt er sein Scheißleben – auszuhalten.

In Ojinaga wohnen keine Sieger. Als es Zeit ist, zur Bushaltestelle zurückzukehren, spricht mich eine Frau auf Englisch an, mit amerikanischem Akzent. Sie will mir »La Opinión« verkaufen, das hiesige Lokalblatt. Ich frage nach, und Mila erzählt, dass sie über zwei Jahrzehnte in Oklahoma City gelebt hat, heimlich, ohne Papiere. Bis sie eines Tages mit dem Auto unterwegs war und eine Polizeistreife »pull over« rufen hörte. Und die Heimlichkeit aufhörte, sie eine Woche im Gefängnis saß und anschließend per Bus – in Handschellen und bewacht – nach Mexiko abgeschoben wurde. Ihre Kinder, in den USA geboren, durften bleiben. Sie hat sie seitdem nicht gesehen.

Fünfzig Meter weiter komme ich an einem Mann vorbei und sofort denke ich an »Eraserhead«, den Film von David Lynch. So verwüstet sieht der Mensch aus: das vollkommen entstellte, von Brandnarben überzogene Gesicht. Sogar die Hände fehlen. Ich wage kein zweites Mal hinzusehen. Der vom Glück Verlassene, so erfahre ich von einem Passanten, heißt Jorge. Vor längerer Zeit wurde er Opfer einer Explosion in seiner Wohnung. Ein Unfall.

Was denkt Jorge, wenn er morgens in den Spiegel schaut? Warum will er noch leben? Warum ist Celina schön und er ein Zombie? Ich weiß es: *just luck or just fucking bad luck.*

Bisweilen holen mich die düsteren Gedanken ein, und die schreibe ich dann ins Buch. Denn ich bin weder als Sonnyboy noch als *holy Andrew* auf Reisen. Ich strauchle, ich taumle und will doch zuletzt ein bisschen souveräner mit der Wirklichkeit umgehen. Jeder ahnt es: *On the road* kommen die Schwachstellen und Problemzonen viel drastischer zum Vorschein. Das ist das Faszinierende (und Gefährliche) an der Ferne: dass man – neben der Welt und den Weltbewohnern – etwas über sich erfährt. Zustände, die nicht immer Begeisterungsschreie auslösen.

Die letzten Minuten machen nur selig. Denn ich frage einen jungen Kerl, der am Straßenrand auf seiner schweren Kawasaki sitzt, nach dem Weg. Und Leon meint, ich solle aufsteigen, er würde mich hinfahren. Da noch Zeit ist, kurvt er ein paar Umwege für mich. Seine Freude über sein 50-PS-Geschoss ist mein Glück. Weil jetzt der rasante Fahrtwind das Gesicht – ganz ohne Helm – trocknet, ja, wir flitzen und spüren wohl beide, wie wunderlich leicht das Leben sein kann. Selbst in Ojinaga. Für Augenblicke allemal.

Im Bus fällt mir ein Satz aus einem Artikel ein, den ich vor Wochen ins Tagebuch notierte, einer über Henry David Thoreau, den sanften Rebellen aus Massachusetts: »Aber seine alles befeuernde Furcht, sterben zu müssen und dabei festzustellen, nicht gelebt zu haben – die musste er nicht haben.«

Ich habe sie, jeden Tag. Eine Angst wie ein Peitschenhieb. Der antreibt.

39

Frühstück, Zeitungslektüre, Bericht über eine Siebenjährige, die vergewaltigt wurde, zwei Fingerbreit darunter das Foto eines halb nackten Starlets mit gespreizten Beinen.

Gabriel García Márquez meinte einmal, dass das Klischee des Südamerikaners im westlichen Bewusstsein so aussähe: Sombrero, Schnauzer und Flinte. Doch wer sich die Verbrechervisagen in der Presse ansieht, darf lächeln. Denn Schnauzer und Flinte stimmen noch immer, nur der Hut fehlt heute. Moderne Mörder lassen sich (fast) alle einen *Undercut* schneiden.

Andere Fotos zeigen das Schlachtfeld – vom Vortag – zweier verfeindeter Kartelle. Nach der Schlacht. Die beiden Banden traten wie Armeen gegeneinander an, trugen Uniform, Helme und jeder eine schusssichere Weste. Aber in diesem Land ist nichts schusssicher, ganze Lastwagen voller Leichen blieben zurück.

Ruhiger Speisesaal, plötzlich erhebt sich eine uralte Frau und geht an jeden einzelnen Tisch und verabschiedet sich. Per Handschlag von jedem, sogar jedem Kind. Die souveräne Ausstrahlung der Greisin ist so stark, dass alle spontan einschlagen, ja, manche – die Kavaliere unter uns – aufstehen und sich leicht verbeugen.

Abschied von Chihuahua, ich muss nach Creel, etwa 175 Kilometer weit weg. Über 2300 Meter hoch gelegen und Teil der Sierra Tarahumara. Der kleine Ort mit nur 5000 Bewohnern ist Ausgangspunkt von etwas, von dem ich seit Langem träume.

Beim Vorbereiten stieß ich am Vorabend auf einen Youtube-Beitrag, in dem man sieht, wie zwei Dutzend Schwerbewaffnete eines Drogenkartells am helllichten Tag in Creel einen Rachefeldzug inszenierten. Gedreht – heimlich – wurde das Video von der lokalen Polizei, die nicht einschritt, da zahlenmäßig massiv unterlegen. Bevor die Killer auf das Haus zuliefen, um dort eine Familie auszulöschen, sah man den Chef an jeden ein Tütchen Kokain verteilen. Das sie sofort konsumierten.

Diese Geste empfand ich als positiv. Sie bewies, dass sogar Hardcore-Verbrecher sich pushen müssen, um eine solche Tat zu begehen. Ein Rest Menschlichkeit steckt wohl in ihnen. Aber vielleicht ist alles anders, und hier waren Junkies unterwegs, die nur noch funktionieren, wenn sie gedopt sind.

Der heutige Bus ist eine Rostlaube. Von der Stunde null an beginnt es sehr mexikanisch. Während des ersten Schieß-alle-tot-Films singt eine Heulboje – aus einem Radio – mitten hinein ins Knattern der AK-47-Salven: »te quiero, te quiero, te quiero para siempre«, *ich liebe dich, ich liebe dich, ich liebe dich für immer*. Die Lautstärke der Beschallungsgeräte passt zur Dramatik der Umgebung: Links fällt der Weg haarscharf ab ins Tal, und rechts tauchen Schilder auf, die vor Steinschlag warnen. Irgendwann überholen wir einen winzigen Trauerzug. Drei Lebende und eine Leiche.

Dann fängt der Stress an. Ich will in der Bustoilette mein kleines Geschäft erledigen. Eine Lehrstunde zum Thema »geht nicht / geht doch«. Weil ich gezwungen werde, eine Lösung zu finden. Die ich nie gefunden hätte, hätte es den Zwang – unbedingt müssen! – nicht gegeben. Flüchtige, existenzielle Erfahrungen, die helfen, Eigenkräfte zu mobilisieren: Das Klo ist zu niedrig für mich, einen ganzen Kopf zu knapp. Da die Straße schlecht ist, wackelt der Bus wie ein Flugzeug, das in arge Turbulenzen gerät. Ich muss mich also an dem Griff festhalten, der neben dem (nicht zu öffnenden) Fenster angebracht ist, um nicht mit dem Schädel gegen die Decke zu knallen. Jetzt könnte ich, kann aber trotzdem nicht, denn eine weitere Komplikation tritt auf: Die Tür bleibt nicht zu, schwingt immer wieder auf, der Schnapper ist kaputt. Da ich nun beide Hände brauche, um unverletzt und ungesehen stehen zu können, fehlt eine dritte Hand, um die eigentliche Aufgabe zu erledigen und einigermaßen zielgenau die Schüssel zu treffen. Okay, nicht machbar, ich verlasse den Ort, der sogar eine vierte Hand verlangt: um die Nase zuzuhalten.

Nach fünf Minuten kehre ich zurück, weil ich mich ärgere – und brennend die Blase mahnt. Ach, alles so einfach: Kaum bin ich drin, reiße ich mir die Hose herunter, packe blitzschnell links den Griff und rechts die Klinke und schwebe nun, die Knie leicht eingeknickt über dem Loch. Und lasse los. Da ja das Vehikel von einem Schlagloch ins andere rumpelt, geht die Hälfte, mindestens, daneben. Nichts könnte mir gleichgültiger sein. Selig wische ich hinaus.

40

Mein Gepäck im Hotel abwerfen und in Richtung Süden losziehen. Irrwege, da die einen das sagen und die anderen das Gegenteil. Ein Schnorrer will Geld, und ich falle zweifach auf ihn herein: Ich gebe ihm etwas und glaube den Nonsens, den er redet, sprich, wieder ein Umweg. Aber irgendwann lande ich in einem Wald und finde das »Valle de Sebastián«, das Tal, in dem sich eine Gruppe von Tarahumara niedergelassen hat.

Diese Ethnie – heute gehören noch etwa 50 000 Frauen und Männer dazu – repräsentiert eine der geschundensten Volksgruppen in Mexiko. Sie lebte und lebt überwiegend im Norden des Landes, in dem von Canyons durchzogenen Teil, zwischen 1500 und 2400 Meter hoch gelegen. Die Unzugänglichkeit war gewollt. Um der Auslöschung zu entkommen.

Hier, auf dieser Lichtung, ist es wunderlich friedlich. Man sieht ein paar Blockhütten mit Wellblechdächern und ihre berühmten Höhlen, in denen die Tarahumara ebenfalls wohnen. Und sitzen und warten. Bis jemand vorbeikommt und ihre Handarbeiten kauft. Ein kleines Mädchen und eine uralte Frau verharren unbeweglich und sehr schweigsam neben dem Tisch mit ihrer Ware, allein in der riesigen, nur schemenhaft beleuchteten Grotte. Sie sind unheimlich scheu, auf mein »buenos días« kommt ein schier unhörbar gemurmelter Gruß.

Ich bin auch scheu, aber ich will trotzdem wissen. Draußen, wo Hunde streunen, frage ich drei Kinder, die nicht wie die anderen beim Anblick eines Fremden sofort verschwinden. Ja, sie gehen zur Schule, sie zeigen auf ein schlichtes, einstöckiges Haus, ja, die Regierung lasse sie in Frieden, ja, das Feld dort drüben, das einzige, ist ein Maisfeld.

Später Nachmittag, die warme Sonne, der azurfarbene Himmel, die Schlucht umgeben von Wäldern und steilen

Felswänden, das absolute Schweigen der Welt, nur die sanften Bewegungen der Pinien und von irgendwoher das einsame Gackern einer Henne. Und eine Brise, die sacht die Haut kühlt. Ach, ein Paradies.

Doch wie jedes Paradies würde es für einen modernen Menschen zur Hölle. Irgendwann, nein, bald. Kein Buchladen, kein Zeitungskiosk, kein Kino, kein Café, kein Shop, kein Internet, kein Boulevard zum Flanieren. Immer nur Paradies, immer nur ohrenbetäubende Stille, immer nur der alte Hut der Tradition und nie einer, der reinplatzt und die vererbten Wahrheiten anzündet. Immer dasselbe, nur ein anderer Tag.

Okay, ich bilde mir für Minuten ein, ich bin der weltberühmte Schriftsteller und ziehe mich hierher zurück, um den fieberhaft von der Leserschaft erwarteten Band zwei meiner Trilogie zu schreiben. Dann vielleicht kann man Weltferne aushalten. Wenn man die eigene Welt in seinem Kopf mitbringt. Dann ja.

Die Tarahumara besaßen alle Gründe, aus den Ebenen zu fliehen. Hier in dem zerklüfteten Gebiet waren sie vor dem Blutgeifer der Spanier sicher, die sie gern als Zwangsarbeiter in den Silberminen vernichtet hätten. Und sicher vor dem Bekehrungsgeifer der Jesuiten, die sich vornahmen, den Indigenen per Gewalt die Liebe ihres Herrn einzuprügeln. Später kamen aus dem Norden die friedlosen Apachen (!), noch später landlose Mexikaner, die nicht weniger aggressiv versuchten, ihnen ihr Hab und Gut und ihr Land zu stehlen. Und stahlen.

Wer jahrhundertelang damit rechnen musste, dass jeder von außen Kommende nur Unheil im Gepäck transportiert, nur Tod und Teufel, der hat das Recht, scheu, nein, misstrauisch zu sein. Der Argwohn wurde Teil ihrer DNA.

Heute sind die Tarahumara auf eine ganz andere Weise berühmt: als unbesiegbare Langstreckenläufer, von denen manche 300 Kilometer ohne größere Unterbrechungen schaffen. Deshalb nennen sie sich auch »Rarámuri«, *die schnell rennen*. Die Zähigkeit hat Gründe: Zu ihrer Tradition gehört die Jagd, sie hetzen Wildtiere die Hänge hinauf, bis die Hirsche und Rehe zusammenbrechen und mit bloßen Händen erwürgt werden können. Bei Extremläufen über 24 Stunden treiben sie eine kleine Kugel vor sich her, eine religiöse Handlung, die den Fortgang von Erde und Sonne symbolisieren soll.

Vier Kriterien, heißt es, sind verantwortlich für die Meisterschaft dieser Frauen und Männer: 1 / Energie sparen, beim Laufen nur laufen, beim Rasten nur rasten, nur immer *eines* tun! 2 / Gemeinsam laufen, Verbundenheit macht stärker, ja beschwingt sie. 3 / Mit Vergnügen laufen, leichtfüßig, nicht mit der Visage des vom Gewinnenmüssen ausgemergelten Einzelkämpfers. 4 / Einfachheit preisen, kein Air-powered-runnig-shoes-Hokuspokus von Nike, kein Geometrischer-all-over-look-Blabla von Adidas, kein GPS, keine Herzfrequenzmesser, *just running, just being in this very moment!*

Einer der Bekanntesten unter ihnen ist Silvino Cubésare. Er rennt auf der ganzen Welt, seine Spezialität sind die professionellen »Ultramarathons«, von 50 bis 160 Kilometer. Der 40-Jährige, bereits Großvater, muss viel sprinten, denn er hat fünf Kinder, ein Enkelkind und wird von dem strapaziösen Ehrgeiz getrieben, dass alle die Seinen eines Tages ein Hochschulstudium beginnen. Wenn er niemandem davonläuft, dann ist er Bauer, sät Mais und vergrößert sein Haus – noch immer aus Adobe. In drei, vier Jahren will er aufhören, schon knarzt der Körper, schon wimmern die Füße.

Untersuchungen ergaben, dass jene Tarahumara, die in die Städte ziehen und sich assimilieren, dick und kurzatmig sterben.

Nun kann sich ein Volk jenseits der höchsten Gipfel verstecken, die Bösen werden sie finden. Heute heißen sie

Holzfäller, die – bewaffnet mit PS-starken Kettensägen und Kalaschnikows – illegal Wälder umhauen. Um neue Anbaugebiete für Mohnblumenfelder zu gewinnen. Damit in Bälde noch mehr Tonnen des berüchtigten *black tar heroin* die Junkies in den Hinterhöfen von Los Angeles (und dem Rest der Welt) erreichen. Vor ein paar Monaten wurde Isidro Baldenegro López erschossen, ein Tarahumara, der als international bekannter und ausgezeichneter Naturschützer zum Widerstand gegen die Barbaren aufrief.

Der Tag soll heiter enden, und er tut es. Auf dem langen Weg zurück zum Hotel betrete ich einen Laden, will eine Flasche Wasser kaufen. Hinter der Theke sitzt die (gesamte?) Familie, 16 Personen. Mit Blick auf den Fernseher. Eine Sitcom läuft, eines jener TV-Formate, die so debil und unlustig sind, dass das Lachen alle zehn Sekunden eingespielt werden muss. Okay, ich bin umgehend als Dorfprediger unterwegs und schlage vor, bisweilen »la caja idiota«, *die Idiotenkiste*, auszuschalten und ein Buch zu lesen. Oder die Zeitung. Oder irgendetwas zu tun, was dem Hirn oder dem Körper oder beidem zuträglich wäre. Und jetzt kommt das Herrliche: Mit Ergriffenheit schauen sie mich an, ja, nicken zustimmend, ja, sagen, dass ich recht hätte. Und ich, geschlagen von unfassbarer Naivität, denke, dass sie nun aufspringen, den Apparat ausschalten und das eine, irgendwo im Haus verborgene Buch suchen. Aber nein, sie haben mich, als ich mich beim Hinausgehen noch einmal umdrehe, schon vergessen, starren wieder selig und gebannt auf den Bildschirm.

Ich liebe diese Erfahrungen absoluter Selbstunwirksamkeit. Sie machen bescheiden und auf seltsame Weise verstärken sie meinen Frohsinn. Da ich alle Hoffnung fahren lasse.

41

Ein Tag voller Glück fängt an. Frühmorgens durch die stillen Straßen. Ich entdecke ein Schild, auf dem der Stadtrat die Mitbürger zum anständigen Tun ermahnt: Lächeln! Die Vorfahrt der Fußgänger beachten! Die Rechte der Tarahumara respektieren!

Die noch kühle Luft, die Berge, die Welt so umwerfend, dass man sie nie verlassen will.

Zum Bahnhof. Zwanzig Jahre lang habe ich darauf gewartet, jetzt soll es sein. Leute kommen, ambulante Händler legen ihre Ware neben den Gleisen aus, der Dorfdepp ist zur Stelle und trägt die Koffer der schwer Beladenen. Einer verkauft »Gel de Peyote«, verstärkt mit Marihuana. Sagt er. Es helfe schier überall, bei Husten, Krampfadern, Anginaattacken und »inneren Schlägen«. Das ist eine interessante Krankheit, man kann vermuten, dass die gesamte Menschheit darunter leidet.

Wäre es tatsächlich Peyote und nicht eine zusammengepfuschte, endlos gestreckte Quacksalbercreme, jeder Kunde höbe wundersam ab ins Reich eines der fantastischsten Halluzinogene, die je entdeckt wurden.

José tröstet, der Musikus stellt sich vor mir auf und fragt, was mir gefallen würde. Ich bitte um eine Liebesschnulze, und der Mann hat offensichtlich ungute Erinnerungen, denn der Refrain erzählt von schwierigen Zeiten im Schlafzimmer: »Und wenn die Auserkorene sich nicht mit mir ins Bett legt, ach, dann fange ich zu saufen an, ach, dann denke ich, mein Leben hört auf...« Der Text ist leicht schwachsinnig, aber die Melodie wunderlich schmusig. Und eine Frau und ihr von den Göttern geschmiedeter Körper fallen mir ein. Und ihr überirdisches Talent, ihn an mich zu schmiegen. Mir schwindelt.

Um 11.10 Uhr kommt der Zug nach Los Mochis, an der Spitze zwei Dieselloks aus ferner Vergangenheit. Die einzige Schienenverbindung im Land für Passagiere beginnt in

Chihuahua, doch der Abschnitt von dort bis nach Creel ist dröge, jetzt jedoch – so steht es überall geschrieben – finge ein Rausch an, einer aus Schönheit, *romance* und Überschwang.

Die Zahlen: von null auf 2400 Meter Höhe, durch 86 Tunnel und über 39 Brücken, dazu kostenlos und unbezahlbar tausend Blicke auf tausend Atemlosigkeiten. Ausgedacht wurde das Projekt 1861, und genau hundert Jahre später fuhr der erste Zug die gesamte Strecke. Pleiten lagen dazwischen, ungeheure technische Herausforderungen, Revolten der Arbeiter, der Bürgerkrieg und – entlang der 650 Kilometer – mehr als 10 000 Tote: verunglückt oder erschossen während blutiger Streiks. Jeden einzelnen von ihnen muss man bewundern.

Um 11.20 Uhr schaukeln wir los. Allein diese Empfindung – geschaukelt zu werden – stärkt die Lebensgeister. Zudem ist reichlich Platz, da die Hochsaison noch nicht begonnen hat. Die fünf eindrucksvoll bewaffneten Polizisten schlendern cool durch die Waggons, sie wollen sich zeigen, damit die Schändlichen unter uns wissen: Hey, wir sind da! Und die Braven sehen: Wir beschützen euch!

Ich gehe in den Speisewagen und bestelle einen Tequila (und sieben weitere werden folgen). Nichts soll mich ablenken, ich will heute radikal glücklich sein, keine »inneren Schläge« sollen betrüben, ich will mich an Mexiko berauschen. Der Schnaps wird mir dabei helfen. Und das hier ist der rechte Ort, die Fenster sind groß, kein grölender Unhold ruiniert die Seligkeit, kein Radio plärrt, nur die halblauten Geräusche menschlicher Stimmen.

Unsere Polizisten gehören zum Programm: Bei jedem Halt postieren sich die Fünf neben den Türen, das Sturmgewehr R-15–30 Schuss / Kaliber 6.5 – fest im Griff, den Blick kühn auf die Umgebung, den Finger am Abzug. 25 Jahre lang ist nichts passiert, aber sie lassen sich die heroischen Gesten nicht nehmen, sie stehen ihnen gut. Unser Wohl ist ihre Pflicht, und daran wird nicht gerüttelt. Nach einem Plausch mit Ariel und seinen Amigos wird klar, dass sie nicht Nein sagen würden, wenn es eines Tages krachte. So könnten sie endlich beweisen, dass sie als Sieger vom Schlachtfeld gingen.

Bald kommt die Aussicht auf die »baranca del cobre«, *die Kupferschlucht*. Viermal (!) tiefer und verzweigter als der Grand Canyon in Arizona. »Überwältigungsästhetik« nennt man das in der Kunst, da man nicht mehr weiß, ob echt oder Illusion, ob – im konkreten Fall – reine Wirklichkeit oder ob jemand kurz vorher die Welt photogeshoppt hat. Mit Smartfilter, Weichzeichnern und Retuschen. Und ich schiele schnell auf meine Nachbarn an den anderen Tischen. So still, so gebannt, so entzückt.

Das »Dagewesensein« gehört mir hinterher. Ich werde es – das Vorbeigleiten in schwindelnder Höhe – als Trostpflaster bewahren. Für die mageren Zeiten. Wo kein Meer aus blauem Himmel auf rote Felsen strahlt. Wo das Herz nicht zittert, so mitgenommen vom Zauber der Erde.

Hier liegt das versteckteste Tarahumara-Land, hier trainieren sie auf Weltmeister, hier kam noch kein Schweinehund vorbei, um sie zu verjagen.

An einem der kleinen Bahnhöfe steht ein Mann, ein Betrunkener, und singt: »Estoy enamorandome en tí«, *ich verliebe mich gerade in dich*. Wer immer die Auserwählte ist, sie sei ihm gegönnt. Ich bin auch benebelt und verliebt. Auch in eine Frau, aber nebenbei ins Leben und zuletzt in diesen Tag, der alles liefert, was er mir seit zwei Jahrzehnten versprochen hat. Oft schmieren Träume in der Realität ab. Heute nicht.

Die Bilder wechseln: von Serpentinen, von deren Spitze man – weder links noch rechts eine Absicherung – mit leicht nervösem Atem auf das weit unten liegende Tal schaut, mit wohligem Schauder auf die abgestürzten Waggons blickt, sich gleichzeitig daran erinnert, dass die hiesigen TÜV-Vorschriften eine Spur nachlässiger befolgt werden als, sagen wir, in Deutschland – bis durch wüstentrockene Flussbetten, in denen riesige Steine liegen.

Hier ist die Welt noch kolossal, noch nicht fertig, hier wird noch an ihr geschmiedet. Hier stehen noch Landschaften, die noch nicht zur Vernichtung frei gegeben wurden, hier kam noch keiner auf die Idee, sie zu demolieren, hier fährt man eine Ewigkeit entlang und entdeckt nirgends eine Wunde, die eine Wachstumshyäne in den Boden gerammt hat, um ihn auszubluten und mit dem Blut seine Gier zu befriedigen.

No country for old men, zu heiß, zu einsam, zu unendlich. Die von der Hitze gebleichten Bäume, irgendwo ein Pfad, der irgendwo verschwindet, irgendwo verloren ein paar schiefe Hütten, kein Mensch, kein Tier, nur die Welt, wie sie schon vor Tausenden von Jahren aussah.

France Gall singt auf meinem iShuffle »Cézanne peint«, *Cezanne malt*, und sie erzählt, wie der Meister bei der Arbeit nur »le bruit de son cœur«, nur *das Geräusch seines Herzens*, hört. Und ich fantasiere mir die Szene, wie der Mann mit dem wilden Bart hier – statt in der Provence – mit Staffelei und Pinsel herumzieht, überwältigt vom Licht und den Farben, und er irgendwann den rechten Platz findet und loslegt. Und ich ihm heimlich zusehen darf, wie er Genie ist und zaubert.

Ab El Fuerte stelle ich mich auf die Plattform zwischen zwei Waggons. Ich will rauchen, die Abendsonne wirft bereits Schatten. Ich sehe mein Gesicht im Glas der Türen, goldfarben jetzt leuchtend.

Das Land atmet aus, leichter Dunst steigt vom Boden auf. Langsam kommt die Zivilisation zurück, vorbei an Feldern, Dörfern, Ziegen, Kühen und Pferden. Eine Zeit lang müssen wir die Fenster schließen, weil auf diesem Abschnitt ein paar Verrückte wohnen, die Steine Richtung Zug schleudern.

An den Wänden hängen Schilder, die ausdrücklich den Aufenthalt auf den wackligen Übergängen verbieten, natürlich auch das Rauchen, und – höchst erfreulich: Kein Schaffner, der vorbeikommt, kann sich dazu aufraffen, uns abzumahnen. Er lächelt, wir lächeln. Wie glücksfördernd, für Stunden von keinem Bann und keinem Tabu und keinem Veto terrorisiert zu werden. Einfach leben und niemand weit und breit, der uns einzuzäunen versucht.

Neben mir stehen zwei Mennoniten, Anhänger der im 16. Jahrhundert gegründeten Täuferbewegung. Nah verwandt den Hutterern und (weltberühmten) Amischen. Da sie von der römischen Amtskirche verfolgt, ja, mit der Todesstrafe bedroht wurden, wanderten viele von ihnen aus. Die einen nach Osteuropa, andere nach Amerika. Man muss sie loben für ihren Willen zur Gewaltfreiheit. (Was sie nicht hinderte, Hitler ihre »freudige Mitarbeit« anzubieten.) Ganz so solide, wie sie sich gern sehen, sind sie nicht. In Chihuahua, wo ein Teil ihrer Gemeinschaft lebt, gerieten sie in die Schlagzeilen, da sie sich am Geschäft mit den »carros chuecos« – nicht offiziell gemeldet und versichert – beteiligten, mit Autos, die Banden illegal aus den Staaten einschleusen.

Die zwei Männer mit Cowboyhut reden Spanisch mit dem typisch deutschen Akzent. Und sprechen, auf meine Bitte, lupenreines Plautdietsch. Formulieren die beiden langsam, kann ich ein paar Wörter verstehen. Die Sprache klingt drollig und witzig, tatsächlich friedlich. Ja, sagt Rubén, das strenge, fromme Dasein sei vorbei, aber tiefgläubig seien sie noch alle. Wir kommen gut miteinander aus, sie glauben an die Bergpredigt, und ich glaube an den Satz, den ich gestern gelesen habe: »¡Abraza la vida!«, *umschlinge das Leben*.

Um 20.30 Uhr erreichen wir Los Mochis, kleine Großstadt im Bundesstaat Sinaloa, nur zwanzig Kilometer vom Pazifik entfernt. Hier ist Endstation. Taxifahrer Luis fährt mich den weiten Weg zum Hotel. So ist Zeit zum Plaudern. Ich frage ihn nach dem, wofür Sinaloa berühmt ist. Und der Chauffeur weiß es: »el cartél de Sinaloa«, weltweit bekannt und berüchtigt und weltweit im Geschäft. Das wird eine amüsante Fahrt, denn ich bin zu beschwipst, um irgendwelche Bedenken zu entwickeln. Ich lese Luis die Liste vor, die ich mir im Zug notiert habe, mit allen Verbrechertätigkeiten, die man dem Kartell nachsagt. Und er soll »sí« oder »no« sagen. Und ich deklamiere dramatisch: Drogenbusiness, Mord, Totschlag, Menschenhandel, Betrug, Schutzgelderpressung, Schmuggel, illegale Wetten, Terrorismus, Wucher, Prostitution, Hehlerei, Geldwäsche, Waffenverkauf und Überfälle. Und Luis sagt ausnahmslos sí. Bis wir lachen, das ohnmächtige Lachen jener, die sonst zittern und davonlaufen würden. Von wegen. Lässig zieht Luis den Schmutzlappen weg, der auf dem Vordersitz liegt. Und eine handliche Glock kommt zum Vorschein. Das Licht der Straßenlampen fällt auf sie. Sie glänzt.

42

Nach dem morgendlichen Ritus – lesen, schreiben – hinaus auf die Straße. Heute erst nach 16 Uhr. Beunruhigend, wenn ich bedenke, wie viele Stunden ich an manchen Tagen investieren muss, um gerade Sätze zu komponieren. Wie großspurig das klingt, aber so ist es: Ein Schreiber summt die Wörter, um herauszufinden, ob sie »stimmen«, ob sie in die Partitur, den Absatz, passen, ja, muskulös genug sind, um es bis zum Leser zu schaffen. Mitten in seinen Kopf, mitten in sein Herz.

Weiter Weg ins Zentrum. Ich komme an einem *Walmart*-Bunker vorbei. Unheimlich (für einen Europäer), wie *big* die Gegenstände fürs Leben sein können: Waschmaschinen so groß, um einen Elefanten darin zu schleudern, Kühlschränke für tausendköpfige Familien, Obststände so hoch wie Pyramiden. Und eine Fernsehabteilung, in der man in

Echtzeit alle Scheiße der Welt betrachten kann. Ich frage mich, was Leib und Seele eines Menschen schneller zuschanden macht: vier Wochen totaler Nahrungsentzug oder vier Wochen gefesselt vor hundert Fernsehern zu sitzen, über die gleichzeitig mexikanische und amerikanische Sender flimmern. Was treibt radikaler in die Verelendung?

Beim Hinausgehen klaue ich einen Ohrhörer für mein Radio. Drei Meter neben einem Aufpasser. Ich tue das zweimal pro Jahr, um meine Reflexe zu überprüfen. Sonst habe ich keine Rechtfertigung. Und heute ist Walmart der geeignete Ort dafür.

Auf dem mehrspurigen Boulevard Antonio Rosales vögeln zwei Hunde, in dieser absurden Stellung, in der beide in die entgegengesetzte Richtung sehen. Okay, der Akt ist schon vorbei, was sie jetzt vorführen, ist ihre Art von »Nachspiel«. Eine Position, die Frau und Mann wohl nie schaffen. Die Tiere sind vollkommen unbesorgt, obwohl haarscharf die Autos an ihnen vorbeirauschen. Sie stehen absolut entspannt da, kein Zeichen der Erregung verrät, was sie gerade taten – bis sie sich trennen, sich in den Schatten trollen und hinlegen. Unkomplizierter geht es nicht.

Eine sechsköpfige Familie sitzt auf einer Verkehrsinsel, einen Pappdeckel mit vielen Schreibfehlern in Händen. Sie bitten um Geld, um weiterreisen zu können.

Durch die Stadt flanieren und irgendwann wissen, dass man sterben darf, ohne vorher Los Mochis gesehen zu haben. Aber am *Plaza de 27 septiembre* – das Datum, an dem sie die Unabhängigkeit feiern – wird es lustig und lehrreich. Kinder hüpfen und werfen glitzernde Spielzeugsterne in die Bäume, Männer mit kleinen Karren verkaufen Eis, Tacos und Luftballons. Und Pedro, der Chefprediger und Boss seiner Kirche »La casa del Alfarero« – *das Haus des Töpfers*, denn Jesus, so erfahre ich, töpfert die Menschen nach seinem Ebenbild – tönt dramatisch nach oben in den dunklen Himmel: »¡Señor, soy pecador, dame una nueva vida!«, *Herr, Sün-*

der bin ich, gib mir ein neues Leben! Ich frage verwirrt, warum der Gottessohn Sünder – Ebenbild??? – töpfert. Die Frage geht unter, denn schon feuert Pedro ein Versprechen – »göttliche Liebe für alle Ewigkeit!« – in sein Megafon, verbürgt für jeden, der sich »Christus übergibt«. Und drei Männer schlurfen nach vorne, garantiert Alkoholiker, noch wackeln die Bierdosen in ihren Händen. Sie sollen bereuen und das Bier aufgeben und den Töpferherrgott anbeten. Und während der Chef auf das Trio einredet, hat der junge Rodriguez, sein Hiwi, ein Auge auf mich geworfen. Ich sähe nicht sehr bibelfest aus und ob er mich nicht dem »soberano del mundo«, dem *Weltenherrscher,* nahebringen dürfe? Ich schiele auf zwei Verliebte auf einer Bank, die sich gerade innig küssen, ah, die brauchen bestimmt kein neues Leben, die sind gewiss zufrieden mit der Gegenwart. Rodriguez erzählt, dass Gottvater seinen Sohn in die Welt geschickt hat, um ihn für die Sünden der Menschen kreuzigen zu lassen. Und ich deshalb »sein Geschenk« annehmen soll.

Ach, betete ich zu einem Gott, er müsste tanzen und Liebesgedichte aufsagen können und dürfte nie einen Vater erwähnen, der sein einziges Kind auf die Schlachtbank schickt.

Nichts ist komischer als der Ernst der Dämlichkeit.

Inzwischen haben zwei Masseure ihre Spezialstühle aufgestellt. Nun kommen die weltlichen Verlockungen, und wie immer entscheide ich mich für sie. Ich gehe zu Señor Cruz, denn auf seinem Schild steht nicht wie beim Kollegen: »Masaje Express«. Dafür hat Cruz alle Körperteile aufgelistet, die er gesundkneten wird. Ich bitte ihn, seine magischen Kräfte ausschließlich auf meinen Rücken zu konzentrieren. Und der kleine Herr legt los, und das irdische Leben könnte nicht großartiger sein. Die Hitze ist weg, warmes Licht leuchtet auf den hübschen Platz, ein Meister schenkt mir seine Fertigkeit, keine Schüsse knallen, und regelmäßig blinkt das Rotblau einer Polizeistreife, die das Viertel kontrolliert. Die Welt ist gerade wunderbar analog und ganz und gar augenblicklich.

Im Hotelzimmer zappe ich und bleibe bei »Embarrassing Bodies« hängen. Eine englische Sendereihe für die absolut Nervenstarken. Der Titel ist brutal, und so sind die Leiber jener Frauen und Männer, die heute vorgestellt werden: Leute, die ihr kostbarstes Gut über die Jahre in den Abgrund gefressen haben.

Herzerwärmend aber, wie Ärztinnen und Ärzte nun versuchen, das Desaster aufzuhalten. Wie ein Schlachtplan aufgestellt wird, um diese Körper vor dem unerbittlichen Gesetz der Schwerkraft zu retten. Dürfte ich meinen Senf dazugeben und sie beraten, ich würde einen Spruch – er passt für so vieles – meines japanischen Zenmeisters zitieren: »Erste Übung: Aufhören, nach Ausreden zu suchen!«

43

Morgens mit dem Taxi zur Bushaltestelle. Fahrer Dario deutet auf die Bergzüge der Sierra. Ohne, dass ich danach gefragt hätte, erzählt er, dass dort die Farmer früher Mais anbauten, nun jedoch Mohnblumen wachsen lassen. Denn nur so könnten sie überleben. Die Flächen müssten allerdings klein bleiben, damit die Helikopter der Armee sie nicht sehen. Auch er arbeite nebenbei als Heroinproduzent. Sagt er, seelenruhig.

Ich mag es, wenn Wildfremde zu plappern anfangen und Tatsachen mitteilen, die ich selbst niemandem erzählen würde. Etwas beruhigend Naives muss ich ausstrahlen, etwas Harmloses. Ich will mich nicht beschweren, die Eigenschaft passt gut zu einem Reporter.

Vor dem Einchecken verteilt jemand Zettel mit dem Hinweis, dass »Drogen, Amphetamine, Feuerwerkskörper und Gasflaschen« an Bord nicht erlaubt sind. Ob Angestellte hier dicke Päckchen voller Heroin in den Reifen des Busses versteckt haben, wissen nur sie.

Ruhige Fahrt, Zwischenstopp in Guasave, direkt am Golf von Kalifornien. Morgen werde ich in der Zeitung lesen, dass dort – heute also – ein paar Leute umgebracht wurden. Mithilfe der Presse kann man sich oft auf das Gebiet einstimmen, durch das man kommt. Ein Reiseführer einmal anders.

Nach drei Stunden in Culiacán, der Hauptstadt von Sinaloa. Ich bin hungrig und esse gleich in der Station. Zwei »seguridad«-Männer überwachen das Restaurant, ich bin wohl der Einzige, dem das auffällt.

Taxifahrer zitieren gilt als verpönt, als billiger Trick. Aber in Mexiko sind sie begabte Geschichtenerzähler. Ich könnte nicht mehr sagen, wie viele Einsichten ich ihnen verdanke. Diesmal ist Natal an der Reihe, er bringt mich zu meinem Hotel. Auf dem Beifahrersitz liegt die Bibel. Das ist ein passender Vorwand, um ihn auszufragen. Und der vierfache Familienvater beichtet: Noch vor fünf Jahren nahm er Drogen, soff, war Polizist, stahl, investigierte Überfälle, die er selbst vorher mit seinen Kumpels inszeniert hatte. »Und warum kam euch niemand auf die Schliche?« und Natal, staubtrocken: »Porque nosotros mandamos«, *weil wir kommandierten*. Weil sie mit Gewalt einschüchterten, weil sie stark und die Opfer unbewaffnet waren. Doch eines Tages sei ihm der Heiland über den Weg gelaufen. Zack, mitten im Verbrecherleben, mitten im Verbrechen. Direkt vom Himmel herab, höchstpersönlich. Und Natal verließ den Ort der Versuchung, die Polizei, verschacherte seine Beretta und kaufte sich ein Taxi. Mit der Bibel immer griffbereit. Zur Stärkung in schwachen Momenten.

Kürzlich fand ich einen Youtube-Bericht, in dem man den hiesigen Polizeichef beim Schuhputzer sah. Umgeben von vier Kollegen, die ihn bewachten. Es wurde nicht klar, vor wem sie ihn beschützen: vor den Drogenkillern oder anderen Polizisten: denen er nicht genug von der Beute abgetreten hatte.

México, mi amor.

An der Rezeption fällt mir ein riesiger Spiegel auf, eine ganze Zimmerwand lang. Das ist verdächtig. Ich frage nach, und man bestätigt, dass sich dahinter das Büro befindet, von dem aus man – ohne gesehen zu werden – in die Halle blicken kann. Sicherheitsmaßnahme.

In die quirlige Innenstadt. Man ahnt nicht einmal, wie viele Kisten dreckiges Geld hier in den Geschäften täglich gewaschen werden. Von außen sieht alles unfassbar normal aus. Nichts, absolut nichts gibt einen Hinweis auf den Schatten, der sich hinter dem Schein der Alltäglichkeit verbirgt.

Runter zum Fluss Culiacán, Bänke und Verliebte, Jogger, Freiluftturner, überall Verbotsschilder mit »no fumar«. Das ist sagenhaft debil, denn ginge es tatsächlich um das öffentliche Wohl, dann müsste man drei Viertel aller Lebensmittelläden im Land anzünden, da sie brachial ungesunde Nahrung verkaufen, randvoll mit Fett, mit Zucker und anderen (falschen) Kohlenhydraten: mitverantwortlich für den katastrophalen medizinischen Befund der Einwohner. Diese ausschließliche Wut auf Tabak, sie ist praktisch, sie lenkt ab, sie dient der Verdummung.

Ich finde ein Café, will lesen, will von der Welt wissen. Und etwas seltsam Schönes, seltsam Trauriges passiert. Ich sitze auf einer Terrasse, und irgendwann fallen durch einen schmalen Spalt zwischen zwei Häusern die Strahlen der untergehenden Sonne. Und sie fallen zentimetergenau auf die Zeitungsseite, die ich lese. Fallen auf ein Foto, das links eine Frau und einen Mann zeigt und rechts ein Loch in der Erde, umgeben von Männern in weißen Schutzanzügen, forensisches Personal. Und der Text darunter erklärt, dass die Eltern gerade erfahren haben, dass die gefundene Leiche ihr Sohn ist. Und dass sie jetzt diesen Ort verlassen müssen »um dorthin zu gehen, wo sie hemmungslos weinen können.« Und mir kommen die Tränen. Über das Leid der anderen. Und diese poetische Zeile. Und diese ganze Welt.

An einer Hausmauer gegenüber steht: »Der Kampf um Mexiko muss zur Liebe für Mexiko führen.«

44

Ich bin in diese Stadt gekommen, weil ich am allerersten Tag meiner Reise an einem Zeitungskiosk die Überschrift las: »Asesinan Xavier Valdez«, *sie ermorden Xavier Valdez*. Auf dem Titelblatt sah man einen Mann auf der Straße liegen, hier in Culiacán. Das Gesicht nach unten, mitten im eigenen Blut. Ich fing zu lesen an und erfuhr, dass der 50-Jährige vielleicht der bekannteste, vielleicht der mutigste Reporter Mexikos war. *Der* Spezialist – hoch dekoriert – in Sachen Drogenverbrechen, Polizeiverbrechen, Politikerverbrechen. Er hatte Heerscharen von Feinden. Sie glühten vor Hass, wenn er in seinen Büchern ihre Schandtaten aufzählte. Nachdem er sie haarscharf recherchiert hatte. In einem Interview meinte er, dass er die Staatsmacht für noch bedrohlicher halte als die freiberuflichen Mordbuben. Er war, so seine Kollegen, ein humorvoller, Anteil nehmender, lebensverliebter Humanist: »Es reicht nicht, die Toten zu zählen, man muss auch von ihrem Leben erzählen, ihren Träumen.«

Zudem galt er als Stilist, schrieb ein elegantes Spanisch. Er war stets darauf bedacht, beides dem Leser zu schenken, einmal Berichte aus der Wirklichkeit und einmal die Schönheit der Sprache: »Ich will am Leben bleiben, ich will atmen – und mit dem Schreiben aufhören, das wäre wie sterben.«

Nur in Syrien kamen mehr Journalisten ums Leben als in Mexiko. Und über neunzig Prozent der hiesigen Fälle werden nie aufgeklärt. Dahinter steckt natürlich ein System. Da oft alle drei Seiten – Kartelle, Polizisten, Politiker – in die Untaten verwickelt sind, führen Untersuchungen immer nur ins Nichts. Noch abstruser: Oft müssen Investigatoren um ihre eigene Sicherheit fürchten.

Verbrechen zahlt sich nicht aus! Sagt man. Das ist gelogen.

Irgendwann finde ich die Calle Vicente Riva Osuna, finde den rohen Steinbrocken, der am Straßenrand aufgestellt wurde, geschmückt mit echten und seidenen Blumen, am Boden Kerzen, auf einer Banderole steht: »Justicia por Xavier Valdez.« Nur Meter daneben passierte es.

Was für ein banaler, was für ein dramatischer Tod. Kurz vor Mittag verlässt Valdez das Gebäude der Wochenzeitung *Ríodoce*, die er mitgegründet hat. Nur wenige Fußminuten entfernt. Er biegt in die Straße ein, setzt sich ans Steuer seines Autos, fährt los, drei Männer schneiden ihm den Weg ab, der Beifahrer eines »weißen PKWs« steigt aus, fordert den Journalisten auf, den Wagen zu verlassen, zerrt ihn ins Freie, befiehlt ihm, sich hinzuknien, redet ein paar Worte mit ihm, jagt ihm zwölf Kugeln in den Körper, übernimmt Valdez' Toyota Corolla, der weiße PKW prescht los, die beiden Kompagnons folgen. Sie fliehen. Neben dem Kopf der Leiche liegt sein blutgetränkter Panamahut. An einem Maitag, wie immer sonnig in dieser Weltgegend.

Ein ganz normaler Tag, eine ganz normale Gegend. In unmittelbarer Nähe der Hinrichtung gibt es einen Kindergarten, ein Geschäft, vor dem das Hochglanzposter einer Bikinischönheit Stoßdämpfer anpreist, einen Lebensmittelladen, ein riesiges Plakat zeigt Waffen und die Webadresse, wo man sie kaufen kann, ein Waschzettel hängt an einer Wohnungstür, ein Buddhakopf prangt darauf, Text: »Cambia tu vida desde adentro«, *ändere dein Leben von innen heraus,* eine Kneipe gegenüber, und ein Pick-up mit Bananen auf der Ladefläche zieht gerade vorbei, aus dem montierten Lautsprecher plärrt eine Stimme: »¡Tres kilos para 20 pesos!«

Ich frage Passanten, wie es möglich ist, seelenruhig am helllichten Tag, mitten in einer Großstadt, jemand zu töten. Und ein junger Kerl: »Así vivimos aquí«, *so leben wir hier*. Und eine ältere Señora: »Was soll ein Zeuge tun? Sich erschießen lassen?«

Xavier Valdez denunzierte immer wieder die allwaltende »indiferencia«, die *Gleichgültigkeit*. Nicht nur bei den Machthabern, auch in der Gesellschaft. Er wollte dazu bewegen, gegen das Unrecht einzuschreiten, zumindest lauthals dagegen zu protestieren. Hätte ich je das Glück gehabt, dem Tapferen zu begegnen, ich hätte ihm von der Mail einer meiner Leser erzählt, in der ich aufgefordert wurde, mich nicht einzumischen (was ja in Europa wenig Mut erfordert), sondern endlich mehr »bayerische Wurschtigkeit« zu zeigen. Ich hätte Valdez erklärt, dass die Übersetzung von »indiferencia« ins Bayerische eben »Wurschtigkeit« wäre, er daran sogleich erkenne, dass es nicht nur in Mexiko Leute gibt, die grenzenlos desinteressiert am anderen und an der Welt vorbeigehen. Frauen und Männer, die tatsächlich glauben, dass das Ziel eines Menschenlebens ist, sich alles »wurst« sein zu lassen.

Und ich hätte ihn gefragt, wie er so bemerkenswert leichtsinnig sein konnte, einfach so – ungeschützt, ohne Leibwächter, weithin erkennbar an seinem Markenzeichen, dem Strohhut – zu seinem Auto zu spazieren, wohl wissend, dass er ganz oben auf der Todesliste seiner Feinde stand. Unergründliches Menschenherz.

45

Auf zur »Kapelle Jesús Malverde«. Wundersame Ironie, dass der Gangster und »el santo patrón de los narcos«, *der heilige Chef der Drogenbarone*, ein Namensvetter des Herrn Jesus ist. 1870 wurde er geboren und 1909 erschossen oder gehängt. Und unbekannt verscharrt. Dazwischen hat er gestohlen und gemordet. So die Legende, denn es gibt keinen Beweis für seine Existenz. Keinen einzigen. Er ist ein Fantasieprodukt, das sich lose auf das Leben verschiedener Revolverhelden stützt. Damit alle ihn anbeten können, wurde ihm noch ein Robin-Hood-Mäntelchen umgehängt: Er beraubte die Reichen und beschenkte die Armen. So kam er als Heiligenpotpourri in die Welt.

Jetzt aber die hässliche Wahrheit: Fast alle großen und kleinen Massenmörder aus dem Drogenbusiness haben ihm hier schon ihre Aufwartung gemacht. Auf dass Señor Malverde sie weiter beschütze beim Ausmustern ihrer Feinde.

Vor dem Eingang stehen Buden mit Softdrinks und dem Schnickschnack, den jeder Aberglaube produziert: Schlüsselanhänger, Bildchen, Büsten, Gebetbücher, Basketballmützen, Rosenkränze, Kettchen mit Medaillons etc., immer mit Malverde als Hauptdarsteller. Drinnen Betschemel und Kerzen lichterloh, Opferstöcke, Kreuze und – unbezahlbar *funny* – die Wände voller Dollarnoten und Votivtafeln, aufgehängt von den »Geretteten«: Sie danken für den überstandenen Unfall, die gefundene Arbeit, die wiedererstarkte Gesundheit, die rechtzeitige Flucht aus der Feuersbrunst, die Geburt des Sohnes (für Töchter sehe ich keine Danksagung), sie danken »por la vida«, *für das Leben*. Man kann auch kleine Nischen mit Glastüren mieten, um dort hinein Fotos und Blumen und die Wunschliste zu legen. Für 40 000 Pesos, dann gehört einem der Privataltar eine Ewigkeit. Für die Summe muss ein Tagelöhner 30 Jahre schuften, sprich, hier leasen nur jene, die sich einen solchen Betrag per Kopfschuss in zehn Minuten besorgen.

Klar, das Volk kommt ebenfalls hier vorbei, glaubt tatsächlich, dass das Anwimmern einer bunt bemalten Marionette, die zudem als Pate für Schwerkriminelle taugt, ihm hilft, sein vermaledeites Dasein zu verbessern. Ich provoziere eine Frau, die mit ihren beiden halbwüchsigen Söhnen vor der Malverde-Statue kniet und hinauf zu dem Holzkopf flüstert. Keine »einfache« Frau, keine aus Hintermexiko, die nicht lesen und schreiben kann, keine, die nie die Chance hatte, via Zeitung, Bücher und anderer Medien mehr von der Welt zu erfahren. Nein, eine Geschäftsfrau betet hier, eine mit Abitur und Fachausbildung.

Aber die Provokation führt ins Leere. Die vielleicht 40-Jährige hat dem Pistolero Treue geschworen. Ihm, der sie – sie sagt es ganz ernsthaft – »behütet«. Ist das schallende Dummheit? Ist das die unauslotbare Angst vor dem Leben? Vor dem Tod? Vor der Bestrafung durch den Allerobersten? Wohl alles zusammen.

Mit einem Lächeln verabschiede ich mich. Ich will nicht verhärten. Es würde niemandem helfen, auch mir nicht. Beim Hinausgehen komme ich noch an einer Votivtafel vorbei, auf der Malverde für das Kurieren von Kopfschmerzen gedankt wird. Die plagen mich jetzt ebenfalls. Doch der Gangster-Gott denkt gar nicht daran, mich davon zu erlösen.

46

Auf dem Weg ins Hotel sehe ich an der Tür eines Friseurladens ein Poster hängen, das links einen Mann mit wenig Haar und ihn rechts mit superviel Haar zeigt. Ich trete ein und höre, dass für die Pracht ein Shampoo verantwortlich sei, das nach »15 Tagen« alles Verlorene zurückbringt.

Wie eine *Fake News* die andere jagt. Ob sie nun, angeblich, vom Himmel kam oder hier auf Erden fabriziert wird. Weder die Schimäre Malverde noch ein Haarwaschmittel tun

Wunder. Und dennoch wird es behauptet. Weil es wohl Leute gibt, die – das alte Thema – die Wahrheit nicht aushalten. Sie lechzen nach Lügen. »Mundus vult decipi, ergo decipiatur«, *die Welt will betrogen werden, also wird sie betrogen.* Den Satz habe ich aus meinen Lateinjahren im Gymnasium gerettet. Damals fand ich ihn bizarr, heute klingt er ungemein weise.

Ich gehe in mein Zimmer und schreibe. Dreißig Buchstaben, um mich zu reparieren: die Dellen im Herz, die Anflüge von Mutlosigkeit, den Schrecken über die Lust am Töten eines Menschen.

Vor ein paar Wochen erzählte mir Octavio, ein Lehrer an einem College in Mexico City, ein Märchen aus seinem Land. Wir saßen im Bus nebeneinander. Ein leises Märchen. Jeder, der es hört, wird es lieben: *Der Wald brennt, die Tiere fliehen, nur der Kolibri fliegt vor und zurück zu einem See, immer wieder, nimmt einen Wassertropfen in den Schnabel und lässt ihn auf das Feuer fallen. »Was machst du denn da«, fragt ihn ein schöner Adler, »das nützt doch nichts.« Und der Kolibri: »Ich weiß, aber ich erfülle meinen Teil.«*

47

Der nächste Tag wird beschwingt. Mit Taxifahrer Ernesto den weiten Weg in den Norden der Stadt, zu den »Jardines del Humaya«, den *Gärten des Humaya-Flusses*. So heißt, wunderlich euphemistisch, die Weltsensation von Culiacán: der Friedhof der Drogenkönige. Diesmal ist es Ernesto, der einfach loslegt, vermutlich inspiriert durch mein Ziel. Okay, ich hatte ihn zum Tod von Xavier Valdez befragt. Und ich bekomme die absurdeste Antwort, vollkommen unvorhersehbar: dass die *narcos* sich im normalen Leben durchaus freundlich benehmen, man solle nicht glauben, sie verbrächten ihren Alltag mit einer – Ernesto wörtlich – »Mörderfresse«. Nein, eher umgängliche Leutchen seien sie, ja, hilfsbereit. Nur zu gewissen Zeiten sind sie – hauptberuflich oder als Aushilfskraft – als Folterer, Gliederzerhacker und Kopfabschneider unterwegs. Dann ja, dann hätte die Sanftmut ein Ende.

Rudolf Höss, der Auschwitz-Kommandant, fällt mir ein, der zärtlich Katzen streichelte und anschließend Juden vergasen ging. Nettigkeit und rasender Hass, sie passen reibungslos in den Kopf eines Menschen.

Zuletzt sagt Ernesto etwas zu hundert Prozent Wahres: »De este negocio no sales.« Er meint, dass man – einmal als Drogendealer angeheuert – nicht mehr raus kommt. Zurück ins bürgerliche Dasein. Doch, aber als Leiche, »denn du weißt zu viel, also müssen sie dich beseitigen«.

Der *narcocementerio* überwältigt. Und erheitert. Auf diesem Friedhof gibt es keinen Reichsten, hier ist (fast) jeder der Reichste. Wer nur einen flüchtigen Blick auf die Kuppeldächer der pompösen Gruften wirft, könnte meinen, in Istanbul anzukommen. Mit dem Unterschied, dass oben am Giebel kein Halbmond steckt, sondern ein Kreuz.

Überall fleißige Handwerker. Sie graben neue Löcher und ziehen neue Prachtbauten hoch. Vollbeschäftigung, da ja außerhalb der Umzäunung beharrlich gemordet wird.

Große Strolche haben große Grabstätten, kleine Strolche beinahe so große. Nie findet man ein Namensschild auf den Mausoleen. Die Konkurrenzbande soll nicht wissen, wer da liegt. Sonst kommt sie nachts und sprengt alles wieder weg. Man steht nicht vor Erdhäufchen mit Grabstein, nein, man steht vor acht, zehn Meter hohen Ruhestätten. Durch die – schusssicheren – Glasscheiben sieht man auf Marmorböden, auf Teppiche, Sofas, Sessel, Heiligenbilder, Herz-Jesu-Bilder, Bilder der Jungfrau von Guadalupe und der Jungfrau von Lourdes, Blumen-Bouquets, ja, Treppen hinauf in den ersten und zweiten Stock, Überwachungskameras, Wi-Fi-Anschluss und Telefon gibt es. Und Klimaanlagen. Denn der Held darf nicht zu stinken anfangen. Da er (meist) nicht unversehrt sterben durfte, soll er zumindest als Leiche intakt bleiben.

Irgendwann finde ich einen Arbeiter, Felix, der mir – gegen ein paar Scheine – zwei Türen aufsperrt. Und ich blicke – von außen nicht sichtbar – in Esszimmer, in Schlafzimmer, in Badezimmer. Bombastisch und von erlesener Geschmacklosigkeit. Ganz offensichtlich trauen sie dem Komfort im Himmelreich nicht und sorgen vor.

Noch im Sarg – einige goldbeschlagen – wollen sie vom Größenwahn nicht lassen. Unsterbliches Ego. Die ewige Ruh' ist hin, wenn der Grabbewohner nicht von den Insignien der Habsucht umgeben wird. Manche Eingänge sehen aus wie Pforten zu Ritterburgen, andere haben oben am Dach Zinnen installiert. Man wundert sich, dass nicht plötzlich Scharfschützen auftauchen. Der größte Bau – noch kolossaler als die Kitschausgabe des Taj Mahal in der Nähe – sieht aus wie eine Kirche mit fünf imposanten Heiligenstatuen über der Fassade. In dem Ungetüm liegt ein Anwalt. Jahrzehntelang hat er höchst erfolgreich, so munkelt man, das Recht verdreht. Wer seine Klienten waren, errät man mit Leichtigkeit.

Dennoch, es gibt Ruhestätten, die wenigen Ausnahmen, die unseren ähneln. Eher bescheiden, eine Grabplatte am Boden, mit Daten. Was anders ist: Ein mächtiges Poster hängt daneben, es zeigt den Toten (meist einen Mann), sein strahlendes Gesicht und darunter die Fotos »männlicher« Gegenstände, ein Motorrad, ein Auto, bisweilen eine Yacht. Die Bestatteten müssen nicht immer Bösewichte gewesen sein, auch Unbescholtene soll es hier geben. Heißt es. Doch das Protzer-Gen – rege selbst dann noch, wenn man die Ehrfurcht derjenigen nicht mehr genießen kann, die einem beim Protzen zuschauen – lässt sich nicht beerdigen. Die mitgelieferten Sprüche gleichen einander und zeugen von einfachen Zeitgenossen: dass man sich im Jenseits wiedersehen wird und dass sie – die Strolche – jetzt neben dem Heiland sitzen und frohgemut sind.

Einer fällt auf, ein gewisser Eduardo P., er meint: »Ich werde nie wieder unter euch sein, aber bewahrt mich bitte in eurem Herzen.« Noch inniger der einzige Satz über dem Grab des sechsjährigen Edgarín: »Wir lieben dich.«

Nicht weit entfernt davon hat jemand an eine Mauer gekritzelt: »Und wenn ein Kind auf Erden stirbt, kommt im Himmel ein Engel zur Welt.« Unglaublich, zu was allem Sprache herhalten muss.

Einer sollte noch erwähnt werden, Señor Chima. Mit 30 hinweggefegt. Auf dem Plakat trägt er ein Boss-Hemd und die Rechte hält er am Abzug seiner Knarre. Man ahnt umgehend, welchen Geschäften er nachging. Seine Familie ließ ausrichten: »Te extrañamos mucho«, *wir vermissen dich sehr*. Irgendjemandem fehlt man immer. Ganz allein sterben auch Halunken nicht, nicht einmal in Mexiko. Und Chima hatte ein Gespür für die Nachwelt. Er blickt wie Bogart am Flughafen von Casablanca in die Kamera, beherrscht perfekt den Heldenblick in die Ferne: Einer, der weiß, dass die Welt da draußen die Hölle ist.

No cemetery for old men.

Jorge, ein Vorarbeiter, zeigt mir die Entwürfe für ein neues Schloss, die Vorschläge der Kundschaft, die ihm ein Mittelsmann überbrachte. Nie fällt der Name des tatsächlichen Auftraggebers, nie fragt Jorge. Nie käme er auf die Idee zu fragen. Er sagt ja und macht's. Und kassiert die erste Anzahlung. Cash, was sonst. Wenn alles steht, kommt wieder einer (ein anderer) und übergibt den Rest der Summe. Jorge lacht beim Abschied, er mag seinen Job. Die Mörder gelten als spendabel.

Direkt neben dem Ausgang gackert ein Dutzend Hühner in einem kleinen Garten. Daneben der Parkplatz, drei schwarze BMWs mit dunklen Scheiben stehen da. Mehrere Warnschilder informieren: »Alarmanlage einschalten!« Von wegen Diebstahl. Und »Kinder in Sichtweite halten!« Von wegen Entführung.

Tage später werde ich in den Nachrichten hören, dass man darüber nachdenkt, Kameras auf Friedhöfen zu installieren. Denn in Mexiko sind sogar Leichen nicht mehr ihres Lebens sicher.

48

Zurück in die Stadt, zum »Mercandito«, dem *Marktviertel*. Vor einer Apotheke hängt ein Plakat mit dicken Lettern: »Horny Sex«. Darunter die Köpfe eines Liebespaars und das (große) Horn eines Nashorns. Raffiniert, wie sie hier das Wort »horny« neu interpretieren. Text: »Demuestra lo grande que puedes ser«, frei übersetzt: *Zeig mal, wie toll du im Bett bist.*

An einer Tierhandlung vorbei, alle Rollläden hochgezogen. Ich nähere mich dem Käfig, in dem ein Chihuahua schmachtet, ganz weiß und winzig. Er kann sich kaum erheben, so drückt die Hitze. Aber er trottet zu den Gitterstäben und schleckt meine Fingerspitzen. Tiersein in Mexiko ist auch nicht lustig.

Ich verziehe mich in die *Bar Montecarlo*, will etwas Eiskaltes trinken. Soweit ich mich erinnere, ist das Fürstentum eleganter möbliert als diese Spelunke. Und die Mädels gewiss motivierter. Doch draußen ist es höllisch heiß und das Leben eher sinnlos zu dieser Stunde. Alberto und seine fünf Musiker warten, bis ein Gast einen Song spendiert. Ich bin wahrscheinlich der einzige der vier Anwesenden, der noch über übrige 50 Pesos verfügt. Und da ich mich jetzt nach Kitsch und Enthusiasmus sehne, bestelle ich bei den Musizi »Amarte es un placer«, von Luis Miguel, dem Superstar.

Und sie geigen und klimpern los, und hinreißend schmalzig wimmert Alberto in die dustere Bude, und wie immer weiß ich nicht, was kitschiger ist, die Melodie oder die Zeilen: »... dich lieben ist eine Freude und dich kennen war mein Glück und trinken will ich von deiner Brust und verschmelzen mit dir im Schatten…« – ad infinitum romanticum. Absolut egal, Albertos Seufzen und Schmelzen ist nicht zu toppen, nach Sekunden bin ich selig, sehe die Seligkeit in den Gesichtern der Bardamen und erinnere mich wieder daran, dass ich gern Popstar geworden wäre. Da müsste ich nur den Mund aufmachen und mein Tremolo in die Welt schicken – und sie würde stillstehen und lächeln.

Vor der Bar liegt die Calle Benito Juarez. Hier, entlang hunderter Meter, sitzen auch Damen. Nein, sie verkaufen keinen Sex, sie verkaufen Geld. Seltsamer Anblick: Jede hat ihren Stuhl oder Barhocker, jede ihren freistehenden, weit aufgespannten Sonnenschirm, jede mindestens zwei Geräte in der Hand. Ein Mobiltelefon – um die Langeweile auszuhalten. Und einen Taschenrechner – um den jeweiligen Betrag zu berechnen.

Ihre Arbeitsstelle gehört zu dieser Stadt. Die dicken Geldbündel – meist Gewinne aus den Tätigkeiten der Verbrechersyndikate – liegen ja nicht in der Besenkammer des Drogenbosses. Okay, da stapelt sich gewiss ein Teil, aber der andere Teil, der riesige, muss gewaschen werden. Und als Mitarbeiter einer gigantischen Geldwäsche – an unzähligen Orten in diesem Land praktiziert – stehen diese Frauen (und ein paar Männer) bereit. Von früh bis spät.

Alles wundersam entspannt. Der Kunde fährt am helllichten Tag an eine der Wechslerinnen heran, sie beugt sich runter zum Fahrerfenster, er sagt, wie viel er hat, und sie zückt den Kalkulator und sagt, was sie dafür zahlt. Bringt jemand viele Scheine vorbei, so gilt ein Viele-Scheine-Rabatt. Man kann – überwiegend – Dollar kaufen, doch verkaufen geht ebenfalls. Ist man sich einig, nimmt sie den Packen und verschwindet in einem Büro (mit dunklen Fenstern), fünf Schritte daneben. Und kommt mit der genau abgezählten Summe zurück. »Gracias, hasta luego.«

Das ist eine Win-win-win-Transaktion. Und durchaus verboten. Die Lady bekommt ihre Prozente, der Kunde bekommt mehr (als in der Bank), und die Polizei bekommt ihren Anteil, damit sie das Business – so sichtbar und öffentlich – duldet. Keine Fragen, keine Namen, kein Ausweis, keine Quittung, keine Kameraüberwachung, Geld hin, Geld her, weg. Doch, einen Verlierer gibt es: den Staat Mexiko. Aber der kümmert hier niemand.

Gewiss, ab und zu wird eine Geldbude geschlossen, wegen »Illegalität«. Scheinmanöver, um den Anschein von Recht und Ordnung aufrechtzuerhalten. Dass Wochen später die Bude wieder aufmacht, ist Teil der Farce.

Vielleicht bin ich heute der einzige Interessent mit sauberen Banknoten, direkt mitgebracht aus Europa. Aber ein schwieriger Kunde bin ich auf jeden Fall, denn die Gegend ist als »Dollarcountry« bekannt, und Euro sind eher selten, ja, befremdlich. Doch die Mädels zeigen sich hilfsbereit, und so findet sich irgendwann eine mitfühlende Seele und kauft sie mir ab.

49

Da ich ohne Guide, ohne Plan, ohne Apps unterwegs bin, muss ich mich anders orientieren. Von fern sehe ich einen imposanten Kirchturm, das muss das Zentrum sein. Ich gehe drauflos und bekomme etwas, für das man Mexiko nur beneiden will: Auf einem kleinen Platz, nicht weit von der Kathedrale, sitzen Frauen und Männer auf Bänken, plaudern, lachen, sind fröhlich gestimmt. Bis Señor Mateo, der heutige Star, sich wieder ans Mikrofon stellt – ohne Podest, mittendrin – und zu singen anfängt. Und sie aufstehen, sich umarmen und tanzen. Die Jungen, die nicht ganz so Jungen und die Alten, während der Lokalmatador verträumt zur Playbackmusik trällert: »Me falta todo si no estás aqui«, *alles fehlt mir, wenn du nicht da bist.* In Culiacán, einer der gefährlichsten Städte der Welt, in der das *Cartél de Sinaloa* die Gesetze mitbestimmt (indem es Millionen

Dollar jährlich an die Polizei überweist), in der die Söhne von Joaquín »El Chapo« Guzmán, dem einst skrupellosesten, inzwischen an die USA ausgelieferten Drogenhändler, um die Nachfolge kämpfen: gegen andere Söhne und Väter, die auch gern Multimillionäre und Massenmörder werden wollen, in einer Stadt, in der jeden Tag zwei, drei Seiten lang in den Zeitungen über die Leichen der letzten 24 Stunden berichtet wird, in einer Stadt, in der Mörder für ihre (gefallenen) Mörder-Spezis Statuen errichten, in dieser Stadt gibt es mehrmals die Woche einen Fünf-Uhr-Nachmittagstee. Das Böse ist dann weit weg, und der Himmel leuchtet durch die Baumkronen, und Mateo schnulzt endlos begabt: »Bésame, bésame mucho / como si fuera ésta noche / la última vez …« Und Omi tanzt mit dem Enkel und eine Verliebte mit ihrem Liebsten und die Mutter mit ihrem Sohn und zwei kleine Mädchen miteinander, und sie alle scheinen gerade beseelt zu sein von einer hartnäckigen Liebe zum Leben.

50

Frühmorgens mit dem Bus Richtung Süden, nach Guadalajara. Einen knappen Tag lang. Ich bin todmüde, aber meine Sitznachbarin ist regsam und gesprächig. Señora Matilde will plaudern. Und da sie etwas zu erzählen hat, wache ich auf. Sie lebt in den Staaten bei ihren Söhnen. Ihr Mann, auch aus Mexiko, ist vor ein paar Monaten gestorben, und »nicht eine Träne« hat die 78-Jährige vergossen. Er war Säufer und Weiberheld und hatte »malos amigos«, *schlechte Freunde*. Vor der Hochzeit benahm er sich »hermosamente« – das kann man in diesem Zusammenhang mit *fabelhaft* oder *super* oder *grandios* übersetzen –, und danach begann der Abstieg.

Wie vielen Frauen habe ich schon zugehört, die von einem berichteten, der als Ehemann nicht mehr die Hälfte von dem taugte, was er vorher war: der Eroberer, der Ritter, der Nachsichtige und Lobpreiser.

Es ist inzwischen hell geworden, und Matilde schläft jetzt. Ich schaue hinaus, bin zu müde zum Lesen. Wir fahren durch ein Dorf und ich mache eine bedenkliche Erfahrung. Ich sehe, etwa 100 Meter entfernt, einen Mann stehen. Nur ihn, sonst niemanden. Mir fällt ein Wort von Xavier Valdez ein, dass sie in seinem Land »Journalisten wie Stechfliegen töten«. Und die fremde Person da sieht so klein aus, so fern, man könnte sie wie eine Fliege totmachen, Klatsche drauf, weg. Vielleicht kommt mir der Gedanke, weil ich bereits zu lange hier bin, zu lange in einer Weltgegend, in der mich das Gefühl beschleicht, dass der Wert eines Menschenlebens beständig sinkt. Dazu das Wissen, wie umstandslos und folgenlos es bleibt, das Auslöschen eines anderen. Kein Blitz fährt vom Himmel und kein Meeresgraben tut sich auf. Einer ist tot, und – »olé!« – das Leben geht weiter. Auf zur nächsten Hinrichtung. *Coming soon.*

Wäre ich Mexikaner und jung und labil und geplagt von Geldsorgen, schon möglich, dass ich dann eines Nachts daläge und dächte: Liquidieren ist okay! Viele tun es, und kaum einer wird zur Rechenschaft gezogen. Ein Mensch fällt um und bewegt sich nicht mehr, *so what?* Einer weniger, und alle tun, als wäre nichts geschehen. Das durchaus Positive dabei: Mein Dasein als armer Schlucker hört auf.

Ich beobachte es an mir, dem Reisenden: An manchen Tagen bin ich gleichgültig, sollen sie morden, sollen sie sterben, nur zu. Ist diese Härte eine Art Selbstschutz? Um die Wirklichkeit auszuhalten? An anderen Tagen bin ich freundlicher denn je, mitfühlender, so erschrocken von dem, was mich umgibt. Ja, ich suche nach Gründen, will herausfinden, warum sie wie Raubkatzen aufeinander losgehen. Als wollte ich sie rechtfertigen mit Hinweisen auf ihre glücklose Jugend, die soziale Not, den verrotteten Staat. Ich weiß, auch das ist der eher hilflose Versuch, mir die Welt zurechtzulegen. Um nicht von ihr überwältigt zu werden.

Nach drei Tassen Kaffee kann ich lesen. Und ich finde in der Zeitung einen Artikel über Leonardo da Vinci. Über seine hemmungslose Neugier. Wie erfreulich, wenn man eine Eigenschaft mit dem Renaissance-Genie gemeinsam hat. Der Meister: »Wie ein unbenutztes Eisen oxidiert und wie stehendes Wasser faulig wird, so zerstört geistige Untätigkeit den Intellekt.« Man möchte nicht widersprechen.

»Die Neugier tötete die Katze«, sagen sie in Mexiko. Weil sie sich zu weit vorgewagt hatte. Und ihren Mut mit dem Leben bezahlen musste. Das ist mir zu pathetisch. Ein bisschen Chuzpe tut es ebenfalls, um seinen Wissensdurst zu befriedigen. Doch die sollte sein. Gerade dann, wenn man seinen eigenen Lügen und Masken auf die Spur kommen will. Denn sie kaschieren wir am raffiniertesten, sie sind unsere Lieblingsfeigheiten. Mit Inbrunst hängen wir an ihnen.

In Mexiko lauern existenzielle Fragen, an denen niemand vorbeikommt. Auch kein Besucher. Aber er muss sich trauen. Sonst taucht er in keine Tiefen.

51

Guadalajara kann sich sehen lassen, sie ist die zweitgrößte Stadt des Landes und Hauptstadt des Bundesstaats Jalisco. Ihr eilt der Ruf einer Schönheit voraus, einer gebildeten Schönheit: Das dortige Filmfestival gehört zu den wichtigsten in der spanischsprachigen Welt. Und die jährliche Buchmesse hat nur Frankfurt als Gegner, der noch monumentaler ist. Vor ein paar Jahren war Deutschland Ehrengast.

Die Prächtige wurde von Nuño de Guzmán gegründet, der sie nach seiner Geburtsstadt in Spanien benannte. Er war vormals Offizier in Hernán Cortés' Soldateska und wurde mit der Eroberung des Westens Mexikos beauftragt. Seinen Beinamen »der Schlächter« verdiente er sich redlich, keiner hat so fleißig Indigene massakriert oder in die Sklaverei verkauft wie er. Seine Blutrünstigkeit war sogar seinen Auftraggebern zu viel (das will etwas heißen!), er wurde verhaftet und siechte 1544 in einem spanischen Gefängnis zu Tode. Auch er ging an seiner Gier nach tausend Kisten Gold zugrunde. Für Leute wie ihn gibt es ein kluges Wort von Nobelpreisträger William Golding: »Wer einer Vision folgt, dessen Augen sehen nicht mehr.« Guzmáns Augen erblindeten vor Raffsucht.

Auf dem Weg vom Busbahnhof zum Hotel wettert Taxifahrer Mauro über den hiesigen *Gobernador*. Er sei der Inhaber aller Gelder und der Verursacher allen Übels. Dass das amerikanische Unternehmen Uber hier Fuß fassen konnte, selbst das habe er eingefädelt. Eine »Uber-Mafia« sei inzwischen entstanden, die – beschirmt von der Politiker-Mafia – hemmungslos Lizenzen austeilt. Zudem fanden Entführungen in Uber Taxis statt. Klar, auch die Drogen-Mafia will ihren *cut*. Mauro hat sieben Kinder und deshalb muss er an sieben Tagen die Woche zwölf Stunden am Steuer sitzen. Der Mann klingt nicht bitter, eher ironisch und witzig. Als wir an einer Kirche vorbeifahren, macht er das Kreuzzeichen. Ich verstehe, er rechnet mit einer Belohnung hoch droben. Für sein Pech hienieden.

Abends schreibe ich im Speisesaal, hier gibt es große Tische und Wi-Fi. Mit einer schnellen Bewegung ziehe ich den Stecker des Fernsehers heraus. Ich habe mein elfstündiges Pensum der Erniedrigung (im Bus) schon hinter mir. Keiner der anderen Gäste reagiert. Der eindeutige Beweis, dass die Metzeleien niemandem fehlen.

Später Zeitungslektüre, ausgesprochen amüsant. Die Leichen überfliege ich heute und bleibe auf einer Seite mit der Überschrift »Gemido a gemido«, *Stöhnen zu Stöhnen,* hängen: Eine Frau, sagen wir, eine leichte Frau, breitet ihr »Intimes

Tagebuch« aus. Aber wie in den Sexfilmen meiner Jugend muss noch eine »Story« erfunden werden. Um den Anschein zu vermeiden, dass es nur um »das Eine« geht. Also: Lulu klopft an der Hotelzimmertür eines Kunden, und Ricardo öffnet. Sie kennen sich von früheren »Begegnungen«, doch diesmal ist alles anders. Der Mann ist traurig, denn etwas Unsägliches ist passiert: El Beto, sein Hund, ist tot. Zwingend logisch, dass unter solch dramatischen Umständen Sex das einzig wirkungsvolle Heilmittel ist, um das wunde Herz zu kurieren. Und hopp, schon sind die zwei splitternackt, und Lulu beschreibt nun mit unmissverständlichen Worten, wie sie übereinander herfallen. Selbst (die beneidenswerten) Details – Ricardos primäres Geschlechtsteil betreffend – werden nicht vorenthalten, auch nicht, wie Lulu ihre gesamten Öffnungen zur Verfügung stellt. Ein tosendes Finale – mit »göttlichem Kitzeln in mir« (sic) – belohnt beider Anstrengungen. Lulu meint zuletzt, dass der Anstand es geboten habe, »no hacerlo de perrito«, *es nicht in der Hundestellung zu treiben.*

Ich habe ein Faible für herrlichen Schwachsinn, ja, ich bin ein einfacher Mensch und lache laut. Ein Gast schaut amüsiert herüber, ich gebe ihm die Seite, bald lacht der ganze Tisch. ¡Gracias, Lulu!

Erstaunlich, ein solcher Text mitten in einer Tageszeitung. Mexiko bewegt sich, der Abbau von Bigotterie ist gewiss ein Fortschritt.

52

Um 10 Uhr morgens das Hotel verlassen und wissen, dass man ab sofort Dinge sehen und erleben wird, von denen man vorher nichts wusste. Reisen ist sinnlich, ununterbrochen bedient es unsere Sinne. Das muss nicht immer »schöne« Gefühle produzieren, die Erfahrungen können auch Tristesse oder Wut oder Verwirrung auslösen, wie belanglos. Das einzig Entscheidende ist, dass etwas »passiert«, dass man gefordert wird. Somit ein Zustand eintritt, der das absolute Gegenteil von Stumpfsinn hervorruft.

Zudem liebe ich den plötzlich auftauchenden Absurdismus. Ein Mann nähert sich mir und steckt mir einen Zettel zu, er passt genau zu dem, was ich gestern gehört habe: »Willst du Chauffeur für Uber werden?« Ich danke für das Angebot und erzähle dem Headhunter, dass ich meine Quote als Taxifahrer bereits erfüllt habe, ja, schon viele Nächte durch Großstadtstraßen unterwegs war. Aber mich jetzt nach einem anderen Leben sehne. Okay, doch ich solle es mir nochmal überlegen, bis zu dreißig Dollar könnte ich pro Schicht verdienen.

Am »Garten des heiligen Franziskus« vorbei. Den mag ich, den Italiener. Kein speiender Gottesprediger, eher ein Menschenfreund, ein Tierfreund. Vor Urzeiten sah ich Franco Zeffirellis »Bruder Sonne, Schwester Mond«, die verfilmte Geschichte des Mönchs aus Assisi. Ob sie exakt so ablief, man darf zweifeln. Geheult habe ich trotzdem. Und gelacht, als ich las, dass die Beatles die bettelarmen Franziskaner hätten spielen sollen (was lediglich an Terminschwierigkeiten scheiterte). Dass Franziskus von seiner eigenen Kirche angefeindet wurde, spricht für ihn. Würde er – ein Mensch mit einer so empfindsamen Seele – im heutigen Mexiko wiedergeboren, er wäre wenig überrascht. Sein (12.) Jahrhundert war nicht friedlicher.

Nicht weit davon steht ein Kaufhaus mit dem Namen »Fábrica Francia«. Es gibt wohl kein anderes Land wie Frankreich, dessen Zuständigkeit für Eleganz so ungebrochen fortbesteht. In allen Himmelsrichtungen. In dem Stockwerk, wo sie Hochzeitskleider verkaufen, bieten sie auch ein »Registro de bodas« an: In dieses Register tragen sich Leute ein, die zu einer Trauung eingeladen sind und einen Gutschein zu einem gewissen Betrag kaufen. Den sie Braut und Bräutigam schenken, die ihn hier einlösen.

Zufälligerweise bin ich kurz darauf, heute ist Samstag, Zeuge einer Hochzeit. Mitten in der Stadt. Ein Brautpaar – sie prächtig, er eher schmächtig – stellen sich zum Foto auf. Flankiert von »damas«, einem Dutzend bildhübscher, blutjunger Frauen. Ihr schmachtender Blick auf die beiden verrät, dass ihr innigster Traum eine Traumhochzeit ist.

Hier heiraten reiche Herrschaften. Später stellt sich die Verwandtschaft dazu, zwanzig Jahre älter und zwanzig Kilo schwerer. Mindestens. Mehrere Fotografen schwirren mit Kameras und Filmkameras umher, ungeheuer imposante Technik wird aufgebaut, ja, Drohnen kreisen. Ich folge den Brautleuten plus Gefolge in die nahe Kirche. Der Herr Pfarrer kommt ihnen entgegen und sprüht »Weihwasser« auf die illustre Gesellschaft, dann erhabenen Schritts vor zum Altar, dann die Predigt. Und ich höre ihn, wie er – so sagt er es wörtlich – »das Wort Gottes« verkündet, das schreckliche: »¡Multipliquense y dominen la tierra!«, *vermehret euch und macht euch die Erde untertan!* Wenn man bedenkt, was die Bevölkerungsexplosion und die Verbissenheit, mit der die Erde nicht geachtet, sondern als »Untertan« behandelt, sprich, beherrscht, ja, ausgebeutet wird, man also Revue passieren lässt, was der blindwütige Imperativ und seine verheerenden Folgen angerichtet haben, uff, dann weiß man wieder, dass – neben der Erderwärmung – auch die Hirnerwärmung zugenommen hat, ja, das kostbare Gut bei (zu) vielen inzwischen komplett weggeschmolzen ist.

53

Der Tag wird gut. Ich entdecke einen, der atemberaubend intelligent war. Und weltberühmt. Peinlich, denn ich erfahre von ihm zum ersten Mal: Robert Ripley, Comiczeichner, Reporter, Radiomann, Fernsehmann, doch zuerst und bis zur letzten Stunde war er Weltreisender. Der Skurrilste, der Witzigste, der Maßloseste von allen. Was ihn von jedem unterschied: Er suchte nach den extravagantesten Formen des menschlichen Daseins, er robbte in Höhlen, tauchte in Meere, stieg in tiefste Grotten, kletterte auf Berge. Stets höflich, unbeirrbar und gut angezogen auf der Suche nach Frauen und Männern und Phänomenen, die etwas von der Vielfalt, Buntheit und den Unglaublichkeiten unseres Planeten erzählen. Er wollte wissen, was die Welt an Bizarrerien zu bieten hat, wollte jedes Mal fassungslos begeistert sein wie ein Kind.

Sein Museum, das »Odditorium« – von *oddities*, Kuriositäten – befindet sich mitten im Zentrum von Guadalajara. Der Amerikaner holte die absonderlichsten Extreme vor die Kamera, fotografierte, zeichnete und malte sie. Damals fragte noch niemand, ob es ethisch vertretbar sei, Leute als Sensation vorzuführen. Aber Ripley hatte Charme und Anstand, er behandelte seine »Fundstücke« mit Respekt.

Hier sieben Beispiele, von Hunderten: Ripley stellt Robert Wadlow vor, der mit 2,72 Meter der längste Mensch war, der je gelebt hat, er begegnet der dicksten Frau auf Erden, man sieht ein Gemälde von Demetrio Ortiz, »the backward boy«, der imstande war, seinen Kopf um 180 Grad zu drehen. In Rumänien entdeckt der Rastlose ein so genanntes »Reisekreuz« mit Koffer und Minibibel, ab etwa 1840 ein wichtiges Utensil, um in Transsilvanien Vampire zu verscheuchen. In Florida spürt er Angel Lopez jr. auf, der gleichzeitig mit beiden Händen schreiben, nicht genug damit, zur selben Zeit beidhändig vorwärts und rückwärts schreiben konnte. In einem chinesischen Dorf traf er einen Arbeiter, Herrn Weng, dem ein 33 Zentimeter langes Horn aus dem Hinterkopf gewachsen war. Im Süden Nigerias findet er einen Stamm, dessen Frauen je ein kleines Sicherheitsschloss an der Nase trugen. Der Grund dafür: Der *chief* hatte seiner Ehefrau ein solches Schloss genau dorthin appliziert, mit dem warnenden Hinweis, ihr ein ähnliches Gerät am Mund anzubringen, wenn sie nicht aufhöre, so viel zu reden. Der unheimliche Witz: Die anderen verstanden die Untat als Zeichen der Liebe und machten es der Häuptlingsgattin nach.

Ripley, heißt es, war berühmter als Präsident Franklin D. Roosevelt, und sein Unternehmen erhielt mehr Briefe als das Weiße Haus. Seine Entdeckungen – immer unter »Believe it or Not« veröffentlicht – erreichten ein Millionenpublikum. Weltweit. Am Ende seines Lebens meinte er: »Ich habe 201 Länder bereist, und das Verwunderlichste, was ich gesehen habe, ist der Mensch.« Dass er Mitte des letzten Jahrhunderts mit 59 an einem Herzinfarkt starb, klingt wenig überraschend. Neugier kann einen tatsächlich zu Tode hetzen.

Ach ja, am Ausgang hing noch ein Poster von *Erik Sprague – The Lizardman*. Vom »Eidechsenmann« hatte ich schon gehört. Ebenfalls Amerikaner, über 40, der sich oberhalb seiner Augenbrauen Teflon (!) und in seinen grün tätowierten Körper schuppenähnliche Implantate einpflanzen, der sich die Zunge grün färben und spalten und die Zähne schlangenspitz feilen ließ. Und als gut bezahlter »professional freak« unterwegs ist. Ripley hätte ihn geliebt. Das Gerücht, dass sich Sprague einen langen Reptilienschwanz an den Hintern operieren lassen wollte, hat sich bisher nicht bewahrheitet. Der Mann verfügt über einen Bachelor-Abschluss in Philosophie. Unergründliches Menschenherz.

54

Guadalajara verdient jedes Lob. Die Spanier brachten Blut und Eleganz in dieses Land, und die Mexikaner nahmen beide Vermächtnisse an. Ich liebe es, Fassaden entlangzugehen und jene zu bewundern, die sie Jahrhunderte zuvor gezaubert haben. Architektur als Beitrag zur Lebensfreude. Ich kann hundert Meter gehen und nur nach oben starren. Meine Lieblingsstory aus »Der Struwwelpeter«

war die Geschichte von Hans Guck-in-die-Luft. Und wie ihm ist mir manches Ungemach widerfahren, weil ich oft den Boden aus den Augen verlor. Egal, Bewundern, sagte Thomas Mann, sei die »segensreichste, die unverzichtbarste Leidenschaft«.

An der *Plaza de la Liberación* lasse ich mir von einem jungen Kerl die Schuhe putzen. Obwohl sie sauber aussehen. Aber er kam zweimal vorbei und fragte nach. Und beim dritten Mal überkamen mich eine Liebeswelle und die Einsicht, wie hartherzig ich bin, wenn ich die Nerven verliere, mir bisweilen die Wärme fehlt. Und mir wieder einfällt, dass nicht von hoch droben und nicht von höllentief unten Hilfsbereitschaft oder Bosheit kommen. Nur immer von uns. Einzig wir sind dafür verantwortlich, wir müssen uns kümmern. Und Fernando poliert, und wir plaudern. Und gehen Minuten später gut gelaunt auseinander.

Ich kann die Welt nicht aus den Angeln heben, nicht die Existenz des 19-Jährigen Richtung himmelblaues Glück drehen. Doch ich kann – ach, wie oft misslingt es – jedem mit Freundlichkeit und Leichtigkeit begegnen.

55

Jedes Land schenkt dem Reisenden Bilder, die er woanders nicht sieht: Ich bin in einem 7-Eleven-Shop, um Zeitungen zu kaufen. Eine Frau mit einem eineinhalb Meter (!) langen Kreuz samt genageltem Jesus steht vor mir an der Kasse. Und bezahlt einen Kasten Bier. Unbezahlbar.

Ich komme an einem Kaufhaus mit dem seltsamen Namen »Cklass« vorbei. (Später werde ich erfahren, dass es sich um eine Kette mit Dutzenden von Filialen handelt.) Hier praktizieren sie ein absolut originelles Geschäftssystem: Frauen und Männer sitzen an großen Tischen und blättern in dicken Katalogen, machen sich Notizen, gehen dann zu einem der vielen Computer und bestellen das Kleidungsstück, das sie ausgesucht haben. Und bekommen nach ein paar Minuten das gewünschte Teil.

In einer belebten Fußgängerzone lehnt ein Mann als Gangster verkleidet an einer Mauer. Totenstill. Vor seinen Füßen der Blechnapf für die Spende. Lässt jemand eine Münze fallen, zuckt seine Rechte blitzschnell mit den drei gespreizten Fingern nach vorne, der typischen Geste des Gangsters. Erstaunlich, denn jedes Mal zeigt er eine andere Bewegung, und jedes Mal erschrecken die Vorübergehenden. Und kichern. Mexikaner haben ein Faible für Gesetzlose.

Ich komme an einem Sexshop vorbei, der sich »Erectus« nennt. Das ist eindeutig, hier kümmern sie sich um das einzig wirkliche Problem.

Zwei Halbwüchsige führen Breakdance vor, ah, die Kraft der Jugend. Das Duo ist überirdisch begabt. Die Beherrschung ihrer Körper wirkt ungemein erotisch. Umso mehr, als man täglich Hunderten begegnet, die von ihren Leibern beherrscht werden. Doch die beiden hier, sie flirren, sie sind minutenlang vollkommen.

Plötzlich sehe ich einen Trupp Clowns durch die Innenstadt schlendern, sie gehen auf Passanten zu, zu großen und kleinen, reden mit ihnen, singen mit ihnen, lassen sich mit ihnen fotografieren, umarmen sie, lassen sich umarmen, verteilen Bonbons und Zettelchen, auf die jeder schreiben soll, was er sich wünscht.

Ich komme mit Carlos ins Gespräch, einem der Initiatoren der »Los Gigantes de Luz«, *der Giganten des Lichts*. Sie sind überall im Land vertreten. Ehrenamtlich, meist junge Leute – ohne Ideologie, nicht religiös motiviert, von niemandem gesponsert – schwirren an Feiertagen aus und haben keine andere Mission, als ihren Landsleuten »einen Moment der Freude zu bringen«. Kostenlos, ohne Unterschrift zur Mitgliedschaft, einfach aus der Überzeugung heraus, dass das Dasein von vielen dornenreich ist, und sie es ein bisschen erleichtern wollen. Als Gegengewicht zu den Unseligen, die es beschweren.

Ich schaue zu, folge ihnen auf mehrere Plätze, ja, sie bleiben herzlich und unaufdringlich, sie nerven nicht mit dieser penetranten Aufgedrehtheit professioneller Stimmungskanonen. Carlos zeigt mir die Mappe mit den eingesammelten Wünschen, und ich entdecke die kluge Marisa, die sich wünscht, dass alle in Mexiko begreifen, dass sie nur *ein* Leben besitzen, und sie es tunlichst achten sollen, das eigene und das aller anderen. Ich schreibe auch etwas, keine Bitte, doch ein Loblied auf die Schönheit der Frauen hier in Guadalajara. Geradezu unheimlich die Anzahl jener, die in dieser Stadt von den Göttern bevorzugt wurden.

Ich verlasse das Zentrum, streune Richtung Norden. Ein Geschäft verweist auf seine Dienste: »Fotos para pasaporte americano«, wunderlich missverständlich, denn hier gibt es keine Fotos für einen amerikanischen Pass, sondern Fotos für einen mexikanischen, mit dem der Inhaber – vielleicht und eines fernen Tages – in die USA einreisen darf. Sprache kann begnadet raffiniert sein, um die Wirklichkeit zu verschleiern.

Ein paar Schritte weiter steht: »Sorteo – Transformamos vidas«, *Lotto – Wir verwandeln Leben*. Darunter ein rosa blinkendes Plastikherz. Ach, schon wieder ein Satz als muntere Lüge. Sechs abgerissene Figuren füllen ihre Scheine gerade aus, zählen ihre letzten Pesos, um sie zu bezahlen. Gewiss warten sie bereits seit Jahren auf die Transformation ihres Daseins.

Das Viertel, nur wenige Blocks von der flirrenden Stadtmitte entfernt, wird noch menschenleerer. Ich liebe diese verlassenen Straßen an einem Sonntagnachmittag. Die Stille, die Einsamkeit, die Hitze, die vergitterten Fenster. Vor einem Kellereingang liegt ein Körper, nein, kein Toter, nur wochenendblau und – so verrät es das Gesicht – längst fern der schönen Tage. Die bunten Häuser so schief wie die Gehsteige. Ein Alter sitzt bewegungslos mit einer Fliegenklatsche in seinem dunklen Laden, links und rechts von ihm ein paar müde Früchte.

Philip Marlowe fällt mir ein, der Privatdetektiv aus Raymond Chandlers Krimis. Der Held aus Los Angeles, der einmal Idealist war und zum Zyniker wurde. Und Poesie liebte. Hier sieht es aus wie in den Vorstädten von L. A., wo die Hispanics leben. Ich mochte Marlowe, er war abgefuckt und kein schlechter Mensch. Unnahbare Männer wie er, sie passen hierher. Jetzt, in diesen Stunden, wäre ich gern Romancier, der darüber nachdenkt, was er Marlowe als nächstes unternehmen lässt. Bin dann Gott, und der Detektiv würde genau tun, was ich aufs Papier schreibe. Ich wüsste keine aufregendere Beschäftigung zwischen Himmel und Erde.

Irgendwann stehe ich in der Calle Humboldt, und natürlich denke ich an Alexander H. aus Berlin, der sich fünf Jahre lang ohne Klimaanlage und Dusche in Südamerika herumtrieb. Was wäre ich bereit herzugeben, um ihn von morgens bis abends ausfragen zu dürfen. Ich nähme ihn an der Hand und suchte einen Platz im Schatten. Den es nicht gibt. Vor dem Abschied würde ich ihm noch das Schild mit seinem Namen zeigen und wissen wollen, ob das einen Schauer von Glück in ihm auslöst: dass eineinhalb Jahrhunderte nach seinem Tod Leute in einer Straße wohnen, die nach ihm benannt ist.

Irgendwo steht ein verlassenes Haus, und ich setze mich auf die Stufen, die zur vernagelten Tür führen. Ich rauche, um die Sonne auszuhalten. Und sinniere über Humboldt, sein Leben, seine Taten. An einem Tag wie heute – die Hitze ist schuld – empfinde ich die Kluft zwischen ihm und uns Sterblichen eher als bedrückend. So viel Genie, so viel Wunder, so viel Hingabe in einem Menschen allein, das ist ein Skandal, geradezu obszön.

56

Ich begegne einem Mann, der einen dieser neuartigen Rucksäcke trägt, die wie Kisten aussehen, Aufschrift: »UBER eats«. Ich frage und erfahre, dass Uber in Guadalajara auch den mobilen Essensservice übernommen hat. Taxifahrer Mauro hatte recht, die Uber-Mafia ist in dieser Stadt eingetroffen. Sogar zu Fuß ist sie unterwegs.

Der Zufall führt mich zum Parque Morelos. Mittendrin befindet sich eine überdachte Tanzfläche, in der Ecke ein Ausschank. Stühle stehen lose herum, auf denen Frauen und Männer sitzen. Ein Mikrofon und ein Computer befinden sich in der Mitte. Unübersehbar, ich bin wieder im Himmel von Mexiko angekommen.

Nach ein paar Minuten Pause betritt eine Sängerin die Szene und interpretiert einen Song, den ich noch nie gehört habe: »Desdén«, *Verachtung*, original gesungen von Dina Buendia, wie mir mein Nachbar zuflüstert. Das Lied handelt von einer schwer verletzten Frau, verletzt von der Geringschätzung eines Mannes für sie. Und sie erzählt von ihrem Schmerz und – so ist das wohl mit der Liebe – von ihrer Sehnsucht nach dem Kerl:

Mira mi sufrir,
oye mi alma gemir,
¿qué no ves que sin ti
ya no puedo vivir?

Schau, wie ich leide,
hör mein Herz seufzen,
warum siehst du nicht, dass
ich ohne dich nicht leben kann?

Dafür gibt es nicht den *Premio Cervantes*, doch die Musik kommt wie ein Meer daher, so brausend und wogend, so tief. Gesteigert wird die Rührung durch die Tatsache, dass

Spanisch gesungen noch ergreifender klingt als gesprochen. Weiß der Teufel, ob das Kunst ist, meinem Körper ist die Frage egal. Er fühlt sich sagenhaft beseelt. Unheimlich, wie eine traurige Geschichte imstande ist, einen mit Glück zu überschütten.

Ich bettle, und Doria singt es nochmals für uns. Und die älteren Herrschaften tanzen, mit den kleinen Schritten von Pensionären führen sie ihre Herzensdame. Hinterher gehe ich weg, will den Rausch noch eine Stunde retten, will vermeiden, dass nun Lieder auf dem Programm stehen, die es nie mit Desdén aufnehmen können.

57

Als ich ins Zentrum zurückkehre, findet gerade das Abschlusskonzert der »Guadalajara Pride« statt, der *Gay Pride Parade*. »Love is easy«, steht rot auf einem Spruchband. Eben nicht. Auch in Mexiko müssen Schwule darum kämpfen, dass sie als Bürger erster Klasse leben dürfen. Auch in diesem Land gibt es Idiotinnen und Idioten, die glauben, dass der Herrgott die Heterosexualität erfunden hat und deshalb keine andere Form von Eros und Zuneigung möglich ist. In manchen Städten, so wird es abends im Radio zu hören sein, kam es zu Straßenschlachten: zwischen jenen, die ihr Hirn einschalten, und Leuten, die durchaus hirnlos zurechtkommen. Dafür gottesfürchtig hassen.

Morgen wird in der Zeitung ein abfälliger Kommentar über die Kundgebung von Señor Francisco Robles Ortega stehen, dem Kardinal von Guadalajara. Das ist eine wunderbare Steilvorlage, denn zur gleichen Zeit läuft ein Verfahren der Generalbundesanwaltschaft gegen Señor Norberto Rivera Carrera, den obersten Kirchenmann in Mexiko, ebenfalls als Schwulenverächter tätig. Hochwürden – bekannt für seine zahlreichen Moralpredigten – wird der »encubrimiento« verdächtigt, der *Verschleierung* der Untaten von mehr als einem Dutzend Priestern, die schon vor Jahren als pädophil auffielen, doch gelassen – geschützt vom Gottesmann Rivera – ihrer sehr besonderen Seelsorge nachgehen konnten.

Scheinheiligkeit ist die zäheste *Fake News*, sie existiert seit Menschenbeginn.

Über den Ausdruck *gay pride* will ich allerdings immer mit dem Kopf wackeln. Wäre ich homo, ich wäre nicht »stolz« darauf. So wenig wie ich – im richtigen Leben – stolz bin, hetero zu sein. Auch nicht erhobenen Hauptes davon berichtete, ein Mann oder Deutscher oder Rechtshänder zu sein. Ich bin es halt, ganz ohne mein Zutun, ganz mühelos.

Abendessen. Unter »Vermischtes« steht, dass eine 18-Jährige auf Facebook ihre Jungfernschaft zum Verkauf anbietet. Sie hätte gern – umgerechnet – 90 000 Euro. Um sich ein Studium und ein Appartement leisten zu können. Wie ungerecht die Welt doch ist: Ich musste einer Hure zwanzig Mark zahlen, damit sie sich meiner Jungfräulichkeit erbarmt.

Ach, noch eine Nachricht. Wie erheiternd. Vor exakt 35 Jahren fand die erste Transplantation eines künstlichen Herzens statt. Barney Clark bekam es, in der Universitätsklinik von Utah. Die Frau des 62-jährigen Patienten äußerte in einem Interview, dass sie sich Sorgen mache, möglicherweise würde ihr Mann sie hinterher nicht mehr lieben. Denn das »echte« Herz wäre dann verschwunden.

Wie so viele hielt Missis Clark dieses Organ, fälschlicherweise, für den Sitz der Gefühle. Nein, in der Brust sitzt nur eine Pumpe. Doch oben im Kopf, direkt unter der Schädeldecke, da wird das Leben verhandelt, das geliebte, das ungeliebte, das mutige, das ängstliche, das einzige.

Schon klar: Hirn ist kein sexy Wort, Herz gewiss.

58

Taxifahrer Basilio bringt mich zum Busbahnhof. Durch eine »mysteriöse Krankheit« hat er seine beiden Kinder verloren. Und er weiß nicht, warum Gott ihm das antat. Aber an diesen Gott, der das antut, an den glaubt er noch immer. Nicht einen Funken Bedenken. Der Pfarrer sagte ihm damals, dass der liebe Gott, ja, der liebe, die »Guten« zu sich nimmt und die »Schlechten« auf der Erde lässt. Haha, dann gehörten ja Basilio und der Pfaffe zu den Schlechten. Und natürlich ich auch. Okay, ich wäre ganz einverstanden, denn hienieden geht es freilich sinnlicher zu als im römisch-katholischen Himmelszelt.

Aber Basilio ist noch nicht fertig. Er hat weitere Ungeheuerlichkeiten auf Lager. Er behauptet tatsächlich, dass Präsident Enrique Peña noch korrupter sei als Salinas de Gortari, der sich als Regierungschef in den frühen 90er Jahren den Titel eines Weltmeisters gesichert hat: von wegen das eigene Land leerräumen und plündern.

Nicht genug, jetzt holt Basilio zum K. o.-Schlag aus: »Peña hat seine erste Frau ermordet!« Das wisse jeder. Sogar auf Youtube könne man es »nachprüfen«. Unheimlich, was sich das Volk ausdenkt für jene, die es nicht mag.

Ich greife voraus. Abends sehe ich mir die Beiträge an, ja, es gibt sie, selbst ein Homosexueller sagt aus, dass er mit Peña ein Verhältnis hatte, seine Ehefrau davon erfuhr und er, Peña, sie deshalb beseitigte. Eigenhändig.

Wie so oft ist das Internet (auch) ein Tummelplatz für Mythomanen, die auf der verzweifelten Suche nach fünfzehn Minuten Ruhm vor keiner gräulichen Mär zurückschrecken. Man stelle sich vor, im Netz liefen Videos mit dem hübschen Titel: »Wie Bundeskanzlerin Merkel ihren Gatten Joachim kaltmachte.« Haha, wie viele Klicks das gäbe, wie viele Daumen hochgingen, wie viele Arme im Geiste sofort gläubig nickten.

Im Bahnhof hängt ein großes Schild: »Akzeptiere keine

Geschenke von Unbekannten!« Könnte Hehlerware sein, Drogen etc. Gaben, die man später – mit Gewalt, wenn nötig – wieder zurückfordern würde.

Ein Greis trägt einen Pappkarton durch die Halle, auf dem zwei kuriose Ausrufesätze stehen: »Bitte nie Abfall auf den Boden werfen! Eltern, sorgt dafür, dass eure Kinder sauber bleiben, dann werden sie auch die Stadt sauber halten!«

Einchecken, vorher scharfe Kontrollen, auch Bodycheck – von einer Frau durchgeführt. Sie greift richtig zu, knetet das Leder meiner Stiefel (dort kann man Messer verstecken), fährt achtsam mit dem Metalldetektor über den Körper. Ein Mann durchsucht das Handgepäck. (Was in den Kofferraum kommt, kontrolliert niemand, denn Sprengstoffanschläge mit Fernzünder sind im Land nicht üblich.) Während der gesamten Prozedur wird man aufgefordert, in eine am Plafond hängende Kamera zu blicken. Hier leben sie im Krieg.

Ruhige Fahrt, ich schlage die Zeitung auf, und drei Köpfe rollen mir entgegen. Abgeschnittene Köpfe, schrieb ein Zyniker, wären die Visitenkarte des modernen Mexikos. Das ist übertrieben. Aber über sechzig Morde im Drogenmilieu – täglich – gehören zur hiesigen Wirklichkeit. Plus zwanzig Morde, die »normalen«.

In Deutschland gab es 405 Mordtaten im ganzen Jahr 2017, diese Zahl schaffen sie hier in fünf Tagen.

Neben mir sitzt Sarita, *pretty woman*, und wie sich schnell herausstellen wird: klug, mit Esprit, teilnehmend. Ich frage sie aus, sie weiß tausend Dinge mehr als ich. Und wir flirten, reden den *sweet nonsense*, den zwei einander schenken, die sich auf heitere Weise verstehen. Umso folgenloser, als die Lehrerin bald aussteigen muss, um in eine andere Richtung zu fahren. Bevor es so weit ist, sage und schreibe ich ihr ein Gedicht von Eugen Gomringer auf, einem bolivianisch-schweizerischen Schriftsteller, den ich seit Langem verehre. Ein paar Zeilen voller Schönheit und Melancholie (zugegeben, ich habe sie schon mehrmals zitiert, denn sie sind ein absoluter *heartbreaker*. Noch hat jede geseufzt und mir verklärt in die Augen geblickt):

AVENIDAS

avenidas
avenidas y flores

flores
flores y mujeres

avenidas
avenidas y mujeres

avenidas y flores y mujeres y
un admirador

+

AVENUEN

Avenuen
Avenuen und Blumen

Blumen
Blumen und Frauen

Avenuen
Avenuen und Frauen

Avenuen und Blumen und Frauen und
ein Bewunderer

Da Sarita unter anderem Deutsch unterrichtet, versteht sie auch die Übersetzung. Und natürlich wirft sie mir – ganz unschuldig am Geschehen – einen Blick zu, so einen ersten Blick einer Frau, der einem Mann signalisiert, dass sie sich für ihn interessiert. Leider ihr letzter, denn sie muss davon. Immerhin gibt es einen Kuss. Auf die rechte Wange. Verdient hat ihn der Dichter, doch da Eugen gerade abwesend ist, bekomme ich ihn.

Ich greife (weit) voraus: Als ich nach Paris zurückkomme, erfahre ich, dass dieses Gedicht auf einer der Fassaden der Alice Salomon Hochschule in Berlin geschrieben steht. Da Gomringer der Poetikpreis dieser Universität zuerkannt worden war, 2011. Bis dato alles höchst erfreulich. Jetzt aber, Jahre später, beschloss der *Allgemeine Studentenausschuss* mehrheitlich, dass diese acht Zeilen verschwinden sollen, denn, so die Begründung dieser außer Rand und Band geratenen Spießer: »Das Gedicht wirkt wie eine Erinnerung daran, dass objektivierende und potenziell übergriffige und sexualisierende Blicke überall sein können«. Dieses Statement (von der formalen Grässlichkeit einmal abgesehen), dieser »barbarische Schwachsinn«, so Christoph Hein, der Ehrenpräsident des deutschen PEN, hatte Folgen: Der zuständige Rektor der Uni, Uwe Bettig, war zwar nicht der Meinung dieser moralinsauren Würstchen, doch Waschlappen genug, der Forderung stattzugeben und die Gestaltung der Fassade neu ausschreiben zu lassen.

Wo werden wir enden, wenn Leute – deren obere Schädelhälfte vor langer Zeit mit Holzwolle ausgestopft und anschließend vakuumverpackt wurde – uns anweisen, wie wir zu leben haben? Wird dann jeder Aktfotograf an die Wand gestellt? Jedes Aktmodell geteert? Und die anderen Verdächtigen gleich mit, die Filmemacher, die Bildhauer, die Schriftsteller, die Modedesigner? Werden sie, die Frusthennen und geifernden Gockel, bald jedes Gemälde, jede Filmsequenz, jede Skulptur, jede Abendrobe, sprich, alles, was die Schönheit der Welt, die Faszination einer Frau, das Spiel zwischen Frau und Mann feiert, als entartete Kunst brandmarken und alles – die Nazis könnten als Vorbild taugen – niederbrennen? Mitsamt allen Büchern, in denen Sätze stehen, die sie an ihre eigensten, tief im Unbewussten verscharrten Sehnsüchte erinnern? Was machen wir dann, wenn diese vor Tugend stinkenden, von jedem Sinn für Poesie entledigten Nilpferde unser Leben »aufräumen« und kein Leben mehr übrig bleibt?

Wie erhellend. Man erkennt wieder einmal, dass Unterwegssein den Reisenden auf die entferntesten Gedankenbahnen schleudert, die, so glaubt man auf die Schnelle, nichts mit Mexiko zu tun haben. Und doch, wer nur genau hinhört, sehr wohl. Denn der konkrete Vorfall erzählt uns auf der einen Seite von Sarita, einer Frau, die Sprache und Sinnlichkeit liebt, und auf der Gegenseite von Figuren, die – für beides – nicht ein Gramm Talent abbekamen.

59

Querétaro (eigentlich: Santiago de Querétaro) ist die Hauptstadt des gleichnamigen Bundesstaats. Nicht groß, nicht viele Einwohner, mitten im riesigen Mexiko und – von märchenhafter Schönheit. So steht es geschrieben, und jedes Wort wird sich als sagenumwoben wahr erweisen.

Taxifahrer Leopoldo berichtet von seinen drei Töchtern, für die er ehrgeizige Pläne schmiedet. Er sei nur Chauffeur, aber sie werden die Universität besuchen. Er macht den Eindruck eines begeisterten Vaters, der keine Mühsal scheut, um seine Kinder in eine weniger anstrengende Zukunft zu entlassen. Eine elegante Würde geht von ihm aus. Plötzlich fährt er rechts ran, eilt in einen Laden, kommt mit zwei Flaschen *Vive 100%* zurück und – reicht mir eine. Was für eine souveräne Geste. Das Getränk ist nicht billig, »Lebe hundert

Prozent« ist das mexikanische Red Bull. (Was ich nicht wusste und deshalb die kommende Nacht stundenlang an die Decke starre.)

An der Rezeption meines Hotels muss ich einen »Code der Verhaltensregeln« unterschreiben. Unter anderem, dass ich niemanden mitbringen darf, der nicht offiziell als Gast eingetragen ist. Damit das Haus »en caso de escándalos«, *im Falle von Skandalen*, abgesichert ist. Ins ganz einfache Deutsch übersetzt: Keine Nutten anschleppen!

Eine gepflegte Dame nimmt meine Personalien auf. Während wir noch ein bisschen plaudern, bittet ein zänkisches Paar um den Zimmerschlüssel. Ich frage flüsternd Señora Lora, ob sie wüsste, warum die zwei so penetrant zanken. Und blitzschnell antwortet sie, als hätte sie seit heute Morgen darauf gewartet: »Weil sie verheiratet sind.« Das ist einen lauten Lacher wert.

Den Abend am *Plaza de Constitución* verbringen, auf der Terrasse eines Cafés. Die flirrende Stimmung fröhlich gelaunter Leute, die Lichter, die Kerzen, die leuchtenden Bäume, die Fassaden, die Verliebten, ach, wie schön sie sind, ach, wie ihre Gesichter und Körper strahlen. So verführerisch, so provozierend.

Und die Bettler gammeln an drei Ecken. Sie haben das Strahlen bereits hinter sich. Und das Verliebtsein. Dennoch, die Anziehungskraft der Erde scheint enorm zu sein. Den armen Schluckern fehlt alles, das Geld, die Wohnung, das Ansehen, der Beruf, die Gesundheit. Und doch, sie wollen am Leben bleiben, wollen hier sein auf der Welt.

Aus irgendeinem Lautsprecher wimmert jemand dramatisch: »... si dios me hizo quererte, hizo para hacerme sufrir más«, *wenn Gott mich schuf, um dich zu lieben, dann nur, um mich noch mehr leiden zu lassen.*

Wohin ich auch reise und schaue, das Geschäft mit der Liebe bringt Beschwernis mit sich. Überall auf dem Globus. Deshalb ist Verliebtsein so mitreißend. Da franst noch kein

Alltag an, da glitzern noch die Augen, da treibt die Vehemenz der Gefühle den einen zum andern. Und dann, uff, folgt die Liebe, jetzt »lieben sie sich«. Und jetzt wird es bleiern, und die Herzschläge werden weniger und die Nähe zu nah, und die Sehnsucht geht sterben – seltsam verstohlen – auf leisen Sohlen.

Im Bett – ganz ohne Prostituierte – entdecke ich in einer der Zeitungen noch einen Kommentar, der zu dem passt, was ich vorher gesehen habe, Stichwort Bettelbrüder, Stichwort die eine Frage, die sich (fast) jeder stellt, der an jemandem vorbeigeht, der um Hilfe bittet: Geben oder nicht geben? Für die Verfasserin des Artikels ist der Fall klar: Sie gibt nichts, »aus Prinzip«. Keinen Peso. Weil a) sie, die Habenichtse, faul sind, sprich, lieber schnorren als arbeiten, und b) weil eine Spende nichts an den Zuständen ändert, ja, schlimmer, der Staat sich dadurch zwingenden Reformen entzieht.

Wie wahr und wie scheinheilig. Denn der Mensch mit der wohltrainierten Selbstgerechtigkeit tut bestimmt nichts Konkretes, um die Strukturen zu ändern. Er hat nur eine – auf den ersten Blick – passable Ausrede gefunden, um seinen Geiz zu rechtfertigen.

Ich habe es längst aufgegeben, mir irgendwelche Ausflüchte einzureden. Kommt mir ein Obdachloser entgegen, dann fällt mir zuerst ein, dass es mir besser geht als ihm und dass ich keinen einzigen intelligenten Grund wüsste, warum er die Arschkarte gezogen hat und ich nicht. Also drücke ich ein paar Münzen ab. An manchen Tagen aber gehe ich tatenlos vorbei. Keine Zeit, kein Mitgefühl, keine Lust. Eiskalt halte ich es aus, dass ich gerade als Geizkragen unterwegs bin. Ein Zustand, der mir noch immer erträglicher ist als der eines Moralapostels, der sich seine Ungerührtheiten zurechtschwafelt.

Doch, eine Art Bittsteller gibt es, denen auch ich grundsätzlich nichts abtrete: jene, die kniend flehen. Das geht nicht, ich erlaube niemandem, sich vor mich hinzuknien. Wer sich erniedrigt, auf den bin ich schlecht zu sprechen.

Das wird ein interessanter Abend. Mein Mac klingelt, ein Freund schickt mir die Webadresse eines Beitrags auf Youtube. Er passt zu dem Essay der mexikanischen Autorin, die »prinzipiell« wegschaut: Das Video – Tage später zensiert – dokumentiert einen Autounfall in China, bei dem knapp fünfzig Menschen einer schwer verletzten Frau keine Hilfe leisten.

Was war passiert? Ein Taxi fährt zu schnell, der Fahrer übersieht die Fußgängerin. Die Wucht des Aufpralls schleudert sie durch die Luft. Mitten auf einer Kreuzung bleibt sie liegen. Zufällig Anwesende glotzen und – hetzen weiter. Eine Minute vergeht. Dann überfährt ein anderer Wagen das bewusstlose Opfer. Jetzt tot.

Solche Nachrichten verderben die Menschenliebe. Wer sich von ihnen überwältigen lässt, findet seine Freundlichkeit nicht wieder. Ja, man weiß, warum Leute nicht eingreifen: Sie haben Angst, sich zu blamieren. Mag sein, doch ein bisschen Chuzpe darf man verlangen, auch auf die Gefahr hin, dass man sich bloßstellt. Viel unerträglicher wäre doch der Schrecken, wenn man hinterher erführe, dass ein Verwundeter überlebt hätte, wenn man eine Spur weniger feig gewesen wäre. Nächste Bedenken: Man greift nicht ein, weil man Gewalt fürchtet. Nun denn, die schwer Verletzte wird wohl kaum das Messer zücken. Und der Hauptgrund für den großen Haufen: Ach, das werden schon andere erledigen. Postskriptum: Die Chinesen treibt noch ein spezielles Motiv, sich rauszuhalten, da ein Toter vor dem Gesetz »billiger« ist als ein Halbtoter, für den man ein Leben lang zahlen müsste, fürs Krankenhaus, das Schmerzensgeld, die Kosten für die Rehabilitation etc.

Da haben wir es einmal mehr, das Grauen unter uns: die Gleichgültigkeit.

Ich werde diese Meldung an eine Freundin weiterleiten.

Sie ist bekennende Menschenhasserin. Sie ist klug und keine Proletin, aber ihre Verachtung will sie behalten. Wenn wir irgendwann wieder darüber reden, ob so eine Wut auf die Menschenrasse gerechtfertigt ist, dann wird sie mir diesen Vorfall aus der Stadt Zhumadian um die Ohren hauen. Gewiss, man kann ihn drehen und wenden, wie es einem beliebt: Er bleibt eine unverzeihliche Tat.

Viele Kommentare zu diesem Frevel weisen darauf hin, dass das »Fehlen von Religion« in der Volksrepublik für die Kälte verantwortlich sei. Wie drollig. Vielleicht riskieren die Glaubensbrüder einen Blick Richtung Mexiko. Ich wüsste kein Land, in dem die Mehrheit der Bürger und die Mehrheit der Mörder besessener von Religion ist. Wo pro Quadratkilometer mehr »Gotteshäuser« stehen als sonst wo. Und kein Land, in dem pro 24 Stunden mehr zerstückelte Körper herumliegen als im erzkatholischen Mexiko. Was können auch einfache Menschenkinder daraus schließen? Dass kein Glaube (und auch kein Unglaube) je einen Killer davon abgehalten hat, als Killer seiner Arbeit nachzugehen. Und noch keinen mit einem Steinbrocken in der Brust dazu überredet hat, seine innere Verwahrlosung aufzugeben. Im Gegenteil, sein religiöser Wahn hat ihn oft bestärkt in seinen Gräueltaten. Als ob ein Mensch – wenn er denn das noch ist – göttlichen Zuspruch braucht, um Anteilnahme für eine in Lebensgefahr schwebende Person zu empfinden. Wie erbärmlich ist so ein Denken? Als ob eine Unze Menschlichkeit nicht reichen würde, um aus diesen teilnahmslosen Monstern, den davoneilenden Passanten, mitfühlende Zeitgenossen zu machen.

60

In Querétaro kann man sich an Schönheit besaufen. Es beginnt mit dem Parque del Arte, der sich nur wenige Schritte von meinem Hotel entfernt befindet. Bilder von

Malern hängen an der Wand des Gartens. Und eine Frau liegt als Skulptur auf dem Weg zum Atelierseingang. Okay, nichts ist schöner als eine Frau, und wäre sie aus Metall. Noch schöner als jede Stadt. Auf den Bänken liegen zwei Penner. Voller Andacht blicken sie auf den bronzenen Hintern.

Kein Wunder, dass es das *Centro Histórico* zum Weltkulturerbe geschafft hat. Die Harmonie der Häuser, der Farben, der Balkone, die Restaurants im Schatten der Bäume, die elegante Garderobe der Damen, die Zweireiher der Männer, der Himmel, der fleckenlos blaue, der unerbittlich glühende. Und die Einwohner, die geduldig den Weg erklären, die einen ein Stück begleiten, auf dass der Fremde genau dort ankommt, wo er sein will. Ja, das auch, so eine schnelle, umstandslose Freundlichkeit trägt zum beneidenswerten Aussehen dieser Stadt bei.

In Querétaro lebte zu Beginn des 19. Jahrhunderts ein böses, mörderisches Weib. »La Zacatecana«, so hieß der Todesengel, weil sie aus dem Bundesstaat Zacatecas stammte. In einem Prachtbau – heute makabres Museum, mitten im Zentrum – wohnte sie mit ihrem Ehemann, einem reichen Bürger, der aus beruflichen Gründen oft auf Reisen ging. Tief religiöse Herrschaften die beiden, die Zimmerwände hängen voll Dutzender Kruzifixe. Die zwei blieben kinderlos, dafür umgab sie eine ergebene Dienerschaft.

Nun, die Gattin war oft allein, und die Nachbarn fingen an, von Untreue zu wispern. Was stimmte. Die Einsame und einer ihrer Bediensteten waren ein Paar geworden. Eine Zeit lang herrschte eitel Freude und Verlangen. Auch, weil der neue Liebhaber gehorsam den lästigen Gatten umbrachte. Bis die Nachbarschaft noch heftiger munkelte und das Gerücht von der geilen, mörderischen Witwe und dem fügsamen Diener die Runde machte. Das störte die Hausherrin, und sie, sie selbst, tötete ihren Lover. Vielleicht hatte er zu viel geplaudert, zu viel geprotzt. In einer kleinen Gruft versteckte die Tatkräftige beide Leichen. La Zacatecana bevorzugte die klaren Lösungen, Taktik und Raffinesse schienen ihr fremd zu sein. Sie nahm sich einen Mann, dann einen anderen Mann, erledigte den alten und bald danach den Nachfolger.

Verbrechen, so die Redensart der Treuherzigen, führt zu nichts. In Mexiko aber gewiss, gewiss oft. Untaten bringen hohe Renditen in diesem Land. In diesem Fall nicht: Irgendwann lag die Böse erstochen in ihrem Bett. Täter bis heute unbekannt. Durch ein dickes Glas im Boden des Patios kann man die Knochen der Massakrierten sehen. Nein, nicht die Originalskelette, nur die »Faksimiles« der Glücklosen.

61

Auf zum *Cerro de las campanas*, dem Glockenhügel. Langer Weg. Was ich liebe, denn ich bin zu Fuß und darf wieder Hans Guck-in-die-Welt sein, kann sofort bremsen, sofort umdrehen, sofort links oder rechts abbiegen, sofort die Augen noch schärfer einstellen, um so nah wie möglich an die »Erscheinungen der Welt« (Meister Goethe) heranzukommen.

Und kann beim Passieren eines Zeitungskiosks auf die Überschrift einer Zeitung zoomen. Da steht, dass die Drogenbarone ihre Koffer voller Geld auch dafür benötigen, um sich »paquetes vacacionales de lujo« leisten zu können. Wie ähnlich sie vielen von uns sind, auch Desperados wollen All-inclusive-Luxusferien. Morden macht müde, täglich morden noch müder.

Vor dem Eingang zum Hügel erhebt sich das Reiterstandbild von Don Mariano Escobedo, hoher Offizier, Politiker, Volksheld und liberaler Geist, der sein Leben der Befreiung seines Landes gewidmet hatte. Hier an dieser Stelle übergab

Maximilian I. am 15. Mai 1867 sein Schwert an den General. Als Zeichen seiner Niederlage. Um kurz darauf füsiliert zu werden. Der Habsburger, einst im prächtigen Schloss Schönbrunn geboren, ließ sich als 32-Jähriger vom französischen Kaiser Napoleon III. zum »Kaiser von Mexiko« ausrufen. Damit er ihn, die Hoheit aus Paris, beim Ausbeuten Mexikos unterstütze. Aber die Mexikaner besiegten nach der spanischen und der amerikanischen zuletzt auch die französische Raffsucht.

Nach dem Ende Maximilians wurde seine Frau Charlotte – mit ihm verantwortlich für den Tod Abertausender – wahnsinnig. Noch auf ihrem Totenbett, Jahrzehnte später, glaubte sie, »Kaiserin von Mexiko« zu sein. Man sieht, Gier tut nicht gut. Sie kann vor ein Erschießungspeloton führen oder das Hirn durchlöchern.

Ich liebe Orte, die an die Tapferkeit von Frauen und Männern erinnern, die bereit waren, alles für das höchste Gut, die Freiheit, zu riskieren. Auf der Plakette steht, dass die Stadt Querétaro (hier fand die entscheidende Schlacht statt) jenen Bürgern dankt, die »auf dem Altar der Republik« – und nicht auf dem Altar irgendeines Götzen – ihr Leben gaben.

Jeder von uns darf sich nun leise fragen, ob er ähnlich mutig wäre. Wenn der Tag sich meldet, der ein klares Ja oder Nein fordert.

Die Anhöhe ist ein hübscher Park, und oben gibt es eine Kapelle, die von Wien bezahlt wurde. Um ihres Erzherzogs zu gedenken. Was für eine großmütige Geste von Seiten der Mexikaner: eine Gedenkstätte für jemanden zu genehmigen, der sich als fremder Unglücksbringer einen Namen gemacht hatte.

Ein junges Paar kommt herein. Und sie erzählt ihm, was an dieser Stelle vor 150 Jahren passiert ist. Das muss ihr Spezialgebiet sein, denn sie weiß viel. Er fragt, sie antwortet, so geht es einige Male hin und her. Dann schmusen sie.

Dann wieder Fragen und Antworten. Und wieder Küsse. Grandioser Geschichtsunterricht.

62

Zurück ins Zentrum. An jedem dritten Hauseck hängt ein Schild, auf dem ein weit geöffnetes Auge abgebildet ist, Text: »In diesem Viertel sind wir wachsame Nachbarn.« Das ist die eher friedliche Warnung an die Kriminellen. Auch an die »normalen« Gangster, die nur rauben und nicht – sagen wir, nicht gleich – töten. Andere Kommunen bilden »entidades de autodefensa«, mit Schlagstock und Schießgewehr bewaffnete Bürger, die nachts die Straßen kontrollieren. Sie gelten als weniger zimperlich.

An einer Kreuzung steht ein Kastenwagen der Polizei mit dunklen Scheiben, Aufschrift: »Vigilancia mobil«, *mobile Überwachung*. Ein fünfzehn (!) Meter hoher Pfosten ragt aus dem Dach, ganz oben hängen zwei Kameras, die sich drehen. Hier ist Mexiko.

Ein Mann mit einem Bauchladen spricht mich an, er verkauft Süßigkeiten und Schnürsenkel. Ich danke ihm, aber ich brauche nichts. Und schlendere weiter. Und er ruft mir hinterher: »Kaufen Sie bitte etwas, damit ich essen kann.« Wer würde da nicht umkehren.

Ich sehe eine Frau, die während des Gehens ein Buch liest. Sie geht und liest, unberührbar, minutenlang. Voller Begeisterung schaue ich ihr zu. Eine Wiedergängerin aus ferner Zeit. Sie schenkt mir eine Erinnerung aus der Vergangenheit. Sie weiß es nicht, doch ich bin über die Maßen gerührt.

Will eher zurückhaltend sein mit der detaillierten Beschreibung von Sehenswürdigkeiten. Aber den *Jardín Guerrero*, den muss ich erwähnen. Er ist nach einem weiteren Helden der mexikanischen Geschichte benannt, nach Vicente Guerrero, Kämpfer im Unabhängigkeitskrieg gegen die Spanier (1816–1821), später Politiker, der kurzweilig sogar Präsident des Landes wurde: den Bauern half, freien Schulunterricht für alle einführte und – ungeheuer mutig damals – per Dekret die Sklaverei für ungesetzlich erklärte. So viel Freiheit und Freigeist, das war dem klerikalen und konservativen Teil seiner Gegner zu viel, Guerrero wurde verraten und mit 49 hingerichtet.

Die Bezeichnung *jardin* ist irreführend, es ist kein Garten, sondern ein Platz mit einer Statue für den Verehrten und einem hübschen Brunnen. Aber das ist nicht das Wunder, vor dem man hingerissen steht, es sind die verrückten, bizarren Bäume. Sie wurden so knapp nebeneinander gepflanzt, dass die Kronen – radikal »viereckig« beschnitten – ineinandergreifen, folglich eine gigantische, hufeisenförmige Baumkette den weiten Raum umgibt. Ist das schön? Keine Ahnung, aber witzig, originell und gewiss Heiterkeit auslösend.

Ich suche ein Café. Nach sieben Stunden stromern und sehen darf ein Mensch sich setzen und – lesen. Die letzte Statistik, die das mexikanische Volk darüber informiert, dass – proportional zur Bevölkerungszahl – nirgends so ausdauernd und effizient wie hier Leute gewaltsam umkommen, die überlese ich. Ich kenne sie bereits. Dafür finde ich die Beratungsrubrik von Doctora Kacho, heute ganz heiß: »¿Como hacer vibrar a una mujer?«, *wie eine Frau zum Vibrieren bringen*. Im Bett, versteht sich. Da ich gern Fortschritte mache, wo auch immer, bin ich sofort hellwach.

Wir erfahren die traurige Nachricht, dass fast die Hälfte der Mexikanerinnen – erfolglos – »um den Orgasmus ringt«. Gemeinsam mit dem Partner erfolglos. Die Männer sollten deshalb, so die Expertin, alles unternehmen, damit das Ringen aufhört und die Lust ausbricht, ja, unbedingt vermeiden, dass die Unbefriedigte eines Nachts einen Höhepunkt vortäuscht. (Sorry, Leser, da fällt mir der Satz von Balzac ein: »Nirgends wird so viel gelogen wie im Bett.«) Auf jeden Fall, die Señora Kacho kennt sich aus, sie rät dem Männervolk, sich nicht umgehend auf die Penetration zu kaprizieren, doch vorher, bittschön, noch andere Körperteile der Geliebten zur Kenntnis zu nehmen, ja, durchaus die Zunge einzusetzen, aber eben nicht als wild schleudernden Kreisel, sondern »suavemente«, *sacht, erkundend*. Dabei wäre grundsätzlich wichtig, wie poetisch sie es sagt: »auf den Körper der Frau zu hören«. Gelänge das, würde irgendwann die weibliche Libido – die Sexologin verspricht Herrliches – »detonar«, *detonieren*.

63

Am späten Nachmittag habe ich eine Verabredung mit einer Frau. Dass ich die Nacht mit ihr verbringen werde, ist eine eher belanglose Meldung. Ich erwähne die Begegnung trotzdem. Weil sie eine Vorgeschichte hat. Und ein Nachspiel. Beide vollkommen frei von Erotik. Vielmehr unheimlich.

Es war vor einigen Jahren, als ich ein paar Stunden auf dem Flughafen von Houston verbrachte. Auf dem Weg nach Südamerika. Ich war seit längerer Zeit nicht mehr in den USA gewesen und erschrak über die Armada von Hunderten extrem praller Zeitgenossen. Mir fielen die Bilder jener mit Hormonchips zwangsgemästeten Kühe in diesem Land ein, die aussehen, als würden sie in den nächsten zehn Sekunden explodieren. Ich hatte inzwischen vergessen, zu welchen Höchstleistungen man den eigenen Leib treiben konnte. Frauen und Männer mit astronomischen Ausmaßen warteten vor den Gates.*

**Vielleicht ein klärender Hinweis, deshalb hier die einzige Fußnote im Buch: Kein Mensch ist mehr oder weniger wert, weil er schlank ist oder 100 Kilo zu viel mit sich herumträgt. Auch Hirn haben*

Dünne und Dicke gleich viel. Oder gleich nicht viel. Und die Gutherzigkeit einer Person hängt, soweit ich weiß, ebenfalls nicht von der Masse ab.

Und noch ein Missverständnis soll verhindert werden: Das andere Extrem, der Körperwahn, ist mir zuwider, dieser brachiale Narzissmus, den nichts anderes mehr auf der Welt kümmert als die Vollendung seiner Proportionen. Wie läppisch.

Was dann? Es hat wohl mit dem schwer wiegenden Wort »Selbstachtung« zu tun. Einen Begriff, den ich schon als Kind – eher vage und diffus – verinnerlicht habe. Musste ich doch täglich gegen den Vater, die Pfaffen und Lehrer antreten, Erwachsene, die grundsätzlich daran interessiert waren, die Würde des Kinds – jedes Kinds in ihrer Nähe – zu brechen. Als Voraussetzung für unbedingten Gehorsam.

Verstärkt wurde diese Haltung, viele Jahre später, während meines Aufenthalts in einem japanischen Zenkloster. Ich verstand diese »Schule« auch als strikte Aufforderung zum Respekt dem eigenen Leib gegenüber: auf sich schauen, auf die Sauberkeit, auf das »Maß«.

Gibt es eine absurdere Idee, als zu glauben, der Körper sei (nur) eine »Äußerlichkeit«, (nur) ein »äußerer Wert«? Mitnichten. Er ist unser Herzstück, das Innigste, was uns gehört.

So werde ich nie fassen, wie achtlos Zeitgenossen mit ihrem wertvollsten Hab und Gut umgehen. Ich wünschte, ich könnte darüber hinwegsehen. Kann ich nicht.

Zuletzt: Natürlich »hasse« ich – wie mir bisweilen vorgeworfen wird – die Dicken und Superdicken nicht. Ich denke gar nicht daran, meinen Hass spare ich mir für andere auf. Aber ich nörgle, ich meckere und das alberne Getue politischer Korrektheit, diese perfid verpackte Verlogenheit, überlasse ich den verzappelten Hampelmännern unter uns. Mein Stänkern halte ich für produktiver, als vor jedem Superpfünder »Freude, schöner Götterfunken« zu jubeln. Ja, vielleicht wollen einige von ihnen nach dem Lesen dieser Zeilen – was für ein größenwahnsinniger Gedanke – wieder zu dem zurückkehren, was sie einst waren: leicht und unbeschwert.

Kein Wunder, dass sie mir auffiel: Eine Frau zwischen 30 und 35, elegant gekleidet, Zeitung lesend, ein aparter Mensch. Ohne zu zaudern, ging ich auf sie zu, schier getrieben von dem Wunsch, mich zu »retten«. Es drängte mich einfach, sie (diskret) zu betrachten. Als Gegenmittel gegen so viel Maßlosigkeit.

Irgendwann plauderten wir. Roana war Mexikanerin und Laborantin in einem pharmazeutischen Betrieb. Klug redete sie, wusste etwas von der Welt. Sie hatte eine Woche bei Freunden in den Staaten verbracht, nun flog sie zurück. Wir vereinbarten, in Kontakt zu bleiben, ja, melden sollte ich mich, falls in der Nähe.

Jetzt war ich in ihrem Land, und für heute hatten wir uns verabredet. In Querétaro. Roana wollte (per Mail) noch wissen, ob ich damit einverstanden sei, ihre Schwester und den Schwager zu besuchen, die gerade in ihr neues Haus umgezogen wären. Warum nicht, Reichen beim Reichsein zuschauen verspricht stets eine Erfahrung.

Zuverlässige Roana. Kurz nach 17 Uhr kommt sie in das Café. Und sie verbreitet die Ausstrahlung einer Frau – ihr Lächeln, ihr Lachen, die kleinen Gesten –, die die Fantasie eines Mannes auf wundersam sanfte Weise in Schwung bringen.

Wir fahren mit ihrem Honda in das Viertel der Wohlhabenden. Herzliche Begrüßung von Carmen und Jorge, die uns stolz ihre Prachtvilla zeigen. In jedem der vier Stockwerke stehen die Insignien von sehr viel Geld herum. Man ist überrascht, dass nicht überall ein Preisschild klebt, um die Ergriffenheit noch zu steigern: drei Fernsehmaschinen, eine gewaltige Parabol-Antenne, eine Musikanlage mit Lautsprechern für ein Stadion, ein Arsenal Golfschläger, Golfbags, ein Golf Cart (der bei Bedarf auf einen Anhänger geladen wird), drei Badezimmer und acht andere Zimmer. Und im gemeinsamen Schlafzimmer ein fast mannshohes (!) Kreuz über dem Ehebett. Und zwei Luxuskinder, Lena und Federico, besitzen sie auch. Und drei Autos in drei Garagen.

Nie käme ich auf die Idee, die vier zu beneiden. Ich gönne ihnen jedes einzelne Teil. Ich weiß nur wieder, wie gut ich es habe. Keinen Tag muss ich dieses Gebirge von Alleshabenwollen verwalten. Müsste ich, ich könnte weniger reisen, weniger lesen, weniger denken, weniger fühlen, weniger Frauen und Männer kennenlernen, alles in allem: weniger, nein, wenig leben.

Abendessen, es wird mächtig aufgetragen, mindestens zehntausend Kalorien. Und Jorge ist der *jefe*, er führt das Wort, er ist Architekt, ansonsten entpuppt sich sein Hirn als Ruhekörper. Er liefert einen Gemeinplatz nach dem anderen, weist den Armen ihre Schuld zu, mag Trump nicht, hält aber dessen Verneinung des Klimawandels für richtig und erzählt nach dem dritten Glas Wein Judenwitze. Hier der eine, über den er am lautesten lacht: *Zwei Nachrichten für die Insassen von Auschwitz, eine gute, eine schlechte. Die gute: Morgen geht's nach Acapulco. Die Schlechte: in Seifenform.*

Soweit die Vorgeschichte.

Die Nacht mit Roana. Ach, ich bin immer schwer bewegt, wenn eine Frau mir ihre Wärme und ihr Raffinement schenkt. Und da ich grundsätzlich nur das nehme, was ich – ganz und gar unverdient – geschenkt bekomme, erfüllen mich solche Stunden mit namenloser Freude. Eros als Aphrodisiakum für die Tage, die folgen.

Natürlich mussten wir schwindeln, lächelten bejahend und bezogen jeder das ihm zugewiesene Schlafzimmer. Bei anständigen Leuten zahlt man mit Heuchelei für die (unerlaubte) Nähe. Was das Vergnügen nur erhöhte, denn nach Mitternacht schlich ich mit nackten Füßen am (totenstillen) Ehebett mit dem Gekreuzigten vorbei und schlüpfte durch Roanas angelehnte Tür. Dahinter lauerte noch ein Hindernis. Das verfügbare Bett verriet jeden Anflug von Liebesspiel, knarzte bei der geringsten Drehung. Wir zogen mäuschenstill auf den Teppich um, wo ein fünf Zentimeter dicker Flokati, gräulich rosa und sagenhaft kuschelig, auf uns wartete.

Das Leben war in Hochform, und nichts davon war unser Verdienst. Es passierte uns, aber wir waren mutig genug, dem Glück nicht auszuweichen.

Am Morgen beginnt das Nachspiel, nach dem Frühstück und zehnmal »gracias, gracias«. Roana nimmt mich mit in die Hauptstadt, von dort starten die Busse in den Süden. Bald biegen wir ab in einen kleinen Ort, hier wohnt ihr Vater, er will auch in die größte Stadt der Welt. Señor Tajo sieht mich und – mag mich nicht. Gleich werde ich wissen, warum.

Weiter Richtung Mexico City, es dauert nicht lange, und die zwei vergessen den Fremden im Fond. Und legen los. So quälend die nächsten Stunden sich anhören, so sehr genieße ich sie. Denn die Nerven schindenden Szenen, die nun ablaufen, sind gleichzeitig ein Quell tiefer Befriedigung. Was geschieht?

Tochter und Vater beginnen zu streiten. Auf mexikanisch, der eine dröhnend, die andere gellend und verzweifelt. Es geht um ein Grundstück, das sie kürzlich gekauft haben und das sich als wenig rentabel erwies. Da es nicht als »Bauerwartungsland« freigegeben wurde, sprich, es nicht bebaut werden darf. (Mit mehr Schmiergeld gewiss.)

Der Alte beschuldigt die Junge, herrisch und mit alttestamentarischer Selbstgerechtigkeit. Roana wehrt sich, schrill und den Tränen nah. Aus dem Geschrei glaube ich zu verstehen, dass sie beide den Deal falsch einschätzten und auf das Angebot eines Betrügers hereinfielen. Als ich versuche, sacht einzugreifen, um die Kriegsparteien zu beruhigen, schnauzt der 75-Jährige nach hinten und fordert mich auf, den Mund zu halten. Ich halte ihn, lege aber demonstrativ eine Hand auf Roanas Schultern. Das ärgert den Unglücklichen erst recht, er ist eifersüchtig, die Tochter gehört ihm. Auch das noch.

Das Wortgemetzel geht weiter, und wir verpassen eine Ausfahrt. Also im Rückwärtsgang die Abbiegung zurück, um wieder auf die Autobahn zu gelangen. Der Stresspegel legt nochmals um hundert Grad zu: die wild hupenden Autofahrer, die blitzschnell ausweichen müssen, die zwei Kampfhähne, die sich nun gegenseitig die Schuld für das (neue) Missgeschick zuschieben, die eine Million Blechkisten, die alle gleichzeitig nur ein Ziel kennen, die Hauptstadt.

Die Nacht ist teuer bezahlt. Ganz offensichtlich. Doch ich will nichts bereuen. Will selbst für das gerade Erlebte nur dankbar sein. Denn einmal mehr überkam mich das triumphale Gefühl, dass es keinen Alten mehr gibt in meinem Leben, der die rechten Anweisungen fürs rechte Dasein austeilt, der mit Schuldgefühlen die Menschheit heimsucht, der es als seine vornehmste Aufgabe betrachtet, andere kleinzustutzen. Wäre ich Roana gewesen, ich hätte dem Sack ins Gesicht gespuckt. Und hätte er sie geschlagen, ich hätte ihn gewürgt, ihn, den mexikanischen Vater, ihn, meinen deutschen Vater, alle Väter, die eine Familie gründen, das ideale Biotop, um ihre Lust an Gewalt und Erniedrigung auszutoben.

Irgendwo im Zentrum steigt Señor Tajo aus, und Roana und ich verbringen noch Zeit in einem Café, nicht weit vom Busbahnhof. Sie zittert ein bisschen, und ich halte ihre Hände. Und träufle ihr nebenbei Gift in die Ohren: auf dass sie sich verabschiede von ihrem Erzeuger. Dass sie verstehen lerne, dass die Zustände nur aufhören, wenn sie daraus verschwindet. Sie muss den Vater »verlassen«. Und darf erst dann zurückkehren, sobald er Reue zeigt. Und nie, wenn er sie nie zeigt. Mit Roanas sanften Küssen auf den Lippen ziehe ich davon.

64

Der Bahnhof von Mexico City ähnelt tatsächlich einem Flughafen: riesig. Da ich den letzten Bus um Minuten verpasst habe, kaufe ich einen Stoß Zeitungen und will mit meinem Mac ins Netz. Um endlich die Nobelpreisrede von Bob Dylan zu hören, vom *master himself* aufgenommen. Clevere Mexikaner. Hier installierten sie ein ausgeklügeltes System, um eine Wi-Fi-Verbindung herzustellen: Man sitzt – einer neben dem anderen – an kleinen Tischen und wirft Geld in eine Maschine. Um das Passwort zu erhalten. Wobei jeder ein neues bekommt. Cool, funktioniert in Sekunden.

In den Toiletten hängen Hinweisschilder, durchaus witzig: »Lass nichts zurück, was beweglich ist« und »Betrachte dein gesamtes Eigentum wie zu deinem Körper gehörig.«

Einchecken in den Bus. Ich wünsche mir, dass sich die Hübscheste in der Schlange zu mir setzt. Da ich in der Volksschule gelernt habe, dass »unkeusche Gedanken« – was für ein wunderlich blöder Ausdruck – bestraft werden, soll es so sein: Die Allerdickste nimmt auf dem Nebensitz Platz und – die Strafe fällt noch härter aus – hievt den bereits überall runden Sohnemann auf ihren Schoß.

Für meine gemeinen Reden werde ich mich zu später Stunde schämen, denn Felisa, meine neue Nachbarin, wird mir wunderbar Gutes antun. Geduld, Leser, die Stelle kommt gleich.

Die Reise geht nach Villahermosa, sie ist die Hauptstadt des Bundesstaats Tabasco, der entlang der Pazifikküste liegt, südöstlich von Mexico City. 900 Kilometer liegen vor uns, ein langer Nachmittag und eine ziemlich lange Nacht.

Wer ungeschützt reist, also öffentlich, also mittendrin, also mit allen anderen, der soll gefasst sein. Auf Unbill. Wer sich zudem noch immer keine Elefantenhaut zugelegt hat, kassiert doppelte Unbill. Ja, ich beschwere mich und bin zugleich von Herzen froh über die Zustände. Nur so entsteht Nähe.

Nach fünf Kurven beginnt das Mord- und Totschlag-Fernsehen. Dazwischen höre ich Handy-Klingeltöne, die sich wie Angstschreie oder Maschinengewehrsalven anhören. Ich lese die Zeitungen und erfahre von Verbrechen, die gestern oder vorgestern in den Städten stattgefunden haben, die wir durchfahren werden.

Nach dem letzten der zwei Filme, alle aus der Neuzeit, laufen Streifen, die vom Kaltmachen aus früheren Jahrhunderten berichten. Die Anzahl der Totgemachten bleibt gleich, nur wird diesmal mit Keule und Lanze zerstückelt. Dann kommt »Pet Force«, ein Zeichentrickfilm über bewaffnete Haustiere. Nach drei Minuten fangen die Vierbeiner an, sich gegenseitig auszurotten. Ähnlich ihren Vorbildern, den Herrchen, wollen sie von der Kunst des Kompromisses, des Verhandelns, des Gebens und Nehmens nichts wissen, nein, sie tilgen jeden, der im Weg steht.

Was kommt hier radikaler unter die Räder? Unsere Empfindsamkeit, weil wir bodenlos verblöden? Oder wird nur unser Gehör ruiniert? Oder beides? Immerhin fällt mir ein Wort von Goethe ein (selbst Genies geraten bisweilen in Teufels Küche): »Das durchaus Scheisige dieser zeitlichen Herrlichkeit zu erkennen.«

Der Bus heute gehört zur »primera clase«. Leider gibt es auf dieser Strecke kein Transportmittel mit »clase lujo«, mit *Luxusklasse*, die den ungeheuren Vorteil bietet, individuell TV schauen zu können. Via Kopfhörer. Auf einer meiner Fahrten in einem solchen Prachtgefährt konnte man auch Audiobücher aussuchen, darunter »La Biblia« und »El Principe« von Machiavelli (die zwei Texte haben gewiss einiges gemeinsam). Ja, sogar den verträumten »El Cándido« von Voltaire auswählen. Oder einfach hinter dem Fenster die

Welt bestaunen. Oder lesen. Und kein Mucks störte, wenn rechts und links gehauen und gestochen wurde. Stille ist wahrlich ein unglaublicher Luxus.

Jeder erkennt es, das Kümmerliche und das Grandiose, er muss die Verletzungen und Wunder nur zulassen. Mein Herz ist, wie das jedes Menschen, eine *Black Box*, in der alle Abstürze, alle Rätsel, alle Glückssekunden unlöschbar gespeichert sind.

Am Ende seiner Rede kam Dylan nochmals auf Homer zurück, auf die erste Zeile aus dessen »Odyssee«, der Sage vom sagenhaften Odysseus: »Sing in me, Muse, and through me tell the story …«, *sing in mir, Muse, und erzähle durch mich die Geschichte …*

Welcher Schreiber wünschte sich nicht die Maßlosigkeit, die Wucht dieses griechischen Dichters. Und das Flüstern einer Muse. Und wer nicht einen Helden, der ihn zu solch sprachlichen Großtaten treibt.

65

Die Nacht kommt, und wie so oft ist sie zärtlicher als der Tag. Die meisten schlafen nun, und das Sägen friedlicher Schnarcher erfüllt die Dunkelheit. Wie ich in Mexiko angefangen habe, dieses Geräusch zu lieben. Weil es das Startzeichen für den Fahrer ist, die Lautstärke der Fernseher herunterzufahren und – wenn, wie jetzt, sehr erleuchtet – einen Film anzubieten, der uns noch an andere besondere Kennzeichen des Menschseins erinnert: an Mut, an Vergebung, an Großzügigkeit, an einen Esprit von Weltoffenheit. Es läuft: »Memorias fugitivas«, *Flüchtige Erinnerungen*. Mit der göttergleichen Rosamund Pike. Keine billigen Sexszenen, keine zerfetzten Gesichter, kein Baden in geiler Gewalt. Dafür die Geschichte von Jakob Beer, eines jüdischen, polnischen Kinds, dessen Eltern vor seinen Augen ermordet werden, er jedoch mit Glück und dank der Hilfsbereitschaft eines griechischen Geologen dem Holocaust entkommt, später als Erwachsener in Kanada lebt und als Schriftsteller versucht, sich vom Erbe seiner Vergangenheit zu befreien. Vollkommen unwehleidig erzählt, mit klugen Dialogen, mit besten Schauspielern. Ich mag Filme, an deren Ende man noch eine Minute unbeweglich dasitzt, innig erfüllt von dem, wovon man gerade Zeuge war.

Aber die Geschenke hören nicht auf. Nun kommt die Stelle: Der weiche, schlafende Körper von Felisa, meiner Nachbarin, ist durch das lange Sitzen noch weicher geworden, und ich spüre jetzt, wie ihr Fleisch auf harmonische Weise nach links, in meine Richtung, »fließt«, ja, es wie eine Welle an meiner rechten Seite andockt und ich bei der geringsten Bewegung nichts als Sanftheit und Wärme empfinde.

Es wird noch bezaubernder. Denn mehrmals wacht Felisa auf und kümmert sich geduldig um ihren molligen Sohn, der auf ihrem endlosen Busen liegt und sich im Schlaf immer wieder über die Haut seiner Mutter rollt, von einer gemütlichen Speckfalte in die nächste. Sein Gesicht verrät, dass es augenblicklich für ihn keinen anderen Platz auf Erden gibt, der so heimelig zum Ausruhen einlädt.

Irgendwann ist es still im Bus. Da ich grundsätzlich während Nachtfahrten nicht schlafen kann, höre ich Radio, mit Kopfhörer. Ich finde den Sender *Radio Fórmula*, bei dem gerade, nach Mitternacht, eine ungemein bizarre Sendung läuft: Leute rufen im Studio an, Leute mit Problemen. Der Moderator fragt den Anrufer nach Vornamen, Namen und Geburtsdatum und sagt ihm anschließend auf den Kopf zu, was er beruflich tut, wo er lebt und was ihn bedrückt. Aber keine Wehwehchen, *no peanuts*, eher die großen Hämmer, wie: Die Farbe des Teints änderte sich plötzlich (!) oder die Knochen verbogen sich (!) oder das Bankkonto verschwand (!) oder die Frau oder der Mann wird vermisst (!) oder der

Nachbar hat den bösen Blick (!) oder das Haustier fiel zur Mittagszeit ohnmächtig um (!) oder alle persönlichen Papiere lösten sich in Luft auf (!).

Hier waltet nicht der ganz normale Wahnsinn, sondern der Hardcore-Wahn. Und der Irrsinn geht weiter, alles Bisherige war nur Vorspiel, jetzt der Overdrive: Die Hilfesuchenden bestätigen eifrig (ohne die leiseste Verwunderung in der Stimme) die Behauptungen des Radiomanns, der sie nun auffordert, ihm entweder »einen Liter Honig« oder »sieben weiße Rosen« zu schicken. Und an dem oder dem Tag wieder anzurufen.

Nun kommen die zu Wort, die sich bereits gemeldet, die Aufgabe erfüllt haben und jetzt dem Wunderknaben überschwänglich Danke sagen.

Ich frage mich natürlich, ob ich mit Roana zu viel geschnifft habe oder mir die Million fehlender Schlafstunden inzwischen den Verstand raubte, aber nein, ich bin nasenrein und hellwach. Es handelt sich auch um keine Witzsendung, kein verrutschtes Lachen, kein Gekicher im Hintergrund, nein, alles hyperreal: Einfache Frauen und Männer sind verzweifelt und suchen Beistand. Und ein mexikanischer *Master of the Universe* führt sie vor. Selbst am Ende des *phone-in* kommt kein klärender Gag, nein, nur der Hinweis auf die nächste Verabredung, gleiche Zeit, gleiche Sendung.

Als Felisa aufwacht – der Achtjährige quengelt, er ist hungrig –, erzähle ich ihr von dem Gehörten, will erfahren, was sie davon denkt. Und sie meint: Ich solle mir keinen Kopf machen, das wäre durchaus möglich, da es sich um »magia negra«, um *schwarze Magie*, handle. In diesem Moment fallen mir die Wunderheiler ein, die zerrissene Herzen kurieren, Abtrünnige wiederfinden und tödliche Krankheiten in medizinische Triumphe verwandeln. Der eine, der Radiomensch, greift das Volk via Äther ab, der andere, der »Magier«, via Telefon, und – auch an das erinnere ich mich plötzlich – der dritte Bluffer via Kanzel, so der Pfarrer in einer Kirche in Querétaro: dass oben droben der Heiland sitzt und daneben die Jungfrau und weiter hinten der heilige Santiago und alle übrigen Heiligen und Englein. Noch ein Hokuspokus.

Ich lache jetzt unverschämt laut in die Stille. Ja, schwarze Magie, wie sensationell, wie lustig. Nicht wissen wollen ist ungeheuerlich befreiend. Nie piepst es im Hirn, nie geht eine Alarmglocke los, nie überkommt einen die Versuchung, die Wirklichkeit herauszufinden. Denn vor all dem Ungemach schützt der blindwütige Glaube.

Ich kehre zur Realität zurück und lese einen Bericht über Adam Zagajewski, einen formidablen Dichter aus Polen. Er steht hier in der Zeitung, weil er den hoch dotierten *Premio Princesa de Asturias* verliehen bekam. Der 72-Jährige wird mit einem bemerkenswerten Satz zitiert: »Der Maler ist sesshaft, der Musiker Kosmopolit und der Schriftsteller ein Emigrant mit einem lächerlichen Erbe. Er hat keine Museen, keine Orchester und keine frenetischen Massen, er balanciert am Rande des Abgrunds (…) mit nicht mehr als seinen 30 Buchstaben.« Das Wort »Abgrund« ist mir zu drastisch, zu heroisierend. Aber dass Schreiben ein Beruf ist, der mit weniger auskommt als jeder andere, das ist wunderlich wahr. Und sehr beruhigend. In seiner Werkzeugtasche befindet sich nur das Alphabet. Leichter als nichts, unsichtbar, unscheinbar, eine Wunderwaffe, transportabel wo immer in der Welt, abrufbar zu jeder Stunde.

66

Um 4 Uhr morgens Ankunft in Villahermosa, wörtlich »hübsche Kleinstadt«. Ich steige vorsichtig über meine beiden Nachbarn, die wieder selig schlummern. Mit dem Taxi in die leere Stadt, die – heißt es – hässlich sein soll. Ganz im Widerspruch zu ihrem Namen.

Ich habe mir schon in Afrika angewöhnt, mich im Fond eines Wagens klein zu machen. Vor allem nachts. Ein Bleichgesicht hat in vielen Ländern eine erstaunliche Anziehungskraft. Millionenbeträge werden bei ihm vermutet. Der Fahrer ist so freundlich und erzählt noch, wie gefährlich es hier sei. Außerdem weiß er ein Hotel im Zentrum und wirft mich dort ab. Ich klingle, der Portier kriecht aus seiner Koje, schaut durchs Türglas auf den Fremden und lässt mich rein. Ich bekomme ein Zimmer und darf schlafen.

Frühstück, Zeitungslektüre. Ich atme immer vorher einige Male bewusst ein und aus, bevor ich die Seiten aufschlage. Heute gibt es neben dem Wetterbericht: Fotos von Köpfen, verfaulend und angefressen von Termiten, Köpfe, die zu Männern gehören, die vor Wochen gefoltert, getötet und auf einer Mülldeponie entsorgt wurden. Andere Blätter zeigen die Penislosen, die Zerfetzten, die Verkohlten, die Aufgehängten. Zeigen Fotos von Hunden mit schusssicheren Westen und Fotos von Laboratorien, von Militärhelikoptern entdeckt: Giftküchen, um Methamphetamine herzustellen. Daneben wird berichtet, dass der Anteil von Frauen, die ins Drogengeschäft einstiegen, stark zugenommen hat. Ähnlich auffällig wie die Gewalt, mit der Männer gegen Frauen vorgehen. Sieben tödliche Beziehungsverbrechen, pro Tag. Und über eine neue Praxis wird informiert, um sich zu bereichern: Leute, bis zu hundert, verabreden sich via Facebook und WhatsApp und stürmen dann gemeinsam einen Supermarkt. Und plündern ihn leer. Nicht schwerst bewaffnet, aber mit Baseballschlägern. Wenn die Wut besonders lodert, legen sie hinterher Feuer.

»El gran cancer«, *den großen Krebs*, nennen sie hier das Ausmaß von Gewalttätigkeit. Mexiko erinnert mich an einen Bekannten, den ich – wir waren beide jung – um vieles beneidete: sein Aussehen, sein schnelles Hirn, seine Talente. Und sein Elternhaus, denn er wuchs in soliden Verhältnissen auf, ohne Übergriffe, ohne Not. Doch etwas Obskures schlummerte in ihm, etwas, gegen das alle seine Trümpfe nicht ankamen. Und er auf die falsche Bahn, die ganz falsche, geriet. Und hinter Zuchthausmauern verdämmerte, in einer wenig zivilisierten Weltgegend.

Hinkt der Vergleich? Mexiko verfügt auch über viele Begabungen, sieht oft hinreißend aus, hat so oft bewiesen, dass es Kraft hat, Mut, ja Tapferkeit, ja Genie. Ein Hochkulturvolk mit einer grandiosen Vergangenheit, mit einer weltmeisterlichen Literatur, mit Künstlern von universalem Rang. Und doch der Krebs, die Fratze unaufhaltsamer Barbarei, das Dunkle: der Todesengel Droge.

Wer wüsste schon, ob das Land eines Tages davonkommt, sich löst aus dem Würgegriff. Rechnete man den jetzigen Stand der kontinuierlich zweistellig steigenden Verbrechensrate hoch, dann tobt hier in zehn Jahren ein Bürgerkrieg. Muss nicht sein. Geschichte funktioniert nicht linear. Ich halte klugerweise den Mund, ich habe keine Ahnung von der Zukunft.

67

Stimmt, Villahermosa, die Hübsche, ist eher unansehnlich. Zudem befinden sich in der Nähe brühwarme Lagunen, von dort verirren sich Moskitos in die Stadt. Die feuchtheiße Hitze macht das Dasein auch nicht glorreicher. Warum ich dann hier gelandet bin? Einfach ein Stopover auf dem weiten Weg in den Süden.

Egal, man findet an jedem Ort Szenen, die einen erheitern oder zum Sinnieren anstiften: Ich gehe auf einen Zeitungskiosk zu und frage, ob es noch eine Ausgabe von »La Verdad«, *die Wahrheit*, gibt. Und die pfiffige Alte zieht ein Exemplar hervor und fängt schallend zu lachen an: »La verdad, haha, la verdad.« Wunderbare Ironie, denn an die Wahrheit, genauer, an die veröffentlichte, an die glauben sie nicht mehr.

In der Calle Sáenz, im Zentrum, gibt es einen Hauch von mexikanischer Eleganz, Galerien, Cafés und das Geburtshaus des Berühmtesten von Villahermosa, von Carlos Pellicer, 1897–1977. Ein Weltmann, ein Yankee-Hasser, der nicht hinnehmen wollte, wie die Amerikaner Südamerika zu ihrem Hinterhof degradierten, ein Poet, ein Schriftsteller, ein Politiker, ein »museógrafo«, einer, der überall Museen gründete, auch das von Frida Kahlo, mit der er befreundet war. Die Regierung hat ihn längst in die Liste der außergewöhnlichen Töchter und Söhne aufgenommen. Pellicer zählt zu den »personas ilustres« Mexikos. Was sofort eine fantastische Vision in mir auslöst, ja, ich mir vorstelle, wie mir der Bundespräsident in Berlin in einem Staatsakt die Urkunde überreicht, in der schwungvoll geschrieben steht, dass AA nun zu den »illustren Persönlichkeiten« Deutschlands gehört. Ich erzähle der Dame, die mich durchs Haus führt, von meinem harmlosen Hirngespinst, und wir genießen beide diesen Augenblick schwereloser Heiterkeit. Hinterher sagt sie, dass sie noch nie einen Deutschen habe lachen sehen. Wie dem auch sei, Selbstironie ist der Gesundheit noch förderlicher als Ironie.

Ich komme an einem Gebäude vorbei, in dem das Büro des »Verbands der Autoren, Komponisten und Herausgeber« untergebracht ist. Heute Abend ist eine »noche romántica« geplant. Da will ich dabei sein. Bis ich rechtzeitig lese, dass »Karaoke« auf dem Programm steht. Erstaunlich, wie verschieden man das Wort »romantisch« verstehen kann. Karaoke hat der Teufel erfunden. Es ruft alles in mir hervor, nur nicht Sinnenfreude.

Ein paar Blocks weiter unterhalten sich zwei Rollstuhlfahrer. Der eine befindet sich auf dem Trottoir, der andere hinter dem Stahlgitter seiner Haustür. Sie scheinen Freunde zu sein, der Ton des Gesprächs ist leicht und amüsiert. Aber das Gitter bleibt. Auf den ersten Blick sehen die beiden wie Gefangene aus, Zelle an Zelle, ihre vier Hände an den Gitterstäben. Doch sie plaudern, sind guter Dinge. Ich habe ein Faible für Männerfreundschaften, deren Nähe über die Jahrzehnte gehalten hat. Ich frage sie, ob sie tatsächlich befreundet sind. Und sie lachen herzhaft, aber ja doch, seit Kurzem, seit sie sich als »minusválidos« – das seltsame spanische Wort für Behinderte – begegnet sind. Ich erzähle ihnen von meinem (falschen) Eindruck, und sie lachen noch lauter. Nein, nein, ich täuschte mich nicht, denn sie fühlen sich einander so nah wie andere nach fünfzig Jahren. »Es hat gewiss mit unserem Zustand zu tun«, meint Gabriel. Er spielt auf den Rollstuhl an, er leidet an Zucker, Martino ist nach einem Unfall querschnittgelähmt. Ihre Frauen sind tot – beide legen jetzt ihre Rechte auf die Schulter des anderen –, sie seien so froh, dass sie jemanden gefunden haben. »La soledad«, *die Einsamkeit*, ich würde sicher verstehen.

Auf zum »Mirador Torre del Caballero«, was für ein verführerischer Name. Der *Aussichtsturm des Kavaliers* wurde genau in der Mitte der Brücke errichtet, die über die Grijalva führt. Das Wasser ist braun und schmutzig, voll mit Sträuchern und Ästen.

Zu Fuß hinauf, knapp vierzig Meter hoch. In den Nischen neben der Treppe lehnen die jungen Kavaliere und schmusen mit ihren Señoritas. Die dunklen Ecken taugen als passable Diskretionszonen für Intimität. Sich schlingernd küssen geht in Mexiko nicht, nicht in der Öffentlichkeit.

Von oben wieder ein Blick auf den Fluss. Ein viereckiger Kahn aus uraltem Blech tuckert, eine Fähre, die Leute transportiert. Und in Sekundenschnelle wird es dramatisch, der Himmel öffnet sich, und tosender Regen fällt auf die Erde, dazu Donner und ein tropischer Wind. Das randvolle Boot beginnt zu schaukeln, zu wanken, der Motor ist zu schwach, um das Ufer zu erreichen. Jemand wirft den Anker.

Ich muss mich selbst retten, in luftiger Höhe ist man das einfachste Ziel für zuckende Blitze. Hinunter, der Sturm peitscht das Regenwasser durch die Gucklöcher des Turms, die Küssenden haben sich bereits verzogen. Unten warte ich mit einigen anderen auf das Ende des Aufruhrs. Doch es kommt nicht, auch nicht nach einer halben Stunde. Da ich nicht begabt bin zum untätig Herumstehen, renne ich los, Richtung Hotel. Bald quietscht jeder meiner (jagenden) Schritte, ja, ich spüre das Wasser über meinen Hintern rinnen, weiß jetzt, dass kein Faden trocken sein wird, wenn ich ankomme. Inzwischen sind ein paar Straßen in der Innenstadt überflutet, Abfall schwimmt obenauf, Villahermosa wird gerade noch hässlicher.

Als ich mein Zimmer betrete, sehe ich durch das Fenster, dass kein Tropfen mehr fällt. Der Schluss so plötzlich wie der Anfang. Und die bösen Wolken verschwanden, und am Himmel ziehen die wildesten nachtroten Farben der Welt auf. Unheimlich, was die Natur alles kann. Ich zittere ein bisschen, ach ja, das alte Zittern von einem, der auszog, Schönheit zu finden.

68

Um 4.15 Uhr zum Busbahnhof. Auf Kartons, die Mauern entlang, schlafen die Obdachlosen. Auch Kinder.

Nach Tulum, weit im Osten. Der Fahrer zeigt Erbarmen und lässt den Tag still beginnen. »Migración«-Beamte gehen durch die Reihen und checken die Papiere. Auf der anderen Gangseite sitzt ein Mensch, der sofort auffällt. Er pennt nicht, er daddelt nicht, er legt zwei Bücher auf den Nebensitz und beginnt zu lesen. Ich spreche die junge Frau an, muss erfahren, wer sie ist. Marthe ist umtriebig und hat eine ganz eigene Biografie: Sie wurde in Mexiko geboren, will aber von ihrem Land nichts wissen. Das Gehabe der hiesigen Männer ertrage sie nicht, sie wüsste keinen Grund, warum sie sich unterordnen solle. In Belgien hat sie Modedesign studiert und dorthin will sie zurück. In ihre Heimat ist sie nur vorübergehend zurückgekehrt, rein geschäftlich.

Sie öffnet eine ihrer Reisetaschen und holt ein paar Sachen heraus, die sie entwirft und fertigt. Amulette, Armbänder, Ringe, Ohrringe, Ledertäschchen, Haarbänder, hübscher Schmuck für hübsche Fremde. Sie will ihre Produkte in Cancún verkaufen, dann wieder nach Europa, dann weiter nach Marokko, dann überlegen, wohin. Immer allein – was für Frauen ein wenig anstrengend, für attraktive Frauen noch anstrengender ist – unterwegs, stets mit ihrem Werkzeug und ihrer Ware im Gepäck. Jeder Ort, sagt sie, inspiriere sie zu neuen Entwürfen.

Ich war als Reporter nie zimperlich, so auch heute nicht. Deshalb die Frage an die 30-Jährige (ihr Pass lag einen Moment offen da), wie sie es mit ihren Männerfreundschaften hält. Und ihre Antwort passt wie maßgeschneidert zu Marthe, *la rebelde*: »Meine letzten beiden Liebhaber in Brüssel habe ich verlassen. Sie wurden mir zu gemütlich, zu sesshaft.«

Wäre ich hier Diktator, ich würde in allen Städten eine Marthe-Statue aufstellen lassen. Als Erinnerung daran, dass noch andere Träume existieren als der Eigenes-Häuschen-Traum und der gleich mitgelieferte Albtraum, die viel gepriesenen »valores familiares«, *die Familienwerte.*

Als wir in die Nähe von Belize kommen, steigen Soldaten in den Bus und suchen nach Schmuggelware. Marthe muss aussteigen und ihre fünf Taschen ausräumen. Viele Taschen sind verdächtig.

69

Am späten Nachmittag Ankunft in Tulum, im Süden der Halbinsel Yukatan. Hier, entlang des Meers, verläuft die endlose »Riviera Maya« in Anspielung an die Badeküste in Italien. Und Maya, weil die gesamte Gegend voller Spuren dieser »Ureinwohner« ist.

Herzlicher Abschied von der Revolutionärin, sie fährt

weiter. Und ich bin im Touristen-Mexiko angekommen. Da ich innerlich darauf vorbereitet bin, hält sich der Schreck in Grenzen. Zudem habe ich mir geschworen, nicht zu lästern. Okay, nicht viel zu lästern. Der Anblick von Horden buntscheckig Gekleideter, die man mit Besuchern eines Karnevalumzugs verwechseln könnte, hat ja durchaus etwas Belustigendes.

Einige Kilometer außerhalb liegt mein Prunkhotel. Ich brauche ein paar Tage Pause, ich war wochenlang mit Vollgas unterwegs. Muss jetzt still sitzen und mein (digitales) Tagebuch nachtragen, ja, bin fest entschlossen, mitten in dieser Touristenhochburg abzusteigen.

Nein, das ist kein Widerspruch, ich will einfach wissen, was eine solche Umgebung in mir auslöst. Spott? Staunen? Das Grauen auf Erden? Wie dem auch sei, vorher benötige ich Klarheit. Vielleicht überdenke ich meine Urteile, vielleicht passiert etwas, was mich überrascht. Ich habe nichts gegen Touristen, ich bin selbst einer. Entscheidend doch nur, wie man sich als Reisender in der fremden Welt benimmt.

Auf der Strecke zu meinem Fünf-Sterne-Tempel steht rechts alle zweihundert Meter ein Wachtturm. Bemannt mit einem Bewaffneten. Man sieht aber nur Land, nur Wald, nirgends eine Villa oder ein Gefängnis. Ich frage Sancho, den Taxifahrer, was das bedeutet. Er weiß es: Hier beschützen Leute einer privaten Security-Agentur die Latifundien der Großgrundbesitzer. Damit die Besitzlosen nicht über den Zaun klettern und das Terrain squatten. Und ihre »casitas«, ihre *Verhaue*, hochziehen.

So leben die einen ganz groß, überfliegen mit dem Helikopter ihre Landschaften, und so leben die anderen ganz klein, haben noch nie einen Hubschrauber betreten und suchen nachts nach Schlupflöchern im umsichtig kontrollierten Maschendraht. Um ein paar Quadratmeter von den paar Millionen Quadratmetern für sich zu beschlagnahmen.

Über dem Eingang des Hotels steht: »We love you!« Wenn ich recht verstehe, so lieben alle Angestellten alle Gäste, die hier eintreten. Mich lieben sie auf jeden Fall, denn ich bekomme ein Sultanzimmer mit Sultanbett, mit mächtigem Tisch, mit Badewanne, mit Balkon und dazugehörigem Whirlpool. Ich buche vier Nächte, und kein Schuldgefühl meldet sich. Für einen, der eher rigoros mit sich umgeht, ist das ein Fortschritt.

Ich lege meinen tausend Jahre müden Körper in die runde Wanne, aus fünf Öffnungen sprudeln Fontänen voller Schaumwasser, und mit namenloser Dankbarkeit gucke ich in den mexikanischen Sternenhimmel. Das haben Typen wie ich, die sich so oft zwingen, manchen Zeitgenossen voraus: Sie können sich auf eine Art freuen, von der jene, die sich weniger rabiat antreiben, nichts ahnen.

Später fällt mein Blick auf den Schreibtisch, er verheißt ein nächstes Hochgefühl. Auch wenn man sich vorher foltern und schinden muss. Ich bin, wie immer, ganz einverstanden, denn der Tisch wird mir allein gehören, unerreichbar für Krach, unerreichbar für die Banalität des Alltags. Für alle Nicht-Schreiber ist das schier unvorstellbar: Verschwiegen dasitzen und nach Wörtern und Sätzen suchen (und sie finden) verschafft eine Seligkeit, die sich vor keiner anderen zu fürchten braucht. Ihr unermesslicher Vorzug: Man ist auf niemands Launen angewiesen, nicht auf dessen Zuspruch, nicht auf dessen Zurückweisung. Man ist auf wundersame Weise einsam. Und stumm, stundenlang stumm vor Glück.

70

Morgens die erste Feuerprobe, Frühstück. Gibt es viele Arme im Land, so gibt es viele, die es sich leisten können, sich hier vor ungeheuren Gebirgen von Nahrungsmitteln anzustellen. Tischzuweiser schaffen Ordnung, so stark der Andrang. Kleine Familien, riesige Familien, Armeen von Babys. Vom Aussterben sind die Mexikaner nicht bedroht. Musik braust bereits. Die Atmosphäre ist entspannt, fröhliche, freundliche Gesichter, aus keiner Ecke kommt ein vulgärer Ausrutscher.

Gutgelaunte sind mir lieber als die notorisch Muffigen. Aber das warme Familienleben, da passe ich nicht hinein. Ich lade meinen Teller voll und verschwinde zurück auf mein Zimmer. Ich esse vor der offenen Balkontür, ich trinke Kaffee, ich rauche, ich höre die Vöglein zwitschern und übers Netz die Nachrichten von BBC. Hundert Meter vor mir liegt das Meer. Es gibt eine Million Gründe, warum man nicht sterben will.

Dann schreiben. Um bedürfnislos zu werden. Um ein zerrissenes Leben wieder zusammenzusetzen. Jeder hat seinen Weg, um standzuhalten: Musik spielen, Drogen konsumieren, meditieren, saufen, Berggipfel erobern, jemanden lieben oder – sich aufgeben und vom Unglück überrollen lassen. So oft ist unsere Existenz mangelhaft. Mit Frauen und Männern, die man nicht ersehnt. In Umständen, auf die man verzichten könnte. Schreiben macht stark. Es verleiht eine dunkle, tröstende Kraft.

Am späten Nachmittag auf in die Stadt, Tulum ist unscheinbar, mit weniger als 20 000 Einwohnern. Zeitungen kaufen und flanieren. Hier steht kein Gebäude, kein Denkmal, nichts, was man notieren müsste. Wer die Hauptstraße verlässt, an der sich links und rechts die Shops, Restaurants und Hotels befinden, der wird Mexiko wiederfinden. Die Hinterhöfe, die auf der Straße spielenden Kinder, die kickenden Halbwüchsigen, ein Polizist, der einen Rollstuhlfahrer auf den Bürgersteig schiebt, das ungemein entspannte Leben, wenn die Hitze nachlässt und die Dämmerung einsetzt.

Und ein kluges kleines Mädchen wird mir weiterhelfen: Ich stehe in einer Sackgasse, die – laut Information, die ich vorher bekam – einen Durchgang hat. Aber ich finde ihn nicht. Ich schaue suchend um mich, und jetzt spricht mich Lupita an. Sie hat »Mitgefühl« und kognitive Kombinationsgabe. Die Sechsjährige sieht mich und versteht die Situation: Einer weiß nicht weiter, also fragt sie, ob ich rüber zur Parallelstraße möchte. Ich nicke, und sie zeigt mir eine winzige Tür, die – mitten durch einen Laden – tatsächlich als Durchschlupf dient.

Am nächsten Morgen kommt im Radio die Meldung, dass der Chef der »pelones«, der *Glatzköpfe*, von einer Konkurrenzbande erschossen wurde. Gestern Abend. Mit zwei Schuss aus einem fahrenden Wagen. Drei Häuserecken von Lupita und mir entfernt. (Doch zu dem Zeitpunkt war es noch nicht dunkel.) Revierkämpfe. Wie naiv ich vom entspannten Tulum plapperte. Auch in diesem Ort geht die Seuche Droge um. Sie ist wie Hochwasser, sie gelangt in jede Ritze. Ein Blick ins Netz macht klar, dass sie sich hier schon lange gegenseitig liquidieren. Der Tote wurde ermordet und war ebenfalls ein Mörder. Heute nehme ich solche Nachrichten anders zur Kenntnis als noch vor zwei Monaten. Mein Ruf nach demokratischer Rechtsprechung ist leiser geworden, ich denke nur noch: Ach, ein killender Drecksack weniger, was soll's.

71

Schöne Tage im Hotel. Wenn ich mir mittags – vor dem Ansturm – mein Essen abhole, ist der Hotelstrand voller menschlicher Sardinen. Sardinen – eine neben der anderen –, hungrig nach mexikanischer Bräune.

Nur abends wird es anstrengend. Da bearbeitet ein Pianist seinen Flügel in der Halle, als wollte er das Teil in Trümmer legen. Und irgendwann kommt ihm eine Hip-Hop-Band zu Hilfe, und das ganze Haus vibriert, so begeistert sind sie bei der Sache. Mir fällt ein Zeitungsartikel ein, der vor ein paar Wochen darüber berichtete, dass Mexikaner Lärm als die größte Umweltbelastung empfinden. Er Depressionen, ja, Krebs auslösen könne. Hier wissen sie offensichtlich nichts davon, denn gut gelaunt schreien sie sich an. Ich vermute, sie unterhalten sich. Unergründliches Menschenherz.

72

Am vierten Morgen packe ich meinen zehn Kilo leichten Rucksack. Das Tagebuch ist up to date und mein Ausflug ins Reich der Verschwendung vorbei. Oscar Wilde meinte einmal: »Ich kann auf alles verzichten, nur nicht auf Luxus«, und ich meine: Ich kann alles ertragen, nur keinen Luxus. Nicht auf Dauer. Er schwächt mich, er macht faul, mich packt die Angst, dass ich mich gehen lasse.

Woher kommt dieses seltsame Gebaren, das ja durchaus nach (verhaltenem) Masochismus riecht? Gewiss von einem Vater, der sogar die Nahrung rationierte. Gewiss von der Zeit in einem Zenkloster in Kyoto. Ich habe mich damals in den Zustand der Leere verliebt: Der Meditationsraum war leer, die Zelle. Leer bis auf das absolut Notwendigste. Die Erfahrung, dass man mit Wenigem intensiv leben konnte, löste tiefe Befriedigung in mir aus. Und bereitete mich auf meinen Beruf vor. Ich hätte so manche Reise – die Afrikadurchquerungen, den Fußmarsch ohne Geld von Paris nach Berlin – nicht durchgestanden, wenn ich in verwöhnten Verhältnissen aufgewachsen wäre. Struktur und Disziplin und das klare Wissen darüber, was man unbedingt braucht und was einem unbedingt schadet, sind unerlässlich. Und Luxus – von kurzen Ausnahmen abgesehen – ranzt mich an. Ich träume davon, ein Samurai zu sein. Überall, auch in Mexiko.

Vor der Weiterreise noch ein Umweg über die »Ruinen von Tulum«, die Bruchstücke einer Ansiedlung der Maya. Ein paar Kilometer außerhalb der Stadt. Entstanden im 13. Jahrhundert und nicht vergleichbar, so kann man es nachlesen, mit der Grandiosität anderer berühmter archäologischer Stätten im Land. Aber sie liegt fantastisch, direkt über einem Kliff mit Blick auf das Karibische Meer. Von dort sahen sie 1518 die ersten Spanier heransegeln, jene Männer, von denen sie bald vergewaltigt, versklavt, zwangsgetauft und – wer sich dagegen wehrte – vernichtet werden sollten. Den Rest besorgten die eingeschleppten Krankheiten, gegen die das Immunsystem der Indigenen machtlos war.

Ich finde den Ceiba-Baum, den sie in Afrika oft zum »Palaverbaum« bestimmen. Wo sie sitzen und reden. Die Maya nannten ihn, da er so mächtig wächst, den »Weltenbaum«, als Verbindung zwischen Himmel und Erde.

73

Im Bus eine Stunde unterwegs bis nach Playa del Carmen. Jetzt heißt es, Nerven bewahren. Hier wird jedes Klischee bedient. Ich bin trotzdem da, weil mich ja immer die närrische Idee jagt, ich könnte überall etwas begreifen. Gewiss auch in Playa del Carmen, ebenfalls an der Riviera Maya gelegen.

Entlang der »quinta«, der langen Fußgängerzone mittendurch, verläuft der Touristenstrich. Die Verkäufer bellen ihre Sprüche Richtung Kundschaft: »Hey, amigo, what are you looking for?« und »hey, amigo, come on in« und »hey, ladies, this is the place to be« und »hey, you pay one beer and you get one for free«. Grundsätzlich auf Englisch, denn die meisten Fremden hier sind Amerikaner. Aus jedem dritten Shop kommt, ganz ungeniert: »Hey, you want smoke?« und »hey, buddy, you want to get high?« Im Hinterzimmer dürfe man probepaffen, probesniffen, »only then you pay!«

Dass die Dealer, die nebenbei als Geschäftsleute agieren (somit lässt sich gleich das schmutzige Geld waschen), so nonchalant ihrem kriminellen Business nachgehen können, heißt nichts anderes, als dass die lokale Polizei davon weiß, sprich, ihren Anteil kassiert.

Ich rate jedem, in kein Hinterzimmer zu gehen. Denn bisweilen steht plötzlich die Polizei da, per WhatsApp vom Ladenbesitzer gerufen. Um nun den naiven Kunden zu erpressen: einmal Pesos an den Ordnungshüter, einmal an den Verräter: um der Verhaftung zu entgehen. Drogenkauf ist Vertrauenssache, nie zugreifen, wenn man den Verkäufer nicht kennt. Aus zwei Gründen: Ist die Ware sauber, nicht gestreckt? (Nicht übermäßig gestreckt, denn »rein« ist sie nie.) Und ist der Mann zuverlässig, hält er den Mund? Und vielleicht drittens: Bis man dorthin gelangt, wurde man von manchen gesehen. Ganz schlecht, du hast jetzt ein Gesicht, man erinnert sich an dich.

Hinweise, damit potenzielle Käufer die gröbsten Fehler vermeiden. Auch Deutsche sitzen in mexikanischen Gefängnissen wegen Drogen. »Leichtsinn«, habe ich mir sagen lassen, sei der Hauptgrund. Junkies sind nicht immer im Vollbesitz ihrer mentalen Fähigkeiten.

Ich komme mit Alberto ins Gespräch, der mir vor einer Minute noch sein Heroin andrehen wollte. Er ist vollkommen unbesorgt, er redet mit mir, als würde er Luftballons verkaufen. Ich will wissen, ob ihn keine Bedenken stören, ob er je über die Konsequenzen seines Tuns nachdenkt. Die Frage ist natürlich eine Spur scheinheilig, denn ich selbst gehe zu Leuten wie ihm, um mich mit Stoff, wenn auch keinem Heroin, zu versorgen.

Seine Antwort ist eher typisch. Und naheliegend und einleuchtend. Er verweist auf den moralischen Niedergang seines Landes, auf die Verwahrlosung der Politiker. Er tue nur das, was sie alle tun, allerdings in einem viel geringeren Umfang. Alberto hat leichtes Spiel, denn hier, im Bundesstaat Quintana Roo, wütet hemmungslos Lug und Trug und das – von Staatsdienern befeuerte – organisierte Verbrechen. Letztes Beispiel: Vor ein paar Tagen wurde der Ex-Gobernador, Señor Roberto Borge, nach monatelanger Flucht in Panama verhaftet. Quintana Roo war sein Jagdgebiet, hier ließ man ihn unterschlagen, hinterziehen, korrumpieren und die Staatskasse mit »stratosphärischen Reisespesen« belasten.

Alberto ist 22, nicht sehr intelligent, aber schlau, er kapiert intuitiv. Er hat sich jene Ausrede ausgesucht, die ihm maßgeschneidert passt. »Ich muss überleben«, sagt er noch. Er sagt es trocken, ohne Drama.

Ich bin kein Junkie und ich will kein Junkie sein, doch ich verstehe jeden von ihnen. Wie könnte ich als junger Kerl erwachsen werden in einer Welt, die mich tausend Mal pro Tag mit Aufrufen zum Shoppen von Schwachsinn terrorisiert, in einem Leben mit einem Alltag, in dem nichts vibriert, der grausam leer ist, der mir nichts bietet, was mein Herz rüttelt, nichts, was mich mitreißt, in der ich wie alle anderen stundenlang via *social media* meine Zeit totschlage, mich nach fünfzig Seiten Facebook noch toter und vollgemüllter fühle als am Tag zuvor, ein Alltag, der keine Zukunft in Aussicht stellt, in der ich unbedingt dabei sein will, in dem ich beim Glotzen von Instagram minütlich mit den Idiotismen einschlägiger Bimbo-Celebritys in Atem gehalten werde, in dem ich den *Like*-Knopf drücke, nachdem ich Katy Perrys – hundert Millionen »followers« auf Twitter – letztes Katzenvideo gesehen habe? Aber ja, ich lasse mich täglich erniedrigen und weiß zugleich, dass ich nie dort ankomme, wo eine Ahnung von Würde und Respekt mein Leben begleitet, nie der Anflug von rasanten Gefühlen. Und ich bin ein mexikanischer 15-Jähriger und Bürger eines Staats, den ich jeden Tag verachte. Weil Monster uns regieren. Weil sie dafür sorgen, dass ein Menschenleben nicht zählt. Weil eine Mordlust umgeht, die keiner mehr aufhält. Will es da einer wagen, mich zu verurteilen, wenn ich irgendwann nach etwas greife, das mir hilft, dieses bodenlose Nichts auszuhalten, mir einen Rausch besorge, eine Seligkeit, die mich tröstet, mich die Scheiße vergessen lässt, die mich jeden Tag heimsucht?

74

Ach, der Tourismus. Hier auf der »Quinta« kann man ihn studieren. Einer turnt als Batman herum. Zwei Colt schwingende Gauchos spielen Feinde. Einer tritt als Mayakrieger auf. Eine hält eine Angelschnur hoch, an der Handyhüllen hängen. Kinder verkaufen Zigaretten, Señoritas bieten »masajes« an, ein Alter balanciert einen Affen auf seinen Armen, José wandert mit seiner Gitarre durch die Restaurants, auf der Suche nach jemandem, der ihm 50 Pesos zahlt für einen Song, einer imitiert einen Kubaner und rollt unter freiem Himmel Havannas.

Wie Raubtiere fauchen Popsongs aus allen Ecken. Ein Gedröhn dröhnt das nächste zu. Eine Million Sombreros und fünf Millionen Selfiesticks kann man kaufen. Und Geschenke für tausend Mal Weihnachten. Die Geldautomaten werfen auf Wunsch Dollar aus. Zara und H&M und Tommy Hilfiger und Swarovski und Victoria's Secret haben längst ihre Tempel hochgezogen. Heerscharen von Touristen latschen rauf und runter, so mancher mit nacktem Oberkörper, einer gar in Badehose. Die »Policía Turística« bewegt sich auffällig mit, bisweilen inspiziert sie die Rucksäcke von »Verdächtigen«, sprich, von Indigenen. Das also sind die schönsten Wochen des Jahres.

Einmal wird es lustig: Ein Gringo reißt in einem Keramikladen wegen zu starker Leibesfülle ein Regal mit fünfzig Kilo Schalen und Schälchen um. Es kracht, und der Pechvogel zeigt Haltung. Er sucht nach keiner Ausrede, sagt sogleich, dass er für den Schaden verantwortlich ist und dafür aufkommen wird. Hut ab!

Ein kleiner Mann geht genau in der Mitte der »quinta«. Als ich ihn von hinten zum ersten Mal sehe, denke ich, hier wackelt ein Roboter, ein Werbegag. Nein, es ist ein Mensch, dem – abgesehen von fünf Zentimeter langen Stümpfen – beide Beine fehlen. Mit winzigen Krücken schwingt er sich vorwärts. Ich begleite ihn, taktvoll. Das Faszinierendste ist sein Gesicht, denn vollkommen unbeeindruckt von seinem Schicksal schaut er nach oben, Richtung große Frauen und große Männer. Und schüttelt seinen Becher mit den Münzen. Zeige deine Wunde. Und er zeigt sie. Einmal folge ich seinem ausgestreckten Arm, der rein zufällig auf das bunte Werbeplakat vor der Fassade eines bezugsfertigen First-Class-Appartementhauses deutet. Die Sprechblase des Fotomodells sagt: »Comfort has an new name.« Irgendwann spreche ich den Zwerg an. Die zwei Gliedmaßen hat Ruben bereits als Kind verloren, eine Blutvergiftung. Ich frage ihn, wie er damit umgeht. Er versteht die Frage zuerst nicht, dann: Nein, er hadert nicht. Früher nicht, heute nicht. Hier in Carmen geht es ihm gut, die Leute geben, er muss nicht hungern. Was er so im Durchschnitt pro Tag bekomme? Ich vergleiche schnell die genannte Summe mit dem Preis für eine lokale, luxuriöse Drei-Zimmer-Wohnung. Okay, das wären circa 45 Jahre, die er die »Fifth Avenue« auf und ab wandern müsste, um den nötigen Kaufpreis zu sparen. Er lacht, als ich ihm das Ergebnis erzähle. Ruben ist beinlos und lacht. Das ist eine unglaubliche Leistung.

75

Ja, ich beichte: Am nächsten Morgen sitze ich im Bus nach Cancún, nur 70 Kilometer von Playa del Carmen entfernt. Man muss das Ungeheuer gesehen haben. Hier gab es einmal eine schöne Welt, mit Wäldern und endlosem Meer. Bis Acapulco – auf der anderen Seite Mexikos, am Pazifik gelegen – überlief und die Mexikaner überlegten, wohin mit den Millionen amerikanischer Touristen. Und sie sich für die Südspitze Yucatans entschieden und am 20. April

1970 begannen, das Paradies zu vernichten. Um ein »Urlaubsparadies« zu errichten. Das ist gelungen.

Ich steige im Zentrum ab, finde eine fast leere Pension. Die mächtigen Hotelgebirge liegen weit weg, am Strand. Ich gehe spazieren, entlang der Hauptstraße, der Avenida Tulum. Gestern Nacht hat hier eine Verfolgungsjagd zwischen Polizei und dem, laut Presse, »organisierten Verbrechen« stattgefunden. Wer genau hinsieht, entdeckt noch Blutflecken und Bremsspuren.

Ein kurzer Überblick, stark vereinfacht: Seit Januar 2017 – fünf Leichen in einer Diskothek – kämpfen nun im ganz großen Stil zwei Drogenbanden – das *Cartel Jalisco Nueva Generación* und das *Cartel de Sinaloa* – um »la plaza«, um den Platz Cancún: Wem gehört der gigantische Markt mit den gigantischen Menschenmassen, die hier jährlich vorbeikommen? Natürlich sind die Touristen nicht das Ziel der tödlichen Abrechnungen (»Zufallstote«, die gewiss), sondern stets die umworbenen Kunden, die die Droge kaufen sollen. Die Gringos gelten als hilfsbereite Opfer, denn in den USA gibt es neue Rekordzahlen noch lebender und schon toter Abhängiger. Ihre Lieferanten – hüben und drüben der Grenze: die Kartelle.

Die Syndikate haben aber noch einen weiteren Grund, mit Feuer und Schwert in Cancún einzuziehen: Chaos organisieren! Das heißt, den Rest des Staats, für den ja auch Frauen und Männer arbeiten, die an Demokratie und Zivilisation glauben, auszuschalten, genauer, auszulöschen. Wollte der IS seinen Allah als mordlüsternen Chef installieren, so soll in Mexiko eine andere Todesangst herrschen: »la heroína«.

76

Ein denkwürdiger Tag, ich will mich nicht beklagen. Der Spaziergang wird ungemütlich, denn jäh – von null auf (kleiner) Weltuntergang – verdunkelt sich der Himmel, und Regen fällt auf die Erde. In rekordverdächtigen Ausmaßen. Als ich das Vordach einer fünfzig Meter entfernten Volkswagenvertretung erreiche, ist es schon zu spät. Wie aus dem Wasser gezogen stehe ich da und schaue zu. Coole Mexikaner, der Verkehr stoppt nicht. An einer Stelle, an der die Straße leicht absinkt, reichen die Fluten bereits bis zum Führerhaus. Der Übergang von Sonnenschein zu düster-finsterer Welt war nicht nachvollziehbar. Es krachte, und plötzlich war alles anders. Da ich aus Erfahrung weiß, dass solche Tropenstürme meist nicht nach zehn Minuten aufhören, zudem das lausige Dach keineswegs schützt und der Sturmwind von drei Seiten das Regenwasser durchpeitscht, presche ich auf einen Stadtbus zu, der im Stau steht, und schlage mit beiden Fäusten gegen die Tür, denke noch, das wäre eine Filmszene: Ein Mensch sucht verzweifelt Unterschlupf und – der Schweinehund von Fahrer öffnet nicht. Ich presse meinen Wasserkopf an das Fenster, ich schreie, ich poche, ich zeige auf meinen Zustand, no way, er will nicht, er macht nicht auf, er fährt weiter. Ich stürze auf einen nächsten Bus zu, doch dort sitzt ein zweiter Schweinehund. Vor was haben sie Angst? Dass ich ihre verbeulte Karre verunreinige? Dass ich als Straßenräuber unterwegs bin? Dass ich der berüchtigte Schwarzfahrer aus dem Ausland bin? Ich renne zurück, inzwischen sind zwei junge Männer unter das Vordach geflüchtet. Auch Wasserheilige, Studenten, die hilflos versuchen, ihre Ledertaschen vor dem Desaster zu schützen. Wir machen einen Plan und preschen los, als ein leeres Taxi näherkommt, stellen uns gemeinsam in den Weg, das funktioniert, denn die Wassermassen zwingen zum Langsamfahren. Und tatsächlich, hier stoppt einer mit Mitgefühl und lässt uns rein, zu dritt, in den Fond. Während ich spüre, wie sich unter meinem Hintern ein riesiger Fleck auf dem Sitz ausbreitet, fällt mir ein Spruch ein, ein kindlicher Spruch, den mir vor Jahren jemand in Afrika schenkte: »Für jeden, der dir wehtut, gibt es einen, der dir hilft.« Ob das so stimmt, eins zu eins, ich weiß nicht, aber auf jeden Fall lande ich eine Stunde später in meinem Hotel und hänge meine triefenden Sachen zum Trocknen auf.

Abends beruhigt sich die Welt, und nachts sieht man bisweilen den Mond durch die Wolken. Ich gehe hinunter zum Pool. Schwimmen, umgeben von romantischen Lichtquellen, ist ein Akt, der heilt. Körper und Seele. Bis auf eine Frau, die ihre Bahnen zieht, bin ich der einzige Gast. Die Anlage ist eher klein, sodass es unvermeidbar ist, dass wir irgendwann ins Gespräch kommen. Reisende, vermute ich, kommunizieren leichter. Da sie oft allein sind, überwinden sie schneller ihre Scheu.

Ich eile noch in einen nahen OXXO-Laden, um uns Kaffee zu holen. Wir planschen ein bisschen, dann lehnen wir uns über den Rand des Bassins, die Becher vor uns. Die Temperatur des Wassers ist fast badewannenwarm, die Erde gerade unfassbar still und der Himmel wieder versöhnt mit uns Menschlein. Und Zelda erzählt.

Strange story. Man lernt nicht aus, tatsächlich nicht. Die 37-Jährige (sie hat es ungefragt erwähnt) ist eine attraktive Frau, ihr Bikini sitzt, nie käme man auf die Idee, dass sie etwas zu kaschieren hätte. Ich erwähne ihre »äußeren Werte«, denn ihre Geschichte hat damit zu tun. Beinahe ausschließlich.

Die Mexikanerin lebt in den USA und befindet sich, so nennt sie es, »auf der Flucht«. Vor sich. Die Dolmetscherin hatte vor knapp zwei Jahren einen brachialen Autounfall. Zu hohe Geschwindigkeit, glatte Fahrbahn, Regen, schlechte Sicht, ihr Wagen bricht aus, überschlägt sich mehrmals, knallt – bergab gegen Steinbrocken und Bäume – und Zelda, rauchend und nicht angeschnallt, schleudert ins Freie.

Als sie aus dem Koma aufwacht, sind ein paar Wochen vergangen. Sie liegt in einem Krankenhaus in Monterrey, ihr Körper wurde dorthin als Trümmerfeld eingeliefert, Schädeltrauma, hundert kaputte Knochen, ein schmaler Riss im Herz (!), Beckenbruch, Schnittwunden, der Mensch als Wrack.

Zelda meint, dass sie Glück hatte: An der Unfallstelle fanden die Rettungskräfte ihre Papiere, auch die Police ihrer Erste-Klasse-Krankenversicherung. Das ist wichtig in Mexiko, denn Gruselgeschichten zirkulieren in diesem Land, in dem arme Schlucker besser nicht halb tot am Straßenrand liegen bleiben.

Neun Monate verbringt sie in ihrem Einzelzimmer, inklusive eines Dutzends Operationen, Physiotherapie und Psychotherapie. Dann kann sie wieder gehen, wieder denken, wieder am Leben teilnehmen. Ihr Leib ist gut aussehend wie zuvor, abgesehen von drei Narben, eher unscheinbar und versteckt.

Leben kann sie – und kann es nicht. Da die Flurschäden in ihrer Seele – die Nachwirkungen des Crashs – weiterschwelen: sie verliere leicht die Nerven, überall lauerten Probleme, sie wäre oft »caprichosa«, *launisch, schwankend*, ohne Geduld für sich und andere. Eine Charaktereigenschaft, die sie vorher nicht kannte. Ihr fehle die Kraft zum Durchhalten, bereits der Gedanke an den Stress einer Simultanübersetzung lässt sie in Schweiß ausbrechen. Und, ungeheuer überraschend: Sie findet sich nicht mehr schön, ihre »belleza« sei bei dem Unfall verschwunden, sie fühle sich alt und verbraucht. Das sei das schlimmste Unglück.

Möglicherweise verstehe ich, was sie sagt. Weil ich als junger Mensch Zeiten lebte, in denen die Psyche alles an mir in den Dreck zog. Wo nichts blieb an mir, nicht außen und nicht innen, das dem Auge des (eigenen) Scharfrichters entging. Millionen kennen dieses Phänomen, und jeder hat seine Geschichte, die ihn in diesen Abgrund führte. Wer Glück hat (ich hatte es), der klettert wieder heraus. Weil er Frauen und Männer traf, die ihm dabei halfen. Weil ihn ein unbedingter Wille trieb.

Natürlich kann ich Zelda nicht heilen. Doch ich kann ihr sanft Mut machen, meinen rechten Arm um ihre Schultern legen und ihre leisen Tränen hören. Und spüren auf meiner Haut.

Das wird eine schöne Mitternacht in Mexiko: eine fremde Frau umarmen und sie behutsam wiegen und die sachten Wellen fühlen und zwischendurch hinauf in den jetzt lichterhellen Himmel schauen. Und Freude empfinden. Das klingt eine Spur bizarr. Aber so war es.

77

Frühstück, heute verbiete ich mir, die Zeitungsseiten zu lesen, die mit Blut geschrieben sind. Lieber die Sektion »gente«, *Leute*, überfliegen. Wie beschaulich, denn das mexikanische Volk und ich werden an diesem Morgen darüber informiert, dass eine hiesige Cancún-Celebrity, bekannt als lokalberühmte »pava« (wörtlich *Truthenne*), einen stadtbekannten Celebrity-Schafskopf geheiratet hat. Voller Nachsicht schaut man auf zwei hübsche Mondgesichter. Keine Kalaschnikow zu sehen, nirgends Fleischfetzen, kein Rachegebrüll, nein, nur Bilder einer heilen Welt, eingerahmt von hilflos dämlichen Sätzen von wegen ewiges Glück auf Erden und von wegen Herrgott, El Señor, der dieses Glück besiegelt hat. Die Abwesenheit von Hirn muss nicht immer eine Strafe sein, es kann sich als bezauberndes Geschenk erweisen: Es erspart täglich die Mühsal des Denkens.

Mit dem Bus »Downtown – Hoteles« runter den Bulevar

Kukulcán, der entlang der Lagune verläuft. 25 Kilometer lang. Das Fahrzeug füllt sich, meist mit Amerikanern, denn hier ist Gringoland. Viele zahlen mit Dollar, und so mancher beehrt uns – in einem öffentlichen Verkehrsmittel – mit seinem nackten Oberkörper. Das, glaube ich, nennt man die Demokratisierung des Reisens. Ich atme still und konzentriert.

»Die Schönheit liegt im Auge des Betrachters«, möglicherweise wurde der Satz von jenen erfunden, die damit ihren gräulichen Geschmack rechtfertigen wollen. Auf schwitzende Fettschürzen, hautnah, muss man wohl mit endloser Liebe blicken, um ihre tief verborgene Anmut zu entdecken.

Ich steige am Playa Delfines aus, auf einem Schild steht: »Respektiere diesen Platz, er ist für Ältere und Behinderte reserviert. Eines Tages wirst auch du ihn nötig haben.« Raffiniert formuliert.

Die modernen Zeiten überraschen immer wieder. Auf der einen Seite ist alles wie über die Jahrzehnte gewohnt: Frauen und Männer, die sich – wie auf dem Rücken liegende Leichen – bewegungslos einer 39-Grad-Sonne opfern. Sie sind scharf auf sportliche Bräune und Hautkrebs. Sogar schwarze Menschen liegen da und schmoren. Welch sonderbares Tun: komabräunen in der Mittagsglut eines karibischen Himmels.

Jetzt wird es moderner: Ein paar heben den Oberkörper und machen ein Selfie. Die noch Abenteuerlustigeren gehen fünf Schritte ins Meer und knipsen sich dort. Die *friends* sollen wissen, wie nervenzerfetzend sie ihr Leben gerade verbringen.

Nun der Gipfel der Modernität, und ich kann nicht sagen, ob ein anderes Land zurzeit diesen Service bietet: Hinter den Sonnenanbetern stehen – hochgerüstet mit Helm und Schusswaffen und kugelsicherer Weste – Marinesoldaten. Und wachen. Um die Kartelle daran zu hindern, hier wild um sich ballernd ein Blutbad anzurichten.

Noch ein Detail. Es gibt – entlang des hellen, makellosen Sands – Massage-Liegen, mit weißen Planen überdacht. Auf jeder liegt der abgetrennte Kopf einer Plastikpuppe. Ich frage, was das bedeutet, und erfahre, dass das makabre Accessoire Trainingszwecken dient: damit die Lehrlinge lernen, wie man Schädel und Gesicht massiert. Eindeutig, Mexikaner haben ein Faible für lose Schädel.

Des Menschen Wille ist sein Himmelreich. Auch auf diesem Strand, auf dem keine Freaks herumlaufen, keine Spinner, keine Feuerschlucker, keine Jongleure, nichts, was ablenken könnte von einer gnadenlosen Sonne. Nur ein paar Schatzsucher fahnden mit ihren Sonden nach dem Klingelgeld der Urlauber und den Silbermünzen versunkener Galeonen.

Wer zurück zum Bulevar Kukulcán will, muss durch eines der Hotels marschieren, da die Phalanx der Betonbunker fast geschlossen ist, sprich, ein Bunker direkt an den anderen anschließt. Manche von ihnen sind bullig und mächtig genug, um eine Pyramide unterzustellen. Ich schleiche ins Hotel Emporio, was natürlich aus Sicherheitsgründen verboten ist, denn ich bin kein Gast hier, bin ohne Badge.

Man durchschreitet die erste Hausfront, dann kommt ein Pool, dann wieder ein Stockwerkgebirge, dann verlaufe ich mich erneut. Irgendwann werde ich erwischt, und ich muss alles herzeigen, mich überall anfassen lassen und tausend Wörter lang von meiner Harmlosigkeit singen, bis sie mich gnädigerweise zum Ausgang begleiten und entlassen. Umständliche Welt.

Ich gehe ein Stück entlang der Hauptstraße, betrete einen Laden, will eine Cola und einen Sandwich kaufen. Ich merke, wie mir zwei Sicherheitsagenten mit Pumpguns in der Hand diskret hinter jedes Regal folgen. Sie tragen dafür Sorge, dass niemand unbezahlt etwas einsteckt. Verdächtige Welt.

Weiter, jemand reicht mir ein Faltblatt, »Pleasure Principle« ist darauf zu lesen. Zum Vergnügen bereite Mädels gäbe es hier um die Ecke. Für 250 (!) Dollar die ersten dreißig Minuten. Beneidenswerte Männer, die bei solchen Temperaturen zu sexuellen Handlungen fähig sind. Erstaunliche Welt.

78

Zurück mit dem Bus ins Stadtzentrum. Sonnennass. (An anderen Tagen regennass.) Ich bin müde wie der Tod, doch das leichte Schaukeln macht frohgemut. Ich versinke und wache auf, ununterbrochen, eine Stunde lang. Bin zu schwach, um das Einschlafen zu verhindern, und zu schwach, das Aufwachen zu stoppen. Es schüttelt mich willenlos, und nichts in mir will widerstehen.

Zum Parque de las Palapas, *dem Platz der Holzhütten*, mit ein paar Buden, wo man etwas zum Essen kaufen kann. Weit weg vom Trubel, nur Einheimische kommen hier vorbei. Fünfjährige düsen mit kleinen, batteriebetriebenen Autos herum, und da, wo bunt angestrichene Betonsockel als Sitzgelegenheiten dienen und Tische stehen, hat Amando, der Lokal-Troubadour, seinen Playback-Lautsprecher aufgestellt und wispert in die untergehende Sonne: »Te amo más que a mi vida«, *ich liebe dich mehr als mein Leben*, und er singt es so hinreißend, dass wir Zuhörer gar nicht anders können, als ihm zu glauben. Der Platz ist hässlich, doch nun ist es schön. Das Ungute verschwindet in der Dämmerung, und Amandos Stimme zieht wie eine Brise über uns hinweg. Man muss die Mexikaner dafür lieben, für diese unglaubliche Begabung, mit nichts, okay, mit fast nichts, Glücksluft zu zaubern.

Es wird noch besser. Ich lasse mir die Schuhe putzen, und während ich mit Tabor plaudere, geht ein älteres Paar an uns vorbei. Sie sind elegant gekleidet, jeder umfasst den anderen an der Hüfte, und er flüstert etwas in ihr Ohr. Sie nickt und lächelt. Sie gehen weiter, beschwingt, redend und wundersam mit sich einverstanden. Sie wirken ungemein vertraut. Mir fällt ein Gedicht von Eugenio Montale ein, dem italienischen Nobelpreisträger, ein Gedicht, das ich seit Langem kenne und zu dem ich – endlich, in diesem Augenblick – die Frau und den Mann sehe, die genau dazu passen, jene eben, die der Dichter gemeint haben könnte:

Mit dir am Arm bin ich wohl eine Million Treppen
hinuntergestiegen,
nicht, dass man mit vier Augen
etwa mehr sieht.
Ich bin mit dir hinuntergestiegen, weil ich wusste,
dass von uns beiden nur du das wahre, wenn auch sehr
verschleierte Augenlicht hattest.

79

Spätnachts kommt eine Sendung auf dem »National Geographic«-Kanal. Ein Auftragsmörder für das *Cartel de Sinaloa* spricht sich aus: »Früher habe ich für die Armee getötet, heute tue ich es für das Kartell. Nein, ich empfinde keine Schuld, denn die Toten leiden ja nicht mehr, aber wir, die Überlebenden, wir leiden.«

Der Mann weiß Bescheid, er berichtet detailliert, wie Drogen – zum Beispiel Crystal Meth – in die USA gelangen: Er, der Killer, bringt den Stoff diskret in ein »casa de seguridad«, ein *Sicherheitshaus*, meist auf dem Land, das für jede Drogenmafia verschiedene Funktionen erfüllt. Gefangene werden dort gefoltert (besonders beliebt: jemanden in eine Decke wickeln, mit Benzin tränken, anzünden, brennen lassen, dann die Decke samt Haut herunterreißen, dann Alkohol draufschütten), Ware wird hier zwischengelagert, Geld gebunkert, Verletzte – eigene Leute – untergebracht und medizinisch behandelt, gesuchte Verbrecher versteckt. Diese *safe houses* gibt es zu Tausenden, von außen nicht erkennbar, nichts deutet auf das Grauen hin.

Zurück zur Geschichte. Der *hitman* liefert ab, dann übernimmt ein »mulo«, ein *Maultier*, oft ein Amerikaner (oder eine Amerikanerin) den Weitertransport des wertvollen Guts: irgendwo in den Tiefen des Autos verborgen. Da an der Grenze in Tijuana, rüber nach Kalifornien (oder in Ciudad Juárez, rüber zu Texas), stets nur Stichproben stattfinden (und/oder korrupte US-Beamte das vorher anvisierte Auto durchwinken), ist die Erfolgsquote beachtlich. Noch am selben Tag übergibt der Kurier – jetzt in den Staaten – den Stoff an den zuständigen Großhändler. Der die »Kristalle« nun in kleine Tütchen verteilt und seine »runners« losschickt, um die Junkies in der Umgebung zu versorgen. Alle, die am *big deal* – auf welche Weise auch immer – beteiligt sind, werden brachial eingeschüchtert. Damit keiner je auf die Idee käme, den Kreis der Hölle zu verlassen. Als besonders beliebt gilt, jemanden – am besten einen unbeteiligten Freund – vor den Augen eines »Mitarbeiters« zu köpfen: vor jenem, der versucht hatte, auszubrechen oder auf eigene Rechnung zu kassieren.

Am Ende des Berichts fällt mir Mohammed Emwazi, alias »Jihadi John«, ein, ein arabischer Brite, der sich als einer der »Schlächter des IS« einen Namen gemacht hatte. Weltberühmt wurde der damals 26-Jährige, als man ihn auf einem Youtube-Video – hochgeladen am 19. August 2014 – hinter dem (knienden) US-Journalisten James Foley stehen sah: den Dolch in der Linken und fest entschlossen, Foley den Kopf abzuschneiden. Was dann geschah. Bis zu diesem Datum und seit diesem Augusttag wurden Hunderte von Mexikanern enthauptet. Nicht dass die Welt groß Anteil daran genommen hätte, vielleicht mal ein Fünfzeiler in einer ausländischen Zeitung. Ich vermute, dass die meisten in Europa noch nie etwas von dieser Praxis auf dem fernen

Kontinent gehört haben. Man sieht, ein paar Köpfe schaffen es auf Seite Eins zur Primetime weltweiter Fernsehanstalten, und andere, viele andere, rollen still und unbemerkt in die Nacht.

Dazu passt ein Link, den ich vor Tagen von einem Freund bekam, der wusste, dass ich hier unterwegs bin. Es ging um den Blog einer deutschen Familie, die durch Mexiko reiste. Aber ja, flott geschrieben, nicht auftrumpfend, sogar mit Humor. Und radikal desinteressiert an dem, was in diesem Land – hinter den Sonnenuntergängen, hinter den hübschen Fassaden, hinter der beschwingten Musik, hinter der guten Laune, hinter den buntfarbenen Märkten, hinter den knalligen Festen – passiert. Das Wort »Gewalt« kommt einmal in den neun Beiträgen vor, doch, doch, man habe davon gehört, aber das sei durchaus typisch für die Wahrnehmung Mexikos im Ausland, so anders verglichen mit der tatsächlichen Realität! Drogen? Auch nur ein einziges Mal erwähnt, in Form einer Warnung des amerikanischen Außenministeriums. Schwer eselig das folgende Statement: »Die Horrorgeschichten über die Kriminalität und angebliche Gefährlichkeit Mexikos kommen mir mehr und mehr wie ein geschmackloser Witz vor, je länger wir dieses freundliche, unkomplizierte Land bereisen.« Das grenzt an Realsatire, ja, die Zeilen klingen gar nach moralischer Entrüstung, weisen sie doch – wohl der seligen Blindheit des Gutmenschen verpflichtet – jene zurecht, die wagen, genauer hinzusehen. Ach ja, für die 60 Millionen, etwa die Hälfte der Bevölkerung, die unter der Armutsgrenze lebt, fällt immerhin ein magersüchtiges Sätzlein ab. Mehr Zeit ist nicht. Gaudi hat grundsätzlich Vorfahrt.

Geradezu unheimlich: Man versteht ein Land als Solarium, als Vergnügungsstätte, als Aufenthaltsort berühmter uralter Steine, als geografischen Punkt, der nur dem Zweck dient, den Fremden zu bespaßen, traumhaftes Wetter und blitzende Strände zu organisieren, herrliche Speisen aufzutischen, putzige Buckelwale vorzuführen und leutselig zu sein. Mexikaner – abgesehen von emsigen Dienstleistern – kommen übrigens nicht vor in den Texten, nicht einer, nicht ihre Gedanken, nicht ihre Geheimnisse, nicht ihre Sehnsüchte. Man braust hindurch und amüsiert sich. Nicht hochmütig, gar nicht, nur bravourös anästhesiert gegen jeden Schatten, jeden Schmerz. Alle lieben Mexiko. Aber nur die Wohlfühlausgabe, die hochglanzgestylt in den Broschüren der Tourismusbüros ausliegt.

Das erinnert mich – ich übertreibe, und der Vergleich steht schief und ist dennoch einleuchtend – an Berichte gut gelaunter Ausländer, die kurz vor oder kurz nach den Olympischen Spiele 1936 in Berlin durch Deutschland reisten. Nicht wenige überschlugen sich vor Enthusiasmus und Entzücken. Nicht als hochgestimmte Faschisten, die endlich in ihrer geistigen Heimat angekommen waren. Nein, eher als Frauen und Männer, die sich weigerten, die andere Wirklichkeit, die einer fauchenden Nazibande, wahrzunehmen. Klar, dazu hätte man in Hinterhöfe schleichen und Leuten zuhören müssen, die hinter vorgehaltener Hand vom Leben vor Ort erzählen, hätte sorgfältig die Zeitungen durchblättern müssen und hätte irgendwann »the story behind the story« erspürt, hätte es ausgehalten, dass die Realität komplexer ist, als man sie als wahrnehmungsresistenter Tourist wahrhaben will.

Genug der Schelte. Natürlich ist Mexiko nicht mit Hitlers Wahn vergleichbar. Doch bisweilen hilft eine drastische Metapher, um sich deutlich auszudrücken. Reisen soll helfen, »to make you see«, *dich lehren zu sehen*. Um ein Wort von Joseph Conrad zu zitieren. Auch die finsteren Ecken, auch da, wo der Blick das Herz aufschneidet und schwer verunsichert, ja, den Lebensmut anfranst, weil man die Welt mit Zeitgenossen teilen muss, die einem das Fürchten und Heulen beibringen.

Zum Abschluss noch eine muntere Anekdote. Sie erzählt

uns, wie man sensationell blind und schwerhörig leben kann und trotzdem von keiner Depression über die eigene Ignoranz bedrückt wird. Ich habe einen indischen Freund in Paris, der als Übersetzer von hochtechnischen Sachbüchern seinen Unterhalt verdient. Eines Nachmittags kam die (irische) Nanny seiner zwei Kinder vom Einkaufen zurück, und Harish meinte zu ihr: »Hast du es schon gehört, Mitterrand ist tot.« Und Holly, seit sieben Jahren in Frankreich: »Mitterrand who?«

80

Auf nach San Cristobál. Am Bahnhof stehen an einer Mauer Verhaltensregeln geschrieben, eine davon empfiehlt, die Familie darüber zu verständigen, wann und wohin man fährt, wann man voraussichtlich ankommt. Als Sicherheitsmaßnahme. Damit die Polizei gleich weiß, wo sie zu suchen anfangen soll, wenn einer abhandenkommt.

Guter Platz, nicht voll, eine Frau sitzt in meiner Nähe, und ihr wachsames Gesicht fällt auf. In der Zeitung lese ich, dass Señor Bergoglio, der hauptberuflich als Stellvertreter des (katholischen) Herrgotts unterwegs ist, alle Schwestern und Brüder bittet, »nie das stille Wirken der Heiligen zu vergessen«. Ich sehe sofort *Santo Antonio* vor mir, wie er von seiner zwanzig Milliarden Lichtjahre entlegenen Wolke aus ins Weltall blickt und gerade der 92-jährigen Señora Emiliana, irgendwo in der argentinischen Pampa, beim Finden ihres wieder einmal verlegten Gebisses hilft. Außerdem hat der Herr Papst erfahren, dass die vielen Toten beim Brand des Grenfell Towers in London »in die Barmherzigkeit des Herrn aufgenommen wurden«. Warum der Allbarmherzige die 72 so jämmerlich hat verglühen lassen, steht leider nicht da. Wie sagte es René Descartes, der französische Mathematiker und Philosoph: »Nichts auf der Welt ist so gerecht verteilt wie der Verstand. Jeder glaubt, genug davon zu haben.«

Fünf Zentimeter von der geweissagten himmlischen Güte entfernt, sieht man das Foto einer Leiche, tot auf einem Abfallhaufen liegend. Der Mensch als Müll. Mit ruhiger Hand entsorgt.

Kurz nach 7 Uhr früh beschließt der Fahrer, dass acht Stunden – durchzogen von Blutfontänen und Szenarien endlosen Hasses – genügen, und legt einen Film ein, eine Doku, die uns etwas von Größe erzählt, vom menschlichen Verlangen nach Herzlichkeit, nach spielerischer Harmonie.

Kein Menschenvernichter, kein hirnloses Mondkalb wird vorgestellt, nein, ein Mann namens César Millan ist der Held der Sendung. Ein Mexikaner, der eine glückliche, aber aussichtslose Kindheit auf einem Bauernhof verbrachte. Da er intuitiv klug mit Tieren umging, insbesondere mit Hunden, wurde er »perrero«, *Hundefänger*, genannt. Doch im durchaus positiven Sinne des Worts: einer, der sich um streunende Vierbeiner kümmerte und sie aufpäppelte.

Mit 21 überschreitet er, mittellos und sprachlos, heimlich die Grenze nach Amerika, lernt Englisch, schlägt sich durch, wird Chauffeur, jobbt in einem Schönheitssalon für reiche Hunde, macht die außerordentliche Begabung zu seinem Beruf: Er gründet Hunde-Akademien (!), Psychologie-Zentren (!) für sie, konzentriert sich vor allem auf wütende, aggressive Hunde, die einst – so ähnlich läuft es auch bei den Zweibeinern ab – verbal und handfest gequält worden waren.

Der Ruhm steigt, er schreibt Bestseller, er tourt, er bekommt eine Fernsehserie, die den sinnigen Namen »The Dog Whisperer« trägt und in über achtzig Ländern ausgestrahlt wird. Es gibt Rückschläge, seine langjährige Ehe zerbricht, sein Lieblingshund Daddy stirbt, César unternimmt einen Selbstmordversuch. Böse Zungen behaupten, nicht der Tod seines Lieblings habe ihn dazu getrieben, sondern die obszönen Unterhaltsforderungen seiner Ex. Wie auch immer, Millan erholt sich. Seine Methoden sind umstritten, er ist streng, ist gegen jede Art von Verzärtelung, besteht darauf, dass das Herrchen die Rolle des Herrn in der Beziehung einnimmt, ja, dass der »Besitzer« gegenüber seinem Tier innere Stärke und Ausgeglichenheit zeigt. Das schaffe tiefes Vertrauen zwischen beiden.

Ich bin kein Experte, ich sehe nur einen Mann auf dem Bildschirm mit beschwingender Ausstrahlung, einen heiteren Zauberer, einen, der es sich zur Aufgabe gemacht hat, den Anteil an Wärme auf Erden zu erhöhen. Und ich sehe um ihn herum ehemalige Straßenköter, die vor Glück platzen. Das will etwas heißen: Auf einer Reise durch das Land wird klar, dass neben vielen armen mexikanischen Menschen viele arme mexikanische Köter durch die Straßen ziehen.

Aber gewiss, der knapp 50-Jährige hat ein Ego – »siempre quise ser alguien«, *stets wollte ich jemand sein.* Gut so, denn ohne Ego funktioniert gar nichts. Auch keine Liebe zu Hunden.

81

Chiapas, ganz im Süden Mexikos, sieht gut aus. Es wird hügelig, saftig, vorbei an Seen, Regendunst hängt über den Wassern. Nur leise Stimmen sind jetzt im Bus zu hören, so mancher wirkt müde von der lauten Nacht. Laura, die Neugierige, und ich plaudern. Sie ist mit ihrer Gitarre unterwegs, klimpert sich durch die Welt, war gerade fünf Monate auf Mallorca. Nun will sie zurück in ihre Heimat. Die kleine Tochter wartet, der Mann nicht, der ist längst davon. Auch in Mexiko scheint Nähe auf Dauer eine komplizierte Angelegenheit zu sein. Ich frage nach, und sie sagt trocken: »aburrimiento«, *Langeweile*, das täglich Fade, sei wohl der Hauptgrund der Trennung gewesen.

Nachmittags kommen wir an, nicht in der zuständigen Hauptstadt des Bundesstaats Chiapas, nicht in der größten

Stadt, aber in der romantischsten und ältesten, die seit fast 500 Jahren hier steht: San Cristóbal de las Casas, die Nachsilbe zu Ehren eines Priesters und Schriftstellers (wahrscheinlich 1484 in Sevilla geboren), ja, zur Glorie von Bartholomé de las Casas, dessen außergewöhnliche Menschenliebe hier unbedingt erwähnt werden muss. Denn sie unterschied sich so himmelschreiend von den Übeltaten, für die seine – vom Missionierungswahn getriebenen – Glaubensbrüder mitverantwortlich waren. Millionen Indigene fielen der spanischen Konquista zum Opfer: ermordet, versklavt, durch Arbeit zu Tode geschunden, hingerafft von fremden Viren.

Eine Szene von so vielen soll reichen, um die damals üblichen Bestialitäten zu illustrieren. Sie stammt aus Las Casas' grundlegendem Werk, »Historia general de las Indias«. Der Vorfall ereignete sich 1512 in Kuba, die Eroberer hatten Hatuey, den Chef der aufständischen Taíno, gefangen genommen. Aufständisch im Sinne von Widerstand gegen die eigene Auslöschung. Hatuey sollte brennen, bei lebendigem Leib. Vor der Hinrichtung versuchte ein Franziskaner, ihn zur Konversion zum Christentum zu überreden. Damit, so die wahnwitzige Begründung, der Geröstete hinterher ins Himmelreich führe. Las Casas nun wörtlich: »Hatuey dachte ein wenig nach und fragte dann, ob Christen auch in den Himmel kämen. Der Mönch sagte: ja, wenn es gute Christen sind. Darauf erwiderte der Kazike (Anführer) ohne weiteres Nachdenken, dann wolle er nicht in den Himmel, sondern in die Hölle, nur um derartige grausame Menschen nicht sehen und mit ihnen zusammen sein zu müssen.«

Das überaus Erstaunliche an der »Karriere« von Las Casas, dieses Dominikaners, ist die Tatsache, dass er als Konquistador nach »Westindien« gekommen war, als Soldat, um am Schlachten für die Krone teilzunehmen. Und er Augenzeuge des Massenmords wurde und »lernte«: dass jedes menschliche Wesen auf Erden das Recht auf Würde und Leben hat und niemand als »Leibeigener« eines anderen geboren wurde. Völlig unabhängig, ob er den Simsalabim der Taufe über sich ergehen ließ oder nicht, ob er an den katholischen Weltenfürst glaubte oder nicht. Las Casas überwand die ihm in seinem Theologiestudium eingebimsten »ewigen Wahrheiten« und handelte. Als Mitfühlender, in Wort und Tat. Das will etwas bedeuten, denn die spanischen, zu hundert Prozent christlichen Siedler – immer gierig nach kostenlosen Knechten und kostenlosen Frauen – entpuppten sich bald als seine Todfeinde. Stets bereit zu wüsten Drohungen und Taten. Aber Las Casas hielt durch, bis zu seinem Ende, 1566.

82

Ich checke ein, wechsle meine nassen Kleider, warte, bis der Regen aufhört, kaufe einen Stoß Zeitungen, gehe zum Zócalo, setze mich mittendrin in ein Café, bestelle, rauche und spüre die Abendsonne auf mein Gesicht scheinen. Ich bin ein glücklicher Mensch. Und noch ein Genuss wartet auf mich. Ich frage den (mexikanischen) Kellner, was der Unterschied zwischen zwei sehr ähnlichen – spanischen – Wörtern sei, die ich gerade gelesen habe, und höre die ungemein erheiternde Antwort: »Tut mir leid, ich bin nicht von hier.«

Wenn ich etwas in einer Fremdsprache lese, liegt immer mein elektronisches Lexikon daneben. Für den Fall, dass mir ein Wort fehlt. Diesmal weiß ich »lucir« nicht, ah: *leuchten*. Doch in dem Kontext kann es so nicht stimmen, »esta mujer luce«, *diese Frau leuchtet*. Ich recherchiere und sehe, dass es in diesem Zusammenhang »gut aussehen« bedeutet. Wie originell, jemand sieht gut aus, weil er leuchtet. Aber ja!

Ich finde einen klugen Artikel über den – ja auch in Mexiko – grassierenden Handywahn, und der Autor meint, dass dieses Phänomen unter Umständen mit Schüchternheit zu tun habe: So ein Ding riecht nicht, man riskiert nichts, man kann jede und jeden wegdrücken. Im Gegensatz dazu strengt eine leibhaftige Person möglicherweise an, fordert, bereitet ungute Gefühle, ist physisch vorhanden und lässt sich nicht wegmachen. Das hat was.

83

Sonntag in Chiapas, hier sind die Einwohner – davon ein Fünftel Indigene – noch religiöser als im Rest des Landes. Die katholische Kirche muss schwer kämpfen, immer mehr Volk läuft über zu den evangelikalen Freikirchen. Die Hauptgründe: die leeren Versprechungen und zu viel Geklüngel mit den Herrschenden.

Ein Radio-Evangelist frohlockt: »Der Herr erlöst dich umsonst, aber du musst gehorchen.« Er weiß nicht, dass die Ursünde der Gehorsam ist. Unermesslich das Leid, das über die Weltbewohner kam, weil sie parierten.

Ein anderer ist siegesgewiss: »Mit Hilfe des Herrn werden die Armen siegen.« Das wäre neu in den sechs Millionen Jahren der Menschheitsgeschichte, dass Habenichtse bestimmen, wo es langgeht. Doch *Fake News* sind offensichtlich tröstlicher als das, was die Wirklichkeit zu bieten hat.

»Radio roja«, rotes Radio, funkt auch schon. Rot, weil sie hier fast nur Meldungen bringen, in denen Blut vorkommt. Blut der Unfälle, Blut der Verbrechen. Humor haben sie, die Mexikaner. Und »La Roja – Diario de Chiapas«, *Die Rote – das Journal von Chiapas*, verkaufen sie hier ebenfalls. Auch da findet man die einschlägigen Nachrichten.

Auf der Straße begegnet mir als Erster ein Junge, Jeromino, neun, er sammelt Abfall ein. Er muss wohl noch warten mit dem Siegen. Für eine hundert Liter große Mülltüte voller Blechdosen und Plastikflaschen bekommt er vier Pesos, zwanzig Cent. Arbeitszeit etwa drei Stunden. Er geht zur Schule, manchmal, sagt er, und am Wochenende geht er malochen, immer.

An einer Hauswand hat jemand gesprayt: »Ni Dios, ni amo«, *nicht Gott, nicht Herr*.

Ich besuche die Kathedrale. Die Messe hat schon begonnen. Der Herr Bischof predigt gerade. Er sieht freundlich aus, er spricht freundlich, er speit keine Fatwas über uns aus, er bellt nicht. Das hat Folgen, ein Drittel der Anwesenden schläft, selig eingelullt vom Hellblauen, das der Gottesmann vom Himmel herunter verspricht. Was er plappert, ist wundersam verschroben und schrullig, aber die Melodie seiner Stimme hat der Teufel komponiert, so verführerisch klingt sie. Ich schließe die Augen, wie *housemusic* kommt sie bei mir an, wie ein Mantra, sanft, wiegend, ohne das geringste Bedürfnis zu widersprechen. Ordensmann Felipes Herrgott muss ein gemütlicher Herr sein. Kinder turnen auf dem Boden, tuscheln miteinander, zwei spielen auf ihrem Smartphone. Nur drei Mal schrecke ich auf, weil das Wort »vergüenza«, *Scham*, auftaucht, und man sich wieder daran erinnert, wie oft Katholiken sich schämen müssen.

Kommunion, zwei Nonnen (!) tragen den »Leib Christi« herein, fast alle eilen nach vorn, je ein Mädchen hält einen Teller unter das Kinn des Bittstellers, damit kein Teil der Oblate, sprich, des göttlichen Körpers, verloren geht. Am Ende gibt es noch den Bischof zum Anfassen, nochmals strömen viele nach vorn, schleppen Kochtöpfe, Kochlöffel, Rosenkränze, Kreuze, Kerzen, Kleidungsstücke, Bilder, Fotos und und und an, und Felipe schwingt die Weihwasserbürste, heiliges Wasser fliegt, jeder und jedes will gesegnet werden. Andere knien bereits auf der Büßerbank, direkt gegenüber dem Beichtstuhl. Jetzt heißt es, Sünden aufsagen. Unheimlich, was man als Gläubiger alles an einem Sonntagvormittag erledigen muss. Um nicht im ewigen Feuer zu schmoren. Ja, die Gehorsamen, sie gehören zu den ersten Opfern ihrer Willfährigkeit.

Auf der Plaza Catedral stehen ein Dutzend Zelte von »desplazados«, von *Vertriebenen*. Hier »wohnen« sie, sie haben nichts anderes mehr. Sie sagen, dass sie zu Unrecht von einem Stück Land verjagt wurden. Von der Polizei. Auf Anordnung des Besitzers. Aber der Besitz sei nicht rechtens, nur Gemauschel mit den Autoritäten. Sie fordern für die 200 Familien die Möglichkeit, dorthin zurückzukehren. Und die Freilassung von Leuten, die wegen der Besetzung im Gefängnis sitzen.

Ich kann nicht beurteilen, ob das Gehörte der Realität entspricht. Morgen wird in der Zeitung zu lesen sein, dass der Vorsitzende der »kleinen Landbesitzer« genau das Gegenteil behauptet.

Fest steht, sehr wahr, dass von zehn Indigenen in Chiapas sieben (!) in Armut leben und drei davon in extremer Armut. Und wer für die Misere verantwortlich ist, weiß ich auch nicht im Detail, doch man darf vermuten, dass die Gier der einen – große Latifundien gibt es in der Gegend – und der ergebene Fatalismus der anderen eine Rolle spielen. Nicht zu vergessen der unbedingte Wille der lokalen Regierung, keine harten, strukturellen Reformen durchzusetzen. Aus zwei Gründen: weil die Gierigen sie dafür, das Nicht-Tun, belohnen oder sie – bei Widerspenstigkeit – bedrohen. Saubere Politiker sterben eher frühzeitig in diesem Land.

Als Zusatzinformation durchaus brauchbar: In Mexiko existiert – Stichwort Diebstahl – eine Art Gewohnheitsrecht. Nach gewisser Zeit wird das Diebesgut rechtmäßiges Eigentum. Geschrieben wird man es nirgends so finden, aber in der Wirklichkeit wird es munter praktiziert.

Ich trage meine Empörung leise vor, denn ich kann bis heute nicht sagen, ob ich tatsächlich ein sozial fühlender Mensch bin oder nur ein wohlklingend schwatzender Wichtigtuer, der sich hier als Betroffenheitsmeier in Stellung bringt. Solange ich nicht mit dem Helikopter über meine Besitztümer brause, weiß ich nicht, wie ich damit umgehen würde: so grandios viel zu haben und andere, sicher die Mehrheit, so unfassbar wenig. Würde ich teilen? Die Hälfte, mindestens, abgeben? Oder würden mir rechtzeitig die passenden Ausreden einfallen, um meine Raffsucht und alles andere zu behalten? Wer kennt sie nicht, jene Konsorten, die sich stets als Anteil nehmende Zeitgenossen präsentierten und eines Tages als linke, stinkreiche Hundesöhne ihr Gesicht verloren?

Mir fällt ein Vorfall auf einer Busfahrt vor einiger Zeit ein. Vor mir saß ein Paar, und er – vielleicht 40, dem Akzent nach wohl Spanier – erzählte seiner Begleiterin im Brustton des hochmoralischen Bannerträgers von den sozialen Missständen hier im Land. Man hörte, was er sagte, und man hörte, wie ergriffen er von sich selbst war: Schaut nur, wie edel ich rede.

Ach, es war eine herrliche Szene – die nächste, so banal und so wahrhaftig: Bei einem Stopp kam eine junge Indigene herein und bot ihr Kunsthandwerk an, Armbänder und kleine Accessoires. Und unser Mann, nennen wir ihn Pepillo, griff zu. Und die Maske fiel, in Sekunden wandelte sich der hehre Held für mehr Gerechtigkeit auf Erden zum beinharten Feilscher. Es ging um umgerechnet eineinhalb Euro, die er weniger zahlen wollte. Und weniger zahlte. Was mich am meisten erstaunte: Er sah die Lächerlichkeit der Situation nicht, sah nicht das riesige Loch zwischen dem, was er hoheitsvoll verkündet hatte, und dem, was er schäbig tat.

Am Vortag stand in der Zeitung ein Artikel mit dem Titel »Empatía«, in dem der Autor meinte, dass niemand mit Mitgefühl und ethischen Werten zur Welt kommt. Man müsse sie lernen. Als Kind. Sonst sei es zu spät. Das will ich nicht glauben. Die Plastizität des Gehirns lehrt uns, dass Erwachsene ebenfalls noch die Fähigkeit besitzen, neue Richtungen einzuschlagen. Das wäre empfehlenswert, schon aus Eigennutz. Denn ein Leben ohne Nähe zu anderen ist ein kaltes Leben.

84

Das wird ein bravouröser Nachmittag, voller Gaben und Wunder. In einer schmalen Straße, Fußgängerzone, treten zwei Steppkes auf, der achtjährige Andrés als Sänger, und Pablo, 10, an der Gitarre. Die beiden haben »encanto«, *Charme* und *Schmäh*, eine Traube bildet sich um sie, und jeder scheint ergriffen zu sein von ihrem frechen Witz und Talent. Klar, wir sind in Mexiko, und Andrés, der abgerissene Junge, legt seinen innigsten Schmalz in die Stimme und trällert »canciones del amor«. Und breitet die Arme aus, verdreht dabei die Augen wie eine begnadete Heulboje, schließt sie, so mitgenommen vom Beben der Liebe, öffnet sie wieder, lächelt, singt und krächzt und rutscht souverän in die Kopfstimme. Er hat wohl keine Ahnung von Eros und Flirt, aber mit der Intuition eines wundersam begabten Kindes ahmt er den Mann nach, der sich nach seiner Dulcinea verzehrt. Und als die zwei »Te metiste« von Ariel Camacho – mit 22 bei einem Autounfall tödlich verunglückt – anstimmen, da fangen ein paar (ich sowieso) zu flennen an, so aberwitzig irreal und melancholisch sind die folgenden Minuten, so bombenkitschig und selig machend:

Como te pago todas las noches
Todas las veces que me has hecho tan feliz
Tu te entregas totalmente
Me demuestras que eres solo para mi

(…)

Te metiste completamente en mi vida
No hay un momento que no esté
Pensando en ti
Y te metiste como el agua entre mis manos
Para quedarte siempre, siempre junto a mi

Wie könnte ich dir je die Nächte zurückzahlen
Jedes Mal, wo du mich so glücklich machtest
Vollkommen gibst du dich hin
Zeigst mir, dass du allein für mich da bist

(...)

Ganz hast du dich in mein Leben geschmuggelt
Keinen Moment gibt es, an dem ich
Nicht an dich denke
Wie Wasser zwischen meinen Händen hast du dich
angeschmiegt
Um für immer zu bleiben, immer an meiner Seite.

85

Am späten Nachmittag kommt Roana. Sie ist für einen Abend und eine Nacht nach San Cristóbal geflogen. Nein, nie mehr den anderen loslassen, das können wir beide nicht. Aber die Wärme, die wir in Querétaro erfahren haben, die wollen wir wiederholen. Ich genieße Nähe um tausend Freudenlichter inniger, wenn sie nicht von Ewigkeit bedroht wird. Die ist mir verdächtig, die dauert mir zu lang. Vielleicht macht sie mir Angst. Meine Lieblingszeit ist »jetzt«. Das ist bisweilen strapaziös, doch anders funktioniere ich nicht. Das mag jeder für sich entscheiden und dabei scharf darauf achten, sich nicht moralisch zu überheben. Geht es um Sex, zuckt ja bei vielen sofort der erigierte Zeigefinger. Was nur wiederum beweist, dass sie keine Ahnung haben. Von sich.

86

Warmer Abschied von Roana. Zeitungslektüre. Jeder in Mexiko, der bei einem Raubüberfall Widerstand leistet, wird sofort exekutiert. Grundsätzlich. Man kann die so einfache Tatsache in der Presse lesen. Und hören, via Radio, via TV. Täglich. Umso bemerkenswerter, dass es immer noch Leute gibt, die sich widersetzen: Obwohl vor ihnen ein Schnauzbärtiger mit einer Knarre steht. Und ginge es – am Tag zuvor passiert – um ein Handy. Bisweilen hat Blödheit keinen Namen.

Zeigt sich das Opfer kooperativ und händigt seinen Besitz zügig und ohne Widerrede aus, so steigen die Chancen, heil davonzukommen. Garantiert ist nichts, denn einen »Zeugen« zu erschießen bringt nur Vorteile für den Gangster. In einem Vernehmungsprotokoll zweier Täter, die einen Pickup gekidnappt und die junge Fahrerin erschossen hatten, fragte einer der beiden räuberischen Mörder den anderen: »Warum hast du sie getötet?«, und der Kumpel, ruhig und gefasst: »Weil man das hier so macht.« Morden als Faustregel.

87

Ich gehe die Calle Guadalupe hinunter, und einer singt: »La vida es un regalo«, *das Leben ist ein Geschenk.* Hat einer Glück, dann ist es ein grandioses Geschenk. Wie jetzt. Ich gehe weiter und höre eine Frauenstimme halblaut rufen, auf Deutsch: »Entschuldigen Sie, sind Sie nicht …?« Natürlich freue ich mich, wenn mich ein Fremder erkennt, bedeutet es doch, dass er mich liest. Andrerseits fehlt mir jede Begabung zum Promisein, ich will mich nicht zum dämlichen Selfie aufstellen, ich will mich, gerade als Reporter, absolut anonym bewegen. Wie dem auch sei, zu spät, der Mensch ist hartnäckig, eilt hinterher und fragt nochmals. Und da ich ein einfacher Mann bin, bremse ich, denn ich sehe eine gut aussehende Frau vor mir stehen, die mich neugierig und freundlich anlächelt. Okay, ich bin's, sie lächelt noch immer, lobt meine Texte mit Nachdruck, ja, sie weiß erstaunlich viel über mich. Gut, heute Abend um 20 Uhr am Zócalo? Ich gebe ihr noch schnell die Spielregeln mit: Sie redet, und ich lausche. Da ich grundsätzlich und prinzipiell nie das geringste Bedürfnis verspüre, »aus meinem Leben zu berichten.« Weil ich das bereits in den Büchern tue. Und das soll reichen.

88

San Cristóbal de las Casas, Stadt mit knapp 200 000 Einwohnern, übersichtlich, mit romantischen Ecken, mit uraltem Kopfsteinpflaster, mit vielen dicken SUVs, vielen Bettlern und vielen ambulanten Händlern. Ein angenehmes Völkchen, sie sprechen den (möglichen) Kunden an, deuten auf ihre Ware, wollen verkaufen. Und wenn man »nein, danke« sagt, dann lassen sie los und ziehen weiter. Wer oft reist, weiß, dass es andere Länder mit unfassbar penetranten Typen gibt, die einen ausdauernd von einem Strudel Schuldgefühle in den nächsten reißen.

Etwas Mysteriöses passiert. Ich sitze auf den Stufen, rein zufällig, zur Santo Domingo Kirche – will schauen, will vor der Sonne flüchten –, als zwei Männer mich ansprechen, einen Ausweis zeigen und um eine Spende für ein Waisenhaus bitten. Vielleicht ist der Nachweis, dass sie offiziell sammeln dürfen, getürkt und ein Paar Hallodris steht vor mir, egal, ich drehe mich zur Seite, hole die drei vorhandenen Scheine – 200 Peso, 100 Peso und 50 Peso – aus meiner linken Oberschenkeltasche, übergebe den kleinsten, schiebe die beiden anderen zurück und verschließe den Reißverschluss achtsam. Man bedankt sich artig, ich soll noch meinen Namen in eine Liste eintragen und den Betrag schriftlich bestätigen, dann »hasta luego«. Minuten darauf, weiß der Teufel, woher der Impuls kam, greife ich wieder in dieselbe Tasche und – nichts. Partout leer, von den zwei übrigen Banknoten keine Spur. Ich krame in allen anderen Verstecken. Eher unnötig, da ich grundsätzlich, ohne Wenn und Aber, »the three essentials« – *money*, *passport*, *ticket* – an den ewig selben »Plätzen« deponiere, sprich, ich nie suchen muss, mich ja stets daran erinnere, wo sich was befindet. Auch das habe ich im Zenkloster gelernt.

Weg – das ist unheimlich. Das ist das zweite Mal in Mexiko, dass mir etwas abhanden kommt und ich den »Vorgang« nicht begründen kann: Vor Jahren war ich mit Fotograf Rolf Nobel für eine Reportage im Land, und mein Computer – sorgfältig unter dem Polster im Fond versteckt, sorgfältig abgeschlossen – verschwand während einer kurzen Pause in einem Dorf aus dem Auto. Kein kleinstes Zeichen von Gewalt war zu sehen, keine Türen aufgebrochen, keine Fenster eingeschlagen, kein Jota an der Hinterbank verändert. Aber der Mac war verschwunden. Rolf bestätigte, dass er mich dabei beobachtet hatte, wie ich den Laptop verstaute. Ich bin bis heute ohne Antwort.

Die einzige, leicht irrationale Erklärung für den heutigen Vorfall: Die beiden Halunken haben mich genial gerissen abgelenkt, ja, auf gewisse Weise hypnotisiert, sodass ich Handlungen vollzog, die ich nicht bewusst registrierte. Ja, das klingt absurder, als es ist. Hier eine lang zurückliegende Episode: Auf den Keys in Florida besuchte ich vor Jahren eine »Super Magician Show«. Irgendwann bat mich der Zauberer auf die Bühne. Er würde gern mit einem Ausländer plaudern. Und ich – naiv wie ein blinder Ochse – folgte seiner Bitte, auch getrieben von der Absicht, ihm ein paar Fragen zu stellen. Aber er redete sofort drauflos, schwärmte von meiner (!) Neugier und seinem unbedingten Wunsch, einmal in Deutschland aufzutreten. Dann schüttelte er mir strahlend und dankbar die Hand und verabschiedete mich. Als ich schon unten im Parkett war, rief er mir nach: »Sorry, didn't you forget something?« und schwenkte meine Armbanduhr und mein Halskettchen in der Rechten. Das Publikum tobte, und ich wette, keiner, absolut keiner der Anwesenden, hatte den blitzschnellen Zugriff gesehen. Der Unterschied zu heute und damals: Ich bekam vom Meister mein Hab und Gut zurück, generös lächelnd.

Tags darauf habe ich mich über den Mann, dessen Name mir bis dato nichts sagte, erkundigt: John Calvert! Ein Riesenstar! Einer der berühmtesten Zauberer aller Zeiten, Vorbild und Inspirator von anderen Berühmten. Ein Weltmeister. Was für eine Ehre, von ihm beraubt zu werden. Ich fand seine Adresse heraus und besuchte ihn auf seiner Yacht. Seine Frau Tammy und er hießen mich sofort willkommen. Ja, meinte er auf meine Frage, wie er es mit mir angestellt hatte: es sei die Kunst, jemanden ausnahmslos in seinen Bann zu schlagen, sodass das »Opfer« nichts anderes mehr wahrnimmt. Und dann zugreifen. In Lichtgeschwindigkeit. Leicht gesagt, brillant ausgeführt.

Aber jetzt ist jetzt. Selbstverständlich ärgere ich mich über das geklaute Geld, über meine unfassbare Begriffsstutzigkeit. Doch ich bewundere auch das Duo, fehlerlose Profis. Und ich ziehe den Hut vor jedem, der sein Handwerk beherrscht. Selbst wenn ich es bin, den er rupft.

Ach ja, noch eine dritte Begegnung der unheimlichen Art wird zu berichten sein. Hier in Mexiko. Die richtig wehtut. Diesmal mit Schreien, mit Verfolgen, mit zehn Polizisten und aller Vergeblichkeit. Geduld, Leser, sie kommt, unausweichlich.

Am späten Nachmittag finde ich ein Restaurant mit Wi-Fi, ich darf in einer Ecke Platz nehmen und schreiben. Ein paar Tische von mir entfernt, sitzen etwa vierzig Leute vor einem gut gekleideten Herrn, der via Powerpoint-Präsentation und laut verkündeten Zuwachsraten die Teilnehmer zu überreden versucht, ihr Kapital in »Diamanten in Hongkong« anzulegen. Ich lächle übermütig in mich hinein, so behindert wie die hier Versammelten bin ich dann doch nicht. Haha, Diamanten in Hongkong, was den Kanaillen nicht alles an Finten einfällt, um sich zu bereichern.

Abends am Zócalo, Lisa S. ist auf die Minute pünktlich. Das wird eine vergnügte Stunde. Und es wird umgehend klar, warum die Frau, die mich heute ansprach, mein Gesicht erkannte und eine Reihe von Titeln von mir im Kopf hatte: Sie ist gelernte Buchhändlerin, ja, eine sehr erfolgreiche, mutige. Hat sie doch ihre Anteile an sieben (!) Buchhandlungen verkauft, hat allen Besitz verkleinert und beschlossen, sich die Welt anzuschauen. Sie ist eine Sprudelfrau, man muss nicht nachhaken, sie sprudelt, weiß vieles, liest vieles, ist, so sagt sie es, eine passable Surferin. Im Land gebe es Traumwellen, die sie noch alle entlangreiten will.

Irgendwann kommen wir auf die Gewalt in Mexiko zu sprechen und die Menschheit im Allgemeinem. Ja, ein delikates Thema. Lisas 7.4 Milliarden Nachbarn strapazieren sie bisweilen. »65 Prozent«, sie hat die genaue Zahl parat, »im Menschen ist schlecht.« Beides stört sie: dass es so ist und dass sie so denkt. Sie arbeitet daran, dass die Zahl kleiner wird. Indem sie mit mehr Nachsicht um sich blickt. Und mehr Wärme und Freundlichkeit ausstrahlt. (Sie ist ausgesprochen zuvorkommend zum Personal des Cafés.) Vielleicht hilft das.

Wir müssen bald auseinander, ihre Freundin, eher furchtsam, hat nur unwillig dem Treffen mit mir zugestimmt.

Der Tag endet mit einem Schrei, als ich das Bett verlasse und mit Wucht via Kopf gegen das Fernsehgerät knalle, das wie eine fette Warze – gesichert in einem Käfig aus Eisenstäben – an der Wand hängt. Verstanden, es gibt Dinge auf Erden, die verletzen überall, das Hirn und den Körper.

89

Das wird ein schönster Tag. Mexiko hält ungeheure Freuden für einen Reisenden bereit. Kurz nach 7 Uhr fahre ich mit einem Sammeltaxi nach San Juan Chamula, zehn Kilometer entfernt und noch höher als San Cristóbal gelegen, immerhin 2260 Meter. In der Gegend (und in Guatemala) leben vor allem die Tzotzil Maya. Hauptmann Luis Marín, spanischer Konquistador und Gefolgsmann von Hernán Cortés, machte sich hier im Jahr 1524 einen Namen, indem er den Ort einnahm und die Bewohner auslöschte.

Das wunderschöne Chiapas, der Tau, die sanft steigende Sonne, die Hügel, die Felder, der Himmel, ein See, man versteht nicht, warum es in einem so üppigen Land so viel Armut gibt.

Ich will in die Iglesia San Juan Bautista, eine Kirche, in der mich – ich ahne es – nur Glück und Heiterkeit heimsuchen werden. Die Ticketbude ist noch geschlossen, also geht das geringe Eintrittsgeld an Pepe, der mit einem Abzeichen am Ärmel am großen Tor steht. Drinnen das Paradies, ein sagenhafter Ort: der Boden mit trockenem Gras bedeckt, die fünf- oder zehntausend Kerzen verbreiten Wärme und Heimeligkeit, links und rechts entlang der Mauern stehen unzählige Glasschränke mit je einem Heiligen (Pepe: »Das Leben ist kompliziert, man kann nicht genug Leute haben, die dir helfen!«), davor Gladiolen und Nelken, meist weiß und leuchtend. Von der Decke strahlen Mond, Sonne und Sterne, kindlich hübsch gemalt. Und nirgends ein Mensch, der sülzt und die ewig gleich drögen Sprüche posaunt, dafür zwei Hausmeister, die ununterbrochen mit breiten Spachteln die Kerzenstumpen wegschaben und die Blumen ersetzen, sobald sie aufhören zu blühen.

Das erste Mal, dass ich ein »Gotteshaus« betrete und Sinnlichkeit und Geborgenheit empfinde. Die Tzotzil sitzen oder knien vor dreißig, vierzig Kerzen, von ihnen mitgebracht und angezündet, oft ist die gesamte Familie da, alle streben nach einer »limpia«, nach der (inneren) *Reinigung*. Damit das gut gelaunt geschieht und ohne todsündenschweres Gewissen, haben sie ihren Pox (sprich: Posh) dabei, einen wasserklaren Maisschnaps, den sie nun Gläschen für Gläschen konsumieren. Symbol für so vieles: Dämonen vertreiben, die in einem lauern, danken fürs Dasein, bitten um Gesundheit, beten um eine gute Ernte, ja, aus schierer Lebensfreude. Nach jedem Hochprozentigen trinken sie ein paar Schlucke Cola. Die Kohlensäure fördert das Rülpsen: um die bösen Geister auszustoßen.

Ich gehe ganz nach vorne. Natürlich muss ich mittrinken. Seligkeit auf Erden, wir murmeln, wir flüstern, sie fragen mich, woher ich komme, und als ich sage, aus Paris, nicken sie bedächtig, und einer fragt, ob ich mit dem Flugzeug oder per Bus nach Mexiko reiste. Und schon zupft der nächste an mir und reicht ein Glas. Da ich im normalen Leben kaum Alkohol zu mir nehme, bin ich nach drei Klaren von schwereloser Leichtigkeit. Ich hatte inzwischen vergessen, welche Wonnen sich in einem Kopf ausbreiten, wenn auf wunderliche Weise alle Unruhen und Ungewissheiten aus ihm verschwinden.

Gracia, eine ältere Frau, hat ein Huhn mitgebracht. Mit dem Federvieh – laut gackernd, wohl das nahe Ende ahnend – auf den Armen umkreist sie ihre vom Durchfall geplagte Enkelin, schlafend auf dem Rücken der Mutter. Ein »magischer Kreis« bildet sich, sie beschwört, sie wispert, sie trinkt Pox, sie schüttet Cola hinterher, sie stößt heftig auf. Eine volle Stunde hält Oma durch. Dann erwürgt sie mit bloßen Händen die Henne, die ihre Schuldigkeit getan hat: Das Kind ist aufgewacht und schreit nicht, okay, geheilt. Wir nicken bewundernd, nun noch blauer.

Reinster Synkretismus, die Indigenen holen sich, was ihnen gefällt: die Bräuche aus uralten Jahrhunderten, vom Katholizismus leihen sie sich die Heiligen, die modernen

Zeiten liefern die Softdrinks, und aus Afrika kommt eine Portion Voodoo.

Das Glück hört nicht auf. Ich schaue nur in beschwingte Gesichter, sie raunen wieder, zünden neue Kerzen an, telefonieren unbeirrt, wenn es klingelt, und wenn sie beten, schließe ich die Augen und meditiere. Nie fiel es so leicht, kein Sturm und Drang mehr unter der Schädeldecke, nur Flow und Zufriedenheit. Und sie sorgen sich um mich, finden den komischen Weißen irgendwie lustig, schenken nach, kichern, und wenn ich gefährlich zu wackeln anfange, darf ich mich aufstützen. Dabei muss ich mich höllisch konzentrieren, um die wichtigsten Stichpunkte leserlich und diskret – da verboten, höre ich – zu notieren.

Schon anrührend die Suche der Menschen nach Sicherheit, nach außerirdischen Kräften, die ihnen beistehen sollen in einem gewalttätigen Universum. Wie ich das verstehe und wie fremd es mir bleibt. Aber ja, ich will auch transzendieren, will Liebe und Eros, Freundschaft und Sprache und alle anderen Wundertaten der Kunst als Droge begreifen: um etwas jenseits von mir zu erfahren. Spiritualität – von *spiritus*, von *esprit*, von Geist – lockt in helle Tiefen. Nur Götter und Herrgötter haben dort nichts verloren. Ich bin unverbrüchlich in alles Irdische verliebt.

Doch hinnehmen das Absurde, die Tragik unseres Lebens, das verweigern so viele. Seltsam: beobachte ich meine Zeitgenossen bei ihrem Ruf nach Hilfe, so nimmt meine Menschenliebe zu. Weil wir uns ähneln. Auch ich brauche Beistand. Nur schaue ich mich woanders um als hoch droben im Himmel. Nur hier auf Erden finden wir Freunde und Liebende. Und wenn nicht, dann nirgendwo.

Unverhandelbar: Sich erniedrigen und winseln darf der andere nie vor seiner Gottheit. Ertappe ich ihn dabei, dann verachte ich ihn. Ihn und seinen herrischen Götzen. Ich ertrage es nicht, wenn jemand seine Würde aufgibt. Sie muss unantastbar bleiben.

In dem Kirchlein demütigt sich keiner. Was nicht verhindert, dass ich irgendwann wanke wie bei Windstärke acht und die beiden Hausmeister kommen, mich seelenruhig in ihre Mitte nehmen, je einen meiner Arme auf ihre Schultern legen und mich hinaus »begleiten«. Ángel, links von mir, meint: »Borracho sí, pero no excesivo«, *betrunken ja, aber nicht exzessiv*. Er sagt es ohne strafenden Unterton, eher geduldig. Zudem bin ich unschuldig, bin ja nur Opfer mexikanischer Gastfreundschaft.

Keine 50 Meter entfernt, gibt es einen Markt mit ein paar Garküchen. Will etwas essen, um die Promille zu dämpfen. Die Tasche binde ich um die Hüften, meine Fähigkeit zur Konzentration ist durchaus eingeschränkt. Mein Mac ist ein Körperteil von mir, er darf mich nicht verlassen.

Nach einer guten Stunde tipple ich zurück in die Kirche. Und die zwei Aufpasser am Tor lassen mich passieren. Wir lächeln uns an, und ich spüre, dass sie ebenfalls nicht ganz trocken sind. Kaum bin ich drin, winken mich meine neuen Bekannten nach vorne. Jeder weiß, dass Gefühle, welche auch immer, lockerer sitzen, wenn Alkohol im Körper schwimmt. Und einer sagt, dass sie mich vermisst hätten, und ein anderer behauptet glatt: »Du bist mit Respekt mit uns umgegangen, das machen nicht viele.« Und sogleich muss ich wieder einen heben. Ich drehe mich schnell weg, um den Satz zu verkraften: dass ihnen auffällt, wenn sie einer »just fucking normal« behandelt.

Bald prasselt ein Gewitter aufs Dach, und wir plaudern und stoßen an und entzünden Kerzen oder verhalten uns still oder mummeln – leicht gaga – mit uns selbst. Bis sie, die Gläubigen, ihrem »Salvador« erneut ihre Wünsche und Sehnsüchte vortragen.

Ich muss zurück nach San Cristóbal. Herzlicher Abschied. Ich wandere, mit Disziplin, zu einer weit draußen liegenden Kreuzung, an der die *Colectivos* vorbeikommen. Ich passiere ein Verkehrsschild, auf dem die Geschwindigkeit –

ohne ersichtlichen Grund – auf zehn (!) Kilometer beschränkt wird, kurz darauf auf 40. Geheimnisvolles Chiapas.

Irgendwann stoppt ein Kombi, und ich darf benebelt am Fenster sitzen und das jetzt sonnige Land bestaunen. Nichts bekümmert mich.

Beim Aussteigen hält mich eine Frau auf, sie sagt, dass ihr Mann sie wieder geschlagen habe und sie fort müsse, sie Geld brauche für den Bus. Sie hat Kummer. Sie schon. Ihr Gesicht sieht mitgenommen aus, der dicke blaue Fleck ist nicht zu übersehen, nicht die verweinten Augen. Ich stelle mir vor, dass ihr derselbe Mann einst »te quiero«, *ich liebe dich*, ins Ohr flüsterte. Bis zu dem Tag, an dem die Liebe aufhörte und das Faustrecht das Kommando übernahm.

Einige (westliche) Hippies – ja, die gibt es noch – lungern entlang der Trottoirs. Die einen trommeln, die anderen zupfen an ihren Gitarren. Die Gefahr, dass sie zur nächsten Grammy-Verleihung eingeladen werden, ist eher gering. Ab und zu wirft jemand ein paar Münzen in den Hut. Wohl aus Erbarmen. Ist das die »Freiheit«? Will ich so »frei« sein? Lieber nicht.

In einer Seitenstraße hängen über einem Eingang Werbetafeln, Hinweise auf einen Coach, der bald in die Stadt kommt. Die Schilder verweisen auf seine zwei Programmschwerpunkte: »Enriqueciendo Vidas«, *Leben (Plural) bereichern*. Der andere Slogan verspricht: »¡Empodérate!«, *Ermächtige dich!* Diese geduldigen Mexikaner, was sie sich alles versprechen lassen.

Um 20 Uhr bin ich wieder fit, drei Espressos, Rauchen und Lesen helfen. Fit für ein Treffen mit Marion W., Französin, die hier lebt. Eine Freundin in Europa hat den Kontakt hergestellt, sie meinte, der Mensch könnte mich interessieren.

Hundert Mal ja. *Quelle femme!* Und was für ein Lebenslauf: Mutter aus Frankreich, Vater aus den Staaten, in England geboren, in Saudi-Arabien und Costa Rica aufgewachsen.

Und auf einer ihrer vielen Reisen ihre Begeisterung für Mexiko entdeckt. Marion hat ein Archäologiestudium abgeschlossen, spricht mehrere Sprachen, arbeitet mit einer französischen und der hiesigen Universität zusammen, ist Mitglied von l'ICOMOS, einer Organisation, die sich im Namen der UNESCO weltweit für den Erhalt archäologischer Stätten einsetzt.

Jetzt wird es mysteriös. Sie wurde eine »weiße Maya«, so verbunden fühlt sie sich diesem Volk. Vor über zehn Jahren hat sie zum ersten Mal im Traum »les esprits« gespürt, *die Geister*, die ja Teil der Religion der Indigenen sind. Doch sie ließ sich lange, sehr lange Zeit, bevor sie »el cargo« angenommen hat: *die Last*, eine Schamanin zu werden, eine Person, die ihr Leben der Heilung anderer widmet.

Ich weiß nichts vom Schamanismus, kann nicht sagen, ob ihre Vertreter tatsächlich imstande sind, zwischen dem Individuum und dem Kosmos »Harmonie« herzustellen. Oder sie – wie in der Homöopathie oder ähnlich verdächtigen Unternehmungen – von nichts als dem Placeboeffekt profitieren. Aber ich weiß, dass ich selten jemanden getroffen habe, der so menschenfreundlich, so warmherzig und so frei von aller Eitelkeit zuhört, spricht, sich bewegt. In einem Menschenleben tauchen so manche auf, die nur fünf Wörter reden müssen, und man will durchs Fenster springen, so ätzend ihre Ausstrahlung, so begabt, die eigenen (niedrigsten) Instinkte in einem zu provozieren. Anders Marion, so anders.

Ich frage sie, angespornt von dem, was ich heute in San Juan Chamula gesehen habe, ob sie mit mir »una limpia«, *eine Reinigung*, durchführen würde, eine »seelische«. Wie jeden von uns plagen mich dunkle Flecken, Missgunst, Schadenfreude, Gier. *You name it. I deliver.* Mir ist jeder willkommen, der mich aufhellt. Selbst wenn ich schwer zweifle, ob *ein* Ritual reicht, um auszumisten, was sich über die Jahrzehnte angesammelt hat. Wie auch immer, es gibt etwas zu lernen. Marion verspricht, mir morgen Bescheid zu geben.

90

Zurück im Hotel erfahre ich per Mail von meiner Agentin, dass der WDR ein einstündiges, vor Wochen aufgezeichnetes »Tischgespräch« mit mir nicht senden wird. Die Begründung ist hinreißend: »dass Andreas Altmann möglicherweise Zuhörer verstören würde«. Ich dachte stets, dass ein Schreiber geradezu verpflichtet ist zu stören. Ich, als Leser, als Hörer, bestehe darauf. Der Autor darf mich ruhig rempeln. So bleibt mein Kopf in Bewegung. Einlullen sollen andere. Ergreifend zudem dieser vorauseilende Gehorsam gegenüber den WDR-Hörern. Auf dass sie nicht in die Hose pinkeln, wenn der AA den Mund aufmacht.

Dieses Buch soll ebenfalls verstören. Ab und zu, immer wieder einmal. Da Mexiko bisweilen verwirrt, ja, an jedem zehrt, der sich noch anrühren lässt, muss der Text davon berichten. Selbst wenn es schmerzt. Ich habe nur eine Verpflichtung: intelligent von der Wirklichkeit, wie ich sie wahrnehme, zu erzählen. Und das Verstörende ist Teil von ihr.

91

Marion sagt zu, anbei schickt sie eine Liste von Dingen, die sie mich bittet, mitzubringen. Auf dem Zentralmarkt kaufe ich vier Bündel Basilikum, zwei Bündel Rosmarin, zwei Eier, eine »traditionelle« Tafel Schokolade, fünf Kerzen. Und eine winzige Figur aus Stoff, die »Subcomandante« Marcos darstellt, den ehemaligen Chef der Zapatisten. (Ich werde auf ihn zurückkommen.)

Marion wohnt in einer einfachen Herberge, als Dauermieter. Ich ziehe mich um, sie reicht mir eine leichte Hose und Socken. Still ist es, das Haus ist leer, nur hinter der Mauer kräht ein Hahn. Die Kerzen, jetzt am Boden befestigt, stellen die vier Himmelsrichtungen dar, die Kerze in der Mitte symbolisiert das Zentrum der Erde. Die Schokolade ist ein Geschenk an die »Geister«. Die Marcos-Puppe, die ich nach der Rückreise in meiner Wohnung aufstellen soll, ist – so Marion – Symbol meiner Verbundenheit mit den Indigenen.

Die Zeremonie beginnt, ich folge genau den Anweisungen: die Kerzen »umarmen«, Ausdruck der Versöhnung mit meinen Großeltern und Eltern, sechsmal im Kreis gehen, die Wärme »aufnehmen«, die nun entsteht, zugleich folgt mir Marion, schlägt (verhalten) mit den mitgebrachten Kräutern und Sträuchern auf meinen Kopf, den Torso, die Extremitäten, stößt dabei scharfe Laute aus, um die »schlechte Energie« aus mir zu verscheuchen.

Es wird wundersam kryptisch. Nachdem der intensive Teil der Reinigung vorbei ist, kippt sie den Dotter der Eier in ein Wasserglas und entdeckt zwei »Ausbuchtungen«: Sie verweisen, erklärt sie, auf die beiden schweren Autounfälle, von denen ich ihr erzählt hatte. Gestern, als sie nach ein paar meiner Traumata fragte.

Ich widerspreche ihr nicht, denn ihre fürsorgliche Ausstrahlung ist überwältigend. Unbesiegbar, so sagt sie es, ist sie vom Triumph des Guten, des Lichts überzeugt. Kein Tag, auch nicht der schwärzeste, würde sie umstimmen. Der Endsieg der Liebe sei gewiss.

Sie nimmt kein Geld für ihre Dienste. Doch wenn jemand etwas dalassen will, so ist es willkommen. Den Großteil der Summe gibt sie weiter an ihre Maya-Familien.

Nach über einer Stunde ist das Zeremoniell zu Ende. Ich bereue nichts, nicht die Zeit, nicht die Pesos. Im Gegenteil, bin erfüllt von der Tatsache, dass ich einen so außergewöhnlichen Menschen kennenlernen durfte. Aber ich merke wieder einmal, dass ich religiös vollkommen unmusikalisch bin. Ich höre keine Stimmen, ich sehe keine Geister, ich traue keinem Eidotter zu, Blicke in die Vergangenheit zu gewähren. Auch Kerzen zu umarmen scheint mir wenig hilfreich zu sein, um bohrende Konflikte zu heilen. Klar, wäre ich hammerfest von alldem überzeugt, ginge es unbeschwerter zu in meinem Leben. Doch zugleich ärmer: Ich würde aufhören zu suchen, ich würde glauben.

92

Eine Aufgabe will ich noch erledigen. Hier die Vorgeschichte: Zehn Jahre lang bereiteten sich die Indigenen in Chiapas vor. Heimlich, unsichtbar, lautlos. Um am 1. Januar 1994, früh morgens, loszuschlagen. Polizisten und Soldaten lagen noch silvesterblau in ihren Kojen. Tausende bewaffnete Frauen und Männer unter der Führung der »Zapatistas« – so benannt nach Emiliano Zapata, der ja schon vor einem Jahrhundert in Mexiko um »tierra y libertad«, um *Land und Freiheit*, gekämpft hatte – besetzten in verschiedenen Städten des Bundesstaats Regierungsgebäude, griffen das Militär an, forderten Gleichheit, Gerechtigkeit, Arbeit, Gesundheit und Bildung.

Chiapas, ich wiederhole mich, stinkt vor Reichtum. In diesem – so nannte es B. Traven – »Land des Frühlings«, das keine harten Jahreszeiten kennt, wo alles wächst, in dessen Bauch sich Bodenschätze in Milliardenwert befinden, wo Ölmeere schwimmen, Gas lagert, Gold, Edelsteine, Blei, Zink, Eisen, Silber. Und: Es stinkt nach Ausbeutung (zwei Euro Tageslohn), nach Hunger (so viele vegetieren in Armseligkeit), nach Ignoranz (mehr als die Hälfte der Indigenen kann nicht lesen und schreiben), stinkt nach Krankheit (nirgends im Staat ist die medizinische Versorgung dürftiger), stinkt nach Religionswahn zwischen Katholiken und Protestanten (mit Toten und Verletzten), stinkt nach Polizeiterror, nach maßloser Gier, nach Alkoholleichen, nach

Drogen und Drogenkrieg (hier kommt der Nachschub aus Südamerika an), nach 40 000 Prostituierten (viele Mädchen, die aus Mittelamerika einreisen und in die USA wollen, werden an der Grenze von Banden abgefangen und zur Hurerei gezwungen), stinkt nach Demütigung, nach uralten Wunden, nach unheimlicher Wut.

So war es vor knapp 25 Jahren und so ist es – mit Verbesserungen auf einigen Gebieten und Verschlechterungen auf anderen – noch heute. Selbstverständlich reagierte die Regierung – die Inkarnation von Raffsucht, Korruption und täglich praktizierter Verachtung – mit Gewalt auf die Revolte der Indigenen, schickte 17 000 Soldaten und bemühte sich, die Rebellion unauffällig und mordlustig zu ersticken. Dank der Weltöffentlichkeit misslang das, und nach zwölf Tagen wurde ein Waffenstillstand unterschrieben. Als die Gespräche zwischen den beiden Seiten begannen, flogen Fotograf Rolf Nobel und ich für ein deutsches Magazin nach Mexiko, um darüber zu berichten.

Die Weltpresse war da, und Chiapas wurde berühmt. Der kleine Erdteil sollte die Geschichte des 20. Jahrhunderts um ein paar faszinierende Einsichten bereichern: Keinen sozialistischen Arbeiter- und Bauernstaat planten die Aufständischen, kein linksradikaler Wortschwall war zu hören, keiner von ihnen predigte Rache. Einer der erstaunlichsten Sätze von »subcomandante« Marcos, dem Denker, Philosophen und Kopf der Rebellen, liest sich wie eine poetische Einladung zur Versöhnung: »Die Welt, von der wir träumen, ist eine Welt, in der viele andere Welten Platz finden.«

Wir fuhren zu den Verhandlungsorten, wir verbrachten Tage und Nächte in La Realidad, dem Dorf und »Zentrum« der Bewegung mitten im Dschungel. Und wir bekamen im schwer bewachten San Andrés Larráinzar ein Interview: mit den »comandantes« Tacho und David und 24 anderen unter Skimützen verborgenen Frauen und Männern. (»Wir haben unsere Gesichter versteckt, damit sie uns sehen.«)

Über eine Stunde lang beantworteten sie Fragen zur Vergangenheit, zur Gegenwart, zu ihrer Zukunft. Ihre Antworten waren konkret, realistisch und geprägt von der Sehnsucht, geachtet und gleichberechtigt in einem demokratischen Mexiko zu leben. Mehrmals tauchte das Wort »dignidad« auf, *Würde*. Sie bestanden darauf, dass es wieder eingeführt wird in diesem Land. Zum Abschied bat ich sie, mir diesen Begriff in ihren vier Sprachen – *Tzotzil*, *Tzeltal*, *Chol* und *Tojolabal* – aufzuschreiben. Was sie lachend taten: »Sleguilal vinic antzetic« und »Lequilaltic« und »Wen le la chumtial« und »Ja lekilaktiki«.

Teuflisch schwierig für fremde Zungen. Ich versprach, die geheimnisvollen Wörter auswendig zu lernen.

93

Auf dem Weg zu den Sammeltaxis in San Cristóbal komme ich an einer Hausmauer vorbei, da steht: »El ministerio del amor in acción«, *das Liebesministerium handelt*, ach, die herzigen Träume in dieser Stadt.

Ich fahre nach Oventic, mein letztes Vorhaben in Chiapas. Das Dorf, wie einige andere Dörfer hier, »gehört« den Zapatistas, selbstständig von ihnen verwaltet. Der Staat hat dort nichts zu suchen, keine Polizei, keine Soldaten dürfen es betreten. So ist es in den Verträgen festgelegt. Etwa 60 000 Indigenen-Familien leben heute in dem Bundesstaat unter dem Schutz der EZLN, el Ejército Zapatista de Liberación Nacional, *der Zapatisten-Armee der nationalen Befreiung*, die seit Januar 1994 nicht mehr zu den Waffen gegriffen hat. Sie versteht sich als basisdemokratisch, rigoros pazifistisch und frei von jeder welterlösenden Doktrin. Ihr einziges, so bescheidenes, so kolossales Ziel: die Lebensbedingungen der »Ureinwohner« hier und im restlichen Mexiko zu verbessern. Dass die Zapatistas in Zusammenarbeit mit anderen Organisationen eine Frau als Kandidatin für die

Präsidentschaftswahlen 2018 aufgestellt haben, zeigt zudem, dass sie in einem Macholand par excellence das Thema Gleichberechtigung ernst nehmen.

Nach einer Stunde Fahrt komme ich an, direkt neben der schmalen Landstraße befindet sich der Zugang – ein zweifacher Zaun, links eine Art Wachtturm – zur Siedlung. Zwei gesichtsvermummte Frauen begrüßen mich und fragen freundlich, aber bestimmt, warum ich gekommen bin. Meine Antwort, so einfach: Neugier. Drei junge Männer erkundigen sich nach meinen Personalien, verzichten jedoch auf die Durchsuchung des Rucksacks. Nach ein paar Minuten nähert sich José, so stellt er sich vor, ebenfalls den Kopf unter einer Skimütze versteckt. Hier haben sie ein Gespür für Auftritte und Dramatik.

Mein 20-jähriger Guide – frei herumlaufen geht nicht – ist ausgesprochen zuvorkommend, doch wenig gesprächig. Meist verweist er darauf, dass er zu dem oder dem Punkt keine Auskunft geben darf. Das Geheimnisvolle gehört wohl zur Inszenierung. Und hat handfeste Gründe: Der Staat belauert sie, paramilitärische Trupps – der Regierungspartei verdächtig nahestehend – bedrohen sie, die Profiteure hassen sie. Und ganz »normale« Gauner – ein Poster neben dem Wachtturm warnt davor – treten als Zapatistas auf und erpressen Schutzgelder.

Eine Straße, nicht asphaltiert, führt durch die Gemeinde, links und rechts die simplen, einstöckigen Häuser aus Holz mit Wellblechdach. Auf fast jeder Fassade leuchtet ein »mural«, eine *Wandmalerei*: Kampfszenen, Bilder der täglichen Arbeit, Gesichter berühmter Revolutionäre. Und immer wieder Motti, auf Bretter geschriebene Zeilen, die Eindeutigkeit vermitteln sollen: »No hay arma más eficaz que la verdad en el pensamiento«, *keine Waffe ist effizienter als wahrhaftiges Denken*, und »Nuestros sueños no caben en sus urnas / Tampoco nuestros pesadillos«, *weder unsere Träume noch unsere Albträume passen in eure Wahlurnen*, und »Para todos todo / Nada para nosostros«, sinngemäß übersetzt: *für alle alles und für uns (Kommandanten) null Sonderrechte.*

Einfachste Verhältnisse, doch über Strom und fließendes Wasser verfügen sie, sauber und aufgeräumt sieht es aus, ein paar Läden gibt es mit Lebensmitteln und Kunsthandwerk. In einer Ecke entdecke ich eine Ablage mit Krawatten. Ich frage, warum sie gerade dieses Kleidungsstück verkaufen, und die Verkäuferin antwortet nonchalant: »Manchmal treten Zapatistas an Orten auf, an denen Krawattenpflicht herrscht.« Sie lässt durchblicken, dass das für die Bewegung kein Problem sei, an solchen Petitessen soll es nicht scheitern.

Auf einer Betonfläche spielen sie Basketball, und ein Stück tiefer gelegen befindet sich eine Schule. Auch proper, Tafel und Bänke in gutem Zustand, aber ohne Hightech, nirgends ein Computer. Hätten sie gern, aber das Geld fehlt.

Die Atmosphäre in Oventic ist gelassen, keine Spur von revolutionärem Drill. Doch scheu sind sie dem (weißen) Fremden gegenüber. Die Zurückhaltung ist wohl genetisch. Wem 500 Jahre lang Mord und Totschlag widerfuhren, der hält sich zuerst einmal bedeckt.

Als mich José zurück zum Tor begleitet, kommen wir am »Oficina de las mujeres de la dignidad« vorbei, *dem Büro der Frauen der Würde*. Da kann man es wieder lesen, das Zauberwort. Gewiss, die Würde der Frauen soll leben. Und die Würde der Männer, die bitte auch.

94

Ich stoppe einen Kleinbus, auf nach San Cristóbal. Neben mir sitzt Platon (!), Typ gebrechlicher Großvater. Wir plaudern, und ich frage ihn, ob er glücklich sei. Bestimmt! Ja! Und warum? »¡La vida!«, das Leben sorge dafür. Kaum hat er die zwei Wörter ausgesprochen, schleudert er in einer scharfen Kurve vom Sitz. Als ich nach ihm greife, liegt er schon am Boden. Ich hieve ihn auf seinen Platz zurück, aber Platon bemerkt, dass sein Klingelgeld aus der Hosentasche flog. So suchen wir beide auf Knien nach seinem Besitz: sieben einzelne Pesos (35 Cent). Haben wir jede Münze gefunden, zieht wieder ein zufriedenes Lächeln über sein Gesicht. Keine Silbe Unmut entkommt ihm. Das Leben stimmt ihn heiter, und dass er gerade schmerzhaft auf einem verrosteten Blechboden landete, hat damit nichts zu tun. Er arbeitet noch immer als Bauer auf dem Hof seines Sohnes und kämpft als militanter Grüner gegen jede Form von Pestiziden. Irgendwann will Platon wissen, woher ich angereist sei, und als er es weiß, fragt er: »Bist du tatsächlich aus Paris oder kommst du aus Frankreich?« Ich umarme den 78-Jährigen, eine solche Frage ist tausend Mal sieben Pesos wert.

Some guys have all the luck, heute gehöre ich zu diesen Glückskindern. In »meinem« Café am Zócalo gehört mir ein ganzer Tisch auf der Terrasse, durch die Blätter der Bäume blinzelt eine sanfte Sonne, ein Kilo Zeitungen liegt bereit, mein Mac daneben und darauf ein schmales Buch mit Gedichten von Efraín Huerta, meiner Entdeckung in Mexico City. Ich liebe seine von allem Zierrat befreiten Zeilen:

Cartesiana

Yo
No
Pienso
luego
Existo

+++

Cartesianisch

Ich
Denke
Nicht
Also
Bin ich

Das darf nur einer dichten, der so brillant sinnieren konnte wie Huerta. Weil seine Behauptung genauso wahr ist wie der berühmte Aphorismus von Descartes. Aber ja, bisweilen das Hirn loswerden und – wie jetzt – nichts spüren als die Seligkeit, am Leben zu sein. Ich schließe die Augen, und Wellen ziehen entlang des Körpers, mein Erkennungszeichen, dass die Welt und ich gerade wunderbar miteinander einverstanden sind. Dass keiner am anderen etwas auszusetzen hat und dass das unerbittliche Gesetz der Schwerkraft für Augenblicke stillhält. Glatte zehn Minuten halten wir durch. Dann wieder aufwachen und denken und erkennen, was für ein fantastisches Geschenk der Verstand ist, so hilfreich, um mit Sehnsüchten und Abstürzen fertigzuwerden. Wie idiotisch, »Gefühl« gegen »Gehirn« auszuspielen. Als ob Gefühle moralischer wären als der Kopf, ja, »ehrlicher« und zuverlässiger. Was für eine himmelblöde Idee. Beide sind imstande, brutal in die Irre zu führen. Gefühle können so unerhört lügen wie Gedanken. Zudem kommt kein einziges Gefühl zustande ohne den Einsatz von Hirnmasse (wobei das Wort »Masse« bei so manchem eine Spur übertrieben klingt): Das Hirn erkennt eine Situation, und erst dann reagiert »der Bauch«. *No brain, no feeling!* Vor Kurzem las ich ein Interview mit einem Schriftsteller, der uns wissen ließ, dass er seine Leser lieber »emotional« anspricht. Arme Leser.

Abends zum Busbahnhof. Im Wartesaal sehe ich eine junge Frau, die ein Buch liest. Im Heer der anwesenden

Döser und Daddler – der Begriff stammt aus dem Niederdeutschen und bedeutet »stottern« – ist ihr Anblick geradezu überwältigend. Sie liest konzentriert, schaut nicht auf, lässt sich – wieder im Gegensatz zu ihrer Umgebung – nicht ablenken. *Deep reading*, aber wie. Sie ist modern gekleidet, eher hip und benimmt sich wie ein Mensch aus dem 19. Jahrhundert.

Sorry, ich kann nicht anders und setze mich neben sie. Da ich nur einmal lebe, spreche ich sie an. In 15 Minuten geht der nächste Bus, wer weiß, wann sie entschwindet. Und da ich gelernt habe, Frauen eher sacht und höflich zu kontaktieren, unterbricht Diana (den Namen werde ich gleich hören) die Lektüre und sprüht – ex nihilo – los. Ja, sie lese ein Buch eines hiesigen Schriftstellers, der über seine Reise quer durch Europa berichtet. Ja, das möchte sie auch: Sprachen studieren, losziehen, die Welt bewundern, »frei« (!) sein, Erfahrungen sammeln, Leuten begegnen, »die so viel mehr wissen« als sie.

Die 18-Jährige ist als kleines Weltwunder unterwegs. Nie erwähnt sie die Wörter Ehegatte und Familie und großes Haus und dickes Auto, nein, hier redet eine, die noch andere Träume anspornen als jene, denen die meisten hinterherjagen. Erstaunlich, wie sicher und selbstbewusst, ohne einen Hauch von Arroganz, sie »auftritt«. Kein verdruckster Teenie, dafür eine blutjunge Erwachsene, die weiß, in welche Richtung sie ihr Leben treiben will.

Meine Entscheidung war richtig, bald wird ihr Bus aufgerufen. Ich winke ihr begeistert nach. Geist ist erregend. Und unglaublich »anpassungsfähig«: Man vermag mit jeder und jedem anzubandeln, der dieses Geschenk abbekommen hat. Denn sofort verbinden Weltwissen und Neugier zwei Fremde. Weil man umgehend erkennt, dass dem Gegenüber nicht Stroh aus dem Mund fällt, sondern kluge Gedanken, überraschende, im Idealfall neue. Dabei ist es vollkommen egal, wie einer daherkommt, ob jung oder alt, ob arm oder reich, ob mexikanisch oder europäisch. Da sie (oder er) das Wesentliche – den Kopf voller Welt – ja immer bei sich trägt: so einen Turm von Babel, bei dem einer dem anderen beim Weiterbauen hilft. Und kein Sprachengewirr und kein Gott werden sie daran hindern. Und kein Spezialwerkzeug, keine Sonderausrüstung und kein Einführungskurs sind vonnöten. Das reicht: Zwei – oder drei oder viele – treffen sich, knipsen ihr Hirn an, und ein Feuerwerk blitzt in die Dunkelheit.

Wie sagte es Frank Zappa: »Der Geist ist wie ein Fallschirm. Nur wenn er offen ist, funktioniert er.«

95

Eine Stunde vor Mitternacht geht mein Bus nach Oaxaca (sprich: Oahaka), in die 600 Kilometer entfernte Hauptstadt des gleichnamigen Bundesstaats. Zeitungslektüre. Die fleißigen Pressefotografen: Die Erschossenen, die Erwürgten, die Erstochenen, die Explodierten oder von rasenden Autos Zerschmetterten werden aus verschiedensten Winkeln fotografiert und präsentiert. Ausführliche Leichenschau. Damit der Leser gewiss sein kann, ja, der Mensch da ist tot. Richtig tot. Schön entstellt und verstümmelt.

Trucker haben es ebenfalls nicht leicht in diesem Land. Immer wieder, wie jetzt gerade, liest man wahre Heldengeschichten von Fernfahrern, deren Bremsen nicht mehr wollen, und die Helden nun in höchster Not nach »Auswegen« suchen, um ein noch größeres Desaster – mit Vollgas in Fußgänger – zu vermeiden, ja, die Heldenhaftesten auf eine Mauer zurasen und die Verzweifeltsten aus dem Führerhaus springen: lieber auf Asphalt aufschlagen als tief unten in einer Schlucht.

Man muss die Mexikaner loben. Ihre Beschwerden tabuisieren sie nicht. Auch nicht die regelmäßig verübte Gewalt von Männern (ihren) Frauen, ihren Freundinnen gegenüber. Sie schauen nicht weg, die erschreckenden Zahlen werden veröffentlicht, Gesetze verschärft, die Porträts der Übeltäter gezeigt. Aber jahrhundertealte Reflexe deprogrammieren, das dauert.

Die anstrengendsten Nachrichten kommen stets von den Drogenkriegern. Heute sieht man das Foto einer abgefackelten Tankstelle, deren Besitzer es versäumt hat, rechtzeitig die »Schutzgelder« zu überweisen. Die Explosion als Warnung. Neben den verkohlten Zapfsäulen lehnt ein »narcomanta«, ein üblicherweise handbeschriebener Karton, auf dem der Ex-Tankwart darüber informiert wird, dass das die erste und letzte Mahnung war. Eine zweite wird es nicht geben, dann gibt es »den Kopf deines Sohnes«.

Über Ohrhörer bin ich mit meinem Radio verbunden. Um den nächtlichen (TV-)Metzeleien zu entgehen. Und die Zeitungslektüre zu verkraften. Ich suche nach Schnulzen. Als Gegenmittel. Feuerrote Liebe gegen blutrot. Ich finde einen Sender, auf dem nur geträllert wird. Irgendwann singt Leo Dan, der in jungen Jahren auch wegen seiner ungeheuren Haartolle berühmt war. Und er schmachtet, aufgewühlt wie Romeo unter dem Balkon von Julia, den einen Traum, an den sie alle glauben und bei dem sie fast alle bauchlanden: »Nunca, nunca puedes impedir / Que te quiera sólo a ti / Con amor sin igual«, *nie kannst du verhindern, dass ich nur dich liebe, mit einer Liebe ohnegleichen …*

Das ist nicht Kunst und nicht Poesie, aber das Lied swingt. Und wie unwichtig, ob Dan seine Flamme noch immer liebt oder sich längst von einer anderen entflammen lässt. Er hat das Liedchen der Welt geschenkt, und das allein soll zählen.

Essenspause um 3 Uhr früh in Zanatepec. Hinterher zieht sich einer der beiden Fahrer in sein »dormitorio« zurück. Direkt neben der Gepäckablage. Feines Kämmerchen, blitzsauber, sogar ein Herrendiener hat Platz. Hier wird Eloy die nächsten vier Stunden schlafen, während Pacho am Steuer sitzt. Wobei regelmäßig ein Signalton ertönt. Um ihn munter zu halten. Das ist nervig für die Passagiere, aber noch nerviger wäre es, in den links und rechts liegenden Abgrund zu rauschen.

Ich liebe es, aus einem fahrenden Bus in die Nacht zu starren. Still ist es jetzt, nur die Geräusche meiner verhalten schnarchenden Nachbarn. In der Ferne stehen rot leuchtende Windräder, und über uns schwebt ein Sichelmond. Seit ich denken kann, bin ich mondsüchtig. Wie gebannt schaue ich ihn an.

Es wird heller, ein blauer Tag fängt an, Dörfer wachen auf, *Méxique s'éveille*. Eine scheckige Katze huscht vorbei, wir überholen eine Frau mit zwei Milchkannen auf dem Fahrrad, ein Bauer mit seiner Machete auf den Schultern wandert landeinwärts, ein weiß blitzender Ford Mustang Cabriolet aus den 60er Jahren steht an einer Tankstelle und ein junger Kerl, ein selig begabter Angeber, lehnt lässig neben der Motorhaube und – raucht. Wie beruhigend, dass wir zügig vorbeifahren.

Man will das Lied der Schönheit dieser Welt anstimmen, doch es verhallt bald, denn um Punkt acht springen die fünf Fernseher an. Und auf nüchternen Magen werden ein paar Dutzend Bestien – als Menschen verkleidet – auf uns losgelassen. Verzweifelte jetzt einer an der Menschheit, ich würde ihn verstehen.

96

Um 10 Uhr ankommen, Oaxaca ist wieder ein Ort mit einer umwerfenden Altstadt. Die Spanier kamen hierher, um Gold zu suchen. Und fanden nichts. Ich komme, um nach Geschichten Ausschau zu halten. Was für ein unbekümmertes Spiel ist das: Ich mache dabei keine Gefangenen, ich durchbohre niemanden, weder Frau noch Mann werden von mir gefoltert und anschließend zwangsgetauft. Reporter sind wie Spione. Sie horchen aus. Und jede Story ist willkommen, wenn sie zum Reichtum der Welt – und der Schmerz gehört dazu – beiträgt.

Ins Hotelbett legen, bald läutet der Wecker. Ich lebe gewiss nicht mehr genug Jahre, um alle versäumten Schlafstunden nachzuholen.

Auf zum Zócalo, Samstagabendrummel, die Verliebten, die Einsamen, die Familien, die bisschen Verrückten, die leise Selbstgespräche führen, und die schwer Verrückten, die laut mit sich (und allen anderen) hadern.

Vor einem mobilen Stand wartet eine fünfzig (!) Meter lange Schlange, ich schreite sie ab, 63 große Schritte. Ganz vorne frage ich nach dem Grund der Sensation: Auf Facebook steht, dass sie hier die besten »elotes« in der Umgebung anbieten. Gut, dass Facebook existiert, somit haben erstaunlich viele Leute Zeit, ungefähr siebzig Minuten für einen gebackenen Maiskolben anzustehen.

Ich finde ein passendes Eckchen, mit Blick auf den Platz, mit einer Steckdose für den Mac, mit einem Aschenbecher. Und mit Savannah, der strahlenden Bedienung. Ich will wissen, woher das Glück kommt, und die gewiss schon 50-Jährige gibt hemmungslos Bescheid: Seit einer Woche ist sie »muy enamorada«, *heftig verliebt*. In Sebastiano. Ich schaue manchmal zu ihr hinüber, und mir will scheinen, dass sie aufgehört hat zu gehen. Sie hüpft jetzt. Phänomenal, wie so ein Gefühlsknall den Swing auf Erden intensiviert.

Die Lebensfreude der Mexikaner. Trotz alledem. Oder gerade deswegen. Wer weiß. Nach Essen und Arbeit flaniere ich über den Zócalo, überall Terrassen, überall davor die Musiker. Machen die einen Pause, springen bereits die nächsten herbei und legen los. Vor dem »Trio Oaxaca« bleibe ich stehen, drei Männer, drei Gitarren. Sie spielen im Restaurant »El Portal del Marqués«. Wie auf eine Epiphanie gaffe ich auf den Leadgitarristen. Das ist kein Mexikaner, das ist ein Außerirdischer, der sich für seinen Auftritt als

Mexikaner geschminkt hat. So spielt nur der Teufel. Seine geschlossenen Lider, seine Linke, die wie eine Geisterhand über den Hals seiner Geliebten flirrt. Die Hand eines Maestros. Seine Kunst ist sein Waffenschein, seine Droge, sein Fluchtauto, sein Allheilmittel, um den Querschlägen des Lebens standzuhalten. Der Mann steht nicht, nein, er schwebt. Jetzt erntet er den Lohn endloser Mühe. Um der Welt die Gnade der Leichtigkeit vorzuführen.

Es kommt noch inniger. Die drei fangen zu singen an. Und da sie wie (fast) alle Männer wissen, dass bisher nichts Schöneres als der Körper einer Frau erfunden wurde, zudem wissen, dass nur Männer so begnadet davon erzählen können, deklinieren sie nun die einzelnen Wunderteile rauf und runter: »tu pelo« / *deine Haàre* und »tus ojos« / *deine Augen* und »tus labios« / *deine Lippen* und »tus hombros« / *deine Schultern* und »tus pechos« / *deine Brüste* und »tus piernas« / *deine Beine*. Und da die Anwesenden sich von den Tischen erheben und klatschen und schreien und tanzen – den so beliebten »danzón«, einen der ersten Tänze, der physischen Kontakt erlaubte –, hört das Lied lange nicht auf.

Ein Betrunkener verirrt sich vor die Veranda des Lokals. Und legt einen Bauchtanz à la Mata Hari hin. Er ist wundersam gelenkig, irgendwann fasst er nach den grünen Sträuchern, die in großen Töpfen davorstehen, packt sie, wackelt mit ihnen hin und her, und die Gäste lachen, alle sind wunderlich selig. Ach, diese Musik, sie sucht jeden heim, der in ihre Nähe gerät.

Es gibt den klugen Satz von Maya Angelou, der amerikanischen Schriftstellerin: »Leute vergessen, was du zu ihnen gesagt hast. Leute vergessen, was du getan hast. Aber die Leute werden nie vergessen, welche Gefühle du in ihnen ausgelöst hast.«

97

Zeitungslektüre im Bett. Die Botschaft Mexikos in Italien beschwert sich über eine Carmen-Inszenierung in Rom, über die »verzerrte Darstellung der Jungfrau von Guadalupe«. Das muss Mexiko aushalten, dass man woanders nicht an den hiesigen Jungfrauen-Hokuspokus glaubt, sondern weiß, dass das himmlische Abrakadabra nicht »göttlichen Ursprungs« ist, eher lupenrein von Jungfrau-Frommherzigen zusammenfantasiert wurde. Alles darf, nein, muss kritisiert werden dürfen. Denn alles, alles wurde von Menschenhand in die Welt gebracht.

98

Dem Hotel gegenüber liegt die Markthalle, dort kann man frühstücken. Starke Nerven mitbringen sei angeraten. Da man am Tresen sitzt, keinen Meter vom Gasherd entfernt, und die Köchin mexikanisch sorglos hantiert, zischen immer wieder raketenartig Stichflammen in die Luft. Ich bin überzeugt, dass ich der Einzige bin, der hier ein Problem vermutet. Bald kommt der ambulante Posaunist vorbei und posaunt begeistert in unsere Ohren. Die Folter kostet. Der ambulante Xylofonist erlöst uns. Auch nicht umsonst. Er schiebt sein mächtiges Instrument heran und vertreibt – durchaus lautstark – den Bläser. Das ist ganz offensichtlich sein Revier. *Turf fighting*, in diesem Land müssen viele um ihren Arbeitsplatz kämpfen.

Vor Wochen las ich ein Interview mit einem Fotografen, der meinte, es gebe zwei Arten, diesen Beruf auszuüben: sich an einem strategischen Punkt aufzustellen und zu warten, bis etwas passiert. Oder loszuziehen und aufs Glück zu hoffen, zufällig an einem bemerkenswerten Ereignis vorbeizukommen. Ich bin ein nervöser Mensch, ich gehöre zur zweiten Gruppe, ich mache mich immer auf den Weg.

Ich wandere zum Parque Juárez El Llano. Am Eingang

steht ein Reklameposter für die hiesige Tageszeitung »El Imparcial«, *die Unparteiische*. Auch in Mexiko besteht die Gefahr, dass das Lesen abgeschafft wird. Weil Denken weltweit eine gewisse Anstrengung verlangt und Infantilisierung sich viel leichter konsumieren lässt, müssen jene, die (intelligente) Texte produzieren, ihr Produkt bewerben. Der Ködersatz klingt nicht schlecht: »Ja, ich lese Zeitung, um ein Gesprächsthema bei Tisch zu haben.«

Reporter sind oft allein auf Reisen, sie haben keine Freunde im fremden Land. Oft bin ich gern allein, manchmal nicht, dann wünsche ich mir jemanden, der mit mir abends im Restaurant sitzt und von sich und seinem Leben und der Welt erzählt.

Hübscher Park, riesige Bäume, milde Schatten, in der Mitte eine Statue von Benito Juárez. Ein paar Meter abseits stehen neunzehn Jugendliche, Mädchen und Jungen, jeder mit einer Trompete in der Hand. Plus ein Trommler. Sie besuchen alle, so informiert mich ein Zuschauer, die gleiche Schule und üben hier für einen Wettbewerb. Ihr Dirigent, ein Lehrer, wirbelt sagenhaft lässig seine eigene Trompete durch die Luft und ruft: »Esfuerzo y dedicación«, *Mühe und Hingabe*, und die 19 rufen begeistert zurück: »Volundad de vencedor«, *Siegeswille*, und trompeten in den strahlenden Sonntagvormittag.

Wie anrührend, wenn Kinder eine Chance bekommen und diese Gelegenheit ergreifen: begierig nach etwas, das sie erfüllt. Weg vom Schwachsinn, weg von der Gewalt, weg von der Leere eines Lebens ohne Leidenschaft.

Ich gehe in die nahe Kirche Nuestra Señora de Guadalupe. Ah, schon wieder die Allgegenwärtige. Rechts vom Altar steht groß geschrieben: »Para platicar con Dios no necesitas tu cellular«, *um mit Gott zu plauschen, brauchst du kein Mobiltelefon*. Das glauben so manche nicht, denn an mehreren Stellen leuchtet es in den Bänken blau auf. Man könnte wetten, dass sie weder mit der Jungfrau noch mit dem Herrgott kommunizieren, sondern den Kopf ganz woanders haben. Die Situation erinnert mich an meine Kindheit, damals noch so weit weg von jeglicher Art von IT-Geräten. Ich las Schundheftchen, um die peinigende Langeweile zu überstehen.

Ich besuche das beste Hotel am Platz, La Quinta Real, *das königliche Landhaus*. Ich darf rein, weil ich »vestido presentable« trage, *vorzeigbare Kleidung*, und weil ich vor dem Rezeptionisten behaupte, Nummer 37 zu bewohnen. Das ist riskant, denn wenn er nachcheckt, fliege ich raus. Um das zu vermeiden, habe ich gelernt – als Kind, um mich gegen die Übergriffe der Erwachsenen zu wehren, und als Schreiber, um an Informationen ranzukommen –, ruhig und fest dem Gegenüber in die Augen zu schauen und unbeschwert loszulügen. Das wirkte, oft verschwand jeder Zweifel. Wie jetzt.

Der Ort ist ein Traum, die Mauern dick genug, um einem Weltkrieg standzuhalten: Stille, das Plätschern eines Brunnens, ein Pool, die verschiedenen Innenhöfe. Irgendwann komme ich an einem Zimmer vorbei und höre Schreie der Liebe. Wie fortschrittlich: Aus einem Kloster wurde eine Stätte der Sinnenfreude.

Unter einem Gewölbe, mit Blick auf den Garten, gibt es ein Café. Und wie immer an solchen Örtlichkeiten bin ich harmlos größenwahnsinnig, bestelle beim Personal – auf Samtpfoten unterwegs – einen Kaffee, rauche und bilde mir ein, William Somerset Maugham zu sein: Der englische Autor, der in Paris geboren wurde und seine Welterfolge meist in Grandhotels schrieb. Er war hinreißend snobistisch, furchterregend gebildet, sprach (zudem) Deutsch, verirrte sich in eine Ehe, bis er endlich zugab: »Ich war ein Viertel ›normal‹ und drei Viertel schwul. Aber ich versuchte, mich selbst zu überzeugen, dass es umgekehrt war. Das war mein größter Fehler.«

Wer hier sitzt, wird ein besserer Mensch. Schönheit – die der Natur, die von Frauen und Männern geschaffene – heilt.

Lindert allemal. Wenn nicht, ist einem auf Erden nicht zu helfen.

Als ich die Oase verlasse, erfahre ich, dass ein paar Ecken weiter, frühmorgens, ein Polizist erschossen wurde. Das Blut klebt noch auf dem Asphalt. Leute, auch Kinder, stehen herum, Kerzen brennen, jemand hat ein Kreuz aus Kalk auf das Trottoir gemalt. »Drogas«, sagt einer vieldeutig. Was in diesem Zusammenhang nichts anderes bedeutet, als dass das Opfer auf eher illegale Weise involviert war. Ich habe keine Ahnung.

In Mexiko hält Heilung nicht lange an. Dann kommt der Stress zurück, die Anspannung, die Fassungslosigkeit.

99

Besuch im »Centro Cultural Santo Domingo«, hier gibt es eine berühmte, uralte Bibliothek. Über 20 000 Bände. Viele der Volumen standen früher auf dem Index. Eine Tafel verweist darauf, dass jeder, der sie entwendete, sprich, verbreitete, exkommuniziert wurde. Damit war der Mensch vogelfrei. Verstanden, Machthaber – ob nun vom weltlichen oder religiösen Wahn der »Oberhoheit« besessen – waren noch nie daran interessiert, dass die Machtlosen Erkenntnisse sammeln. Das hätte die angemaßte Hybris untergraben. Der ignorante Bürger war ihr Lieblingsbürger.

Gewiss, die Gesellschaft hat sich entwickelt. Auch die mexikanische. Wer wissen will, darf heute wissen. Nur wollen muss er. Aber das ist eine andere Geschichte.

Wie so oft findet sich das heitere Absurde so nah dem Absurden. Vor der Kirche daneben steht ein Schild mit dem Hinweis: »Men must wear Bermuda shorts.« Ich vermute, das Wörtchen »not« fehlt.

100

Ich wandere und irgendwann komme ich an zwei Müllmännern vorbei, sie werfen Berge von Dreck in den Schlund ihres Trucks. Doch Kartons, Coladosen und Plastikflaschen landen auf einem Extraplatz. Geduldig erklären sie die Regeln: Für die Pappe – sie deponieren sie oben – gibt es einen Peso (fünf Cent) pro Kilo. Für die gleiche Menge Blech und Plastik – sie werden in dicken Säcken verstaut – zehn Pesos. Pro Tag bekommen sie für acht Stunden Arbeit einen festen Lohn von 150 Pesos, das macht 7,50 Euro. Das Aussortierte verrechnen sie gesondert, das verkaufen sie, und der Erlös gehört allen, Felipe und Hugo. Und Miguel, dem Fahrer.

Leute aus der Nachbarschaft eilen herbei und schleudern ihren Abfall in den Wagen. Ist die Gegend sauber, klettern Hugo und Felipe aufs Dach, zerkleinern und sortieren die Ausbeute. Die beiden stehen jetzt im Gegenlicht der letzten Strahlen der Abendsonne, irgendwo ein paar schwarze Wolken, dazu der sanfte Schein der Straßenlampen. Unglaublich, wie fotogen Armut aussehen kann.

Ich täusche mich. Als sie fertig sind, setzen wir uns zu viert auf den Bordstein. Ich hole etwas zu trinken, und wir plaudern. Sie sind krankenversichert, der Arbeitsplatz ist ihnen sicher. Hugo arbeitet seit 23 Jahren in dem Job und sagt tatsächlich: »Soy feliz«, *ich bin glücklich*. Denn er habe die drei wichtigsten Dinge: Familie, Gesundheit und Arbeit. Und »el padre«, *Gott*, habe er obendrein.

Wir reden über die *narcos* und ihre vielen unschuldigen Leichen. Und ich frage den 52-Jährigen, wie es kommt, dass ein Mensch, der regelmäßig betet und Gott alle Liebe schwört, warum so einer dennoch ermordet wird. Solche Widersprüche können den Glücklichen nicht erschüttern: »Gott weiß, was er tut.«

Glück hat vielleicht auch damit zu tun, dass man sich jeden Zweifel verbietet. Wissen wollen macht gereizt, ja, unter Umständen unglücklich. Ein unruhiger Geist ist möglicherweise weniger begabt für selige Ausgeglichenheit als einer, der sich in Gewissheiten flüchtet.

Herzlicher Abschied von dem gut gelaunten Trio. Miguel meint noch: »Schon komisch, dass so einer wie Sie mit uns redet.« Ich bin zu überrascht, um schlagfertig darauf zu reagieren. Ich grinse blöd, mit Demut kann ich nichts anfangen.

101

Frühstücken und die neuen Zeitungen lesen, das sind vergnügliche Tätigkeiten. Wenn man denn einen Platz gefunden hat, an dem kein Gehörsturz droht. Und nicht die hundert ärmsten Schlucker der Stadt vorbeikommen. Noch vergnüglicher, wenn man dazwischen laut lachen darf. Wie heute.

Banken auszurauben ist beliebt in Mexiko. Überall beliebt, aber hier ganz besonders. Wenn Dealer dort nach Geld suchen, wird es meist blutig und todernst. Der heutige Bericht bestätigt einmal mehr, dass die Fähigkeit loszustürmen, Notenbündel einzusacken und bei Bedarf ein paar zufällig Anwesende umzulegen, nichts mit kognitiver Intelligenz zu tun haben muss: Die Herren rennen ohne Gesichtsmaske los, obwohl sich inzwischen herumgesprochen haben sollte, dass in jeder Dorfsparkasse eine Kamera hängt. Noch grotesker: Mit den vollen Säcken fahren sie nach Hause. Wo sie gemeldet sind. Nicht nachts weit weg in einen Wald, in eine kurzfristig angemietete Unterkunft, in einen aufgegebenen Steinbruch, nein, neben der Fernsehcouch stellen sie die Beute ab und schauen Fußball. Bis es klingelt, und die Polizei sie abholt. Sie haben wohl, so sagt man hier, nur »zwei Finger Hirn«.

Heute ist mein Lesetag, mein Schreibtag. Alle sechs, sieben Tage stillsitzen. Mich sammeln. »Die Gesten des Schriftstellers«, nannte das, ein bisschen pompös, André Gide. Jemand empfiehlt mir das Café »Brújula«, *Kompass*, und kein Name wäre passender. Lesen und schreiben ist ein geradezu magischer Weg, um die Richtung zu finden, in die man will.

Zudem hilft Lektüre, sich bei den eigenen Vorurteilen zu ertappen: Über eine halbe Zeitungsseite lang werden Paare dazu animiert, sich gegenseitig zu massieren. Der Autor des Berichts preist die verschiedenen Vorteile einer solchen Praktik, besonders erwähnenswert: die Erhöhung des »apetito sexual«. Hört man es hier von jedem Kirchturm pfeifen, dass man seine Sünden, ja, unbedingt, die Fleischessünden, ja, die furchtbaren »Todsünden«, bereuen muss, so wird hier eine Technik gepredigt, die sanft zum Leben drängt. Entspannte Frauen und Männer führen keinen Krieg, ihr Beitrag zum Weltfrieden ist enorm. Mexiko bewegt sich. Raus aus dem uralten Sumpf von Schuld und Sühne und hin zu mehr Sinnlichkeit.

Für das unglaubliche Privileg – denken zu dürfen, nicht malochen und keuchen zu müssen – kommt nach Stunden die Rechnung. Während ich den letzten Schluck Cola trinke, sticht eine Wespe, die auf dem Glasrand saß, in meine Oberlippe. Ich hatte sie übersehen. Ich spucke sie aus, und ein stechender Schmerz folgt. Ich gehe ins Netz und erfahre: »Ein Wespenstich kann tödlich sein.« Für Allergiker. Wer das weiß, soll nach dem Notarzt schreien. Wer nicht, soll sich die nächsten Minuten aufmerksam beobachten. Treten Atemnot, Ohnmacht, Schwindel und Erbrechen auf, dann muss ebenfalls sofort gehandelt werden. Wie ein Ohnmächtiger (!) handeln soll, steht nicht da.

Das Glück verfolgt mich noch immer: keine Allergie. Sie wäre meine erste gewesen. Nur die beleidigte Lippe, dramatisch angeschwollen, begleitet mich zum Hotel.

Packen, den großen Rucksack schenke ich Kevin, dem Rezeptionisten. Mein Gepäck ist inzwischen auf acht Kilo geschrumpft, die in eine kleine Sporttasche passen. Weniger besitzen löst ein euphorisches Gefühl in mir aus.

102

Bahnhof, Bodycheck, die Polizei filmt jeden der Passagiere. Um 23 Uhr geht mein Bus Richtung Bundesstaat Guerrero (»Krieger«) und seine berühmteste Stadt, Acapulco. Eine Gegend, die das amerikanische Außenministerium als »war zone« deklariert hat. Hier fand auch das Verschwinden der 43 ermordeten Studenten statt.

Ein Erleuchteter sitzt heute am Steuer, und über die Fernseher flimmern vollkommen bleifreie Komödien.

Ich habe eine Beilage aus der gestrigen Zeitung mitgebracht, ein »Rilke-Especial«. Vier Seiten lang. Ist das nicht ein Wunder, zum Weinen schön? Am anderen Ende von Rilkes Welt gibt es Frauen und Männer, die ihn verehren und lieben. Die sich – selbst wenn übersetzt – von seiner Sprache rühren lassen. Dramatisch wird er als einer der größten Dichter »de todos los tiempos«, *aller Zeiten*, angekündigt. Seine Epoche und die jetzt auf Spanisch veröffentlichten Briefe an seine Mutter werden vorgestellt.

Schwieriges Verhältnis. Als 19-Jähriger bezeichnet er Phia R. als »vergnügungssüchtiges, erbärmliches Wesen«, später wird es versöhnlicher, aber nie nah. Er schont sie, misstraut ihr, glaubt nicht, dass sie die Turbulenzen seiner Künstlerseele – »das Ungesunde, Zersetzende« – begreift. Regelmäßig schreibt er ihr zu Weihnachten, in der festen Absicht, ihren Besuch zu verhindern und sein Nichtauftauchen zu rechtfertigen. Die Mutter als Last und nie als Ansporn.

Im Laufe des langen Zeitungstextes wird auch eine der berühmtesten Zeilen des Meisters erwähnt: »No tienes que entender la vida«, *du musst das Leben nicht verstehen*. Ach, Rainer, wir wollen es doch verstehen. Welcher Getriebene will nicht dem Geheimnis, dem unfassbarsten, auf die Spur kommen? Selbst wenn er ahnt, dass er für immer ohne Antwort bleiben wird.

103

Später entdecke ich einen Bericht über den japanischen Dichter Nanao Sakaki, über den Allen Ginsberg – Freunde, die beiden – meinte: »Ein tiefes Mitgefühl allen Menschen gegenüber trieb ihn an.« Ich schließe die Augen und weiß, dass ich dazu nicht imstande bin. Dann fällt mir ein, dass ich gern Ginsberg gewesen wäre, der immerhin einen kannte, der so anders war als wir.

Hierher passt der Satz eines Generals der mexikanischen Armee, der zur Lage in Acapulco Stellung bezog: »Dass sich die Banden untereinander töten, stört uns nicht, doch das Morden schadet dem Tourismus.«

104

Kurz vor 11 Uhr morgens ankommen. Man darf jeden beneiden, der nachts in einem Bus schlafen kann. Sie sehen jetzt gesund und frisch aus, ich nicht, ich bin wieder einmal tot. Die Stadt kocht gerade bei 41 Grad, auch das macht nicht lebendiger.

Mit dem Taxi zum Hotel. Aber wir geraten auf der Costera, der berühmten Straße am Meer, in einen hundsgemeinen Stau. Es gibt Tage, die liefern ans Messer. Wie heute.

Nach neunzig Minuten für vier Kilometer erreichen wir eine Kreuzung, und es wird offensichtlich, warum wir im Kriechtempo unterwegs waren: Ein Lastwagen raste aus einer Nebenstraße – die Bremsen, so wird später im Radio berichtet, hörten plötzlich zu funktionieren auf – in ein Dutzend Autos, raste weiter in ein einstöckiges Haus, kippte um, blieb inmitten der Verwüstung liegen. Ein ungeheures

Bild, entstanden vor zwei Stunden. Und Blaulicht, Polizei, Soldaten, Krankenwagen, schreiende Stimmen, alle Bestandteile einer Katastrophe sind bereits vorhanden. Man denkt, hier pflastern Leichen die hundertfünfzig Meter lange Schneise der Schussfahrt. Nein, auch das wird sich abends klären: nur mehrere Verletzte, nur einer schwer. Der Fahrer.

Seltsam, mir geht es jetzt besser. Nach ein paar Ecken kommt mein Hotel, der Taxifahrer verkündet spöttisch: »Bienvenido en Acapulco«. Ich liebe Humor. Orlando meint noch, dass ich mir »una casa de citas«, ein Stundenhotel, ausgesucht hätte. Wie egal mir das ist, ich bekomme ein hartes Bett, einen Tisch, ein Bad, alles blitzblank. Und eine Klimaanlage, die wieder zum Leben erweckt.

105

Mit Acapulco verbindet mich eine alte Geschichte, an die ich voll Melancholie denke. Vor knapp dreißig Jahren war ich schon einmal hier. Um eine Reportage über diesen Ort zu schreiben. Der eine märchenhafte Vergangenheit hat, ganz im Gegensatz zu Cancún: Zwischen den ersten Steinzeit-Indigenen bis zu den ersten Spaniern vergingen fast fünf Jahrtausende. 1531 »entdeckte« Konquistador Hernán Cortés die Bucht am Pazifik, und eine legendäre Hafenstadt entstand. Handel mit Asien und Europa. Silber, Seide und Elfenbein, Arbeitstiere und Menschensklaven, nichts fehlte. Viele Raubritter kamen und stahlen mit, auch Freibeuter Francis Drake. »Aca« überstand jeden und alles, selbst Erdbeben und Cholera. Nach der Gründung der Republik Mexiko, 1824, waren – endgültig – der Schrecken und die Glorie der spanischen Herrschaft vorbei. Die Mexikaner nahmen ihr Land in Besitz.

Die umtriebige Stadt versumpfte, der Dschungel kam zurück, unbemerkt von der Welt döste sie vor sich hin.

Hundert Jahre später wurde das Nest wiederbelebt: am 12. November 1927, ziemlich genau um 6 Uhr abends, als das erste Auto die Stadtgrenze überfuhr. Cortés' Eselspfad war verbreitert worden, jetzt gab es eine Straße zwischen Acapulco und Mexico City. Noch stank das Kaff, hatte weder Strom noch Kanalisation, dafür eine halbe Milliarde Moskitos.

Der Rest verführte zum Träumen: die Meeresbucht, der endlose Sand, die sanft nach oben ziehenden Hügel dahinter, das blaue Wasser und der blaue Himmel. Was für ein Beweis für die Schönheit der Erde.

Giganten ziehen ein. Der sagenumwobene B. Traven verfasst hier seinen »Schatz der Sierra Madre«. Malcolm Lowry und Tennessee Williams folgen. Produktive Alkoholiker produzieren Weltliteratur. Milliardär J. Paul Getty kommt auch. Er trinkt nicht, er schreibt nicht, er kauft: seine ersten 900 Morgen Land, drei Cent das Stück. Die Unschuld ist dahin.

Aca wird berühmt. Weil berühmte Leute kommen. Der unvermeidliche Jetset landet an. Wichtigtuer und Wichtige tauchen auf, Cary Grant, Orson Welles, Richard Burton und Elizabeth Taylor, Nat King Cole, John F. Kennedy und Hunderte mehr. Sexbomben – unter anderen Jane Mansfield, Ursula Andress und Brigitte Bardot – fallen ein. Muskelprotze (der Strand als Bühne!) drängeln, darunter Arnold Schwarzenegger und Sylvester Stallone, die nebenbei als ergreifend talentlose Schauspieler Karriere machen.

Der prominenteste Tote im Ort ist bis auf den heutigen Tag Johnny Weissmuller. Nach Triumphen als schwimmender Olympiasieger und sechster (ebenfalls begnadet unbegabter) Tarzandarsteller zimmert er hartnäckig an seinem Abstieg, heiratet fünf Mal, zielt als Businessman grundsätzlich daneben, wird irgendwann »greeter«, Grüß-Gott-Onkel im Caesar's Palace in Las Vegas, und entwickelt sich schon vor dem Rentenalter zum gesundheitlichen Wrack: Hüftbruch, Schlaganfälle, Alkohol, ein Zwischenstopp in einem Altersheim.

Die letzten Jahre verbringt er in Acapulco. Uferlose Abfindungen an vier Ex-Gattinnen bringen ihn um den Verstand und den Rest seines Geldes. Zuletzt verliert er seine Stimme, nur der von ihm kreierte Urwaldschrei – so will es die Legende – bleibt ihm. Dass Johnny, der Deutsch-Österreicher, in seiner Kindheit in Chicago an Jodelwettbewerben teilnahm, ist eine wundersam berührende Nachricht.

106

Gewiss, bereits vor einer Generation – während meines ersten Aufenthalts – trieben sich im berühmten »Seebad« Acapulco und Umgebung Gangster und Gangsterbosse, Ausbeuter und skandalös Arme, gekaufte Politiker und sonstige zwielichtige Figuren herum, standen in dunklen Ecken »cementeros«, Halbwüchsige, die »cemento«, *Klebstoff* (im Notfall Farbverdünner), snifften oder »mota« – der Deckname für Marihuana – inhalierten.

Das war die gute alte Zeit. Dann kam die Jahrtausendwende, und mit ihr zog – stetig und rasant wachsend – eine Gewalt ein, in deren Verlauf sich Acapulco einmal sogar zur Mord-Welthauptstadt mauserte (stets nah gefolgt von anderen mexikanischen Städten). Heute rangiert sie auf Platz vier oder fünf, so genau weiß das keiner. Zyniker nennen Guerrero – und damit ist automatisch auch Acapulco gemeint – einen »failed state«, in dem die auf Tod und Blutrache verfeindeten Kartelle ganze Dörfer ausräuchern, wo Kinder als ambulante Tortilla-Verkäufer zugleich den Stoff anbieten, wo »autodefensas«-Gruppen kleine Diebe lynchen, in dem es eine Gegend gibt, die laut offizieller Statistiken als ärmste in Mexiko gilt, in der, hier in der 700 000-Einwohner-Metropole, der schwer bewachte Bürgermeister im letzten Jahr getötet wurde, und in der – während meiner drei kommenden Tage – ein Massaker stattfinden wird, das selbst die hartgesottenen Acapulcaner für Augenblicke schaudern lässt.

Guerrero hält viele Rekorde, nur den des größten – bisher entdeckten – Massengrabs: den nicht. Diese Ehre gebührt dem Bundesstaat Veracruz, dort gruben sie kürzlich 295 verscharrte Leichen aus.

Trotzdem, der »normale« Tourist (der allerdings immer seltener seine Ferien hier verbringt), gehört nicht zur ersten Opfergruppe. Die meiste Gewalt – natürlich existiert nebenbei die übliche Straßenkriminalität – passiert zwischen den ungefähr 50 Drogenbanden, die sich hier gegenseitig in Akkordarbeit – im Kampf um ein möglichst großes Terrain – auszulöschen versuchen. Rigoros auslöschen geht nicht, da für jeden Toten schon der Nächste, die Nächsten bereitstehen: um dessen Posten zu übernehmen. Das System, nach dem Mord und Totschlag hier funktionieren, ist in etwa dasselbe wie überall im Land. Nur noch rabiater.

107

Klingt es frivol, wenn ich sage, dass ich starke Momente in Aca erleben werde, die ich nicht missen will? Dass man auch hier Frauen und Männern begegnet, die einen beschenken mit ihrer Großzügigkeit und ihrem Wissen. Zudem sind Erfahrungen – das ist eine kleine, ewige Wahrheit – an gefährlichen Plätzen eindringlicher. Weil man die Tage und Nächte eine Spur riskanter hinter sich bringt. Beim Shoppen in der Fußgängerzone von Quakenbrück bleibt es stets lauwarm. Was ja inzwischen unserer Lieblingstemperatur im satten Westen entspricht. Schön lauwarm bleiben und viel netflixen, so hört man, stehen zurzeit ganz oben auf der Rangliste der einschlägigen Bemühungen, um einem innigen Leben aus dem Weg zu gehen.

Ich fahre mit einem Stadtbus zum Zócalo. Ich schaue gern Männern zu, die einer Frau ihren Sitz anbieten. Auch älteren Damen (somit entfällt jeder Hintergedanke). Diese unscheinbaren Gesten der Ritterlichkeit, auch die gibt es in Mexiko. Manche fragen höflich »con permiso?«: ob sie sich neben jemanden setzen dürfen. Rein rhetorisch, aber doch ein Zeichen von Manieren. Ein Morgen fängt gut an, wenn man Leute entdeckt, die ein Gefühl für Nuancen haben.

Hübscher Platz. Die mächtigen Bäume, die vor dem Hitzetod bewahren. Rentner plaudern auf Bänken. Sie lassen sich nicht stören vom Geleier aus der offenen Kirchentür, denn bereits vor dem Mittagessen muss die berühmteste Jungfrau Mexikos Sünden vergeben. Ein Denkmal für alle Schuhputzer der Welt steht da. In beiden Händen hält die Figur den so wichtigen Lappen, unabdingbar für die Feinpolitur. Wer sich konzentriert, hört das typisch schnalzende Geräusch dieser Kunstfertigkeit. Ich bin kindisch und berühre die Bronzenase. Das soll Glück bringen.

Auf der anderen Straßenseite befindet sich eine imposante Statue. Da kein Name aufklärt, frage ich einen Passanten, wer das sei. »Benito Juárez«, der so verehrte erste Präsident. Der Fremde und ich kommen ins Gespräch. Flavio hat die erfolgreicheren Tage seines Daseins schon aufgebraucht. Er sieht ein wenig derangiert aus, Hemd und Hose und alles Übrige sind gewiss reparaturbedürftig. Doch der wohl 50-Jährige besitzt Witz, ja, erstaunliches Wissen. Er schenkt mir einen Satz von Juárez: »El respeto al derecho ajeno es la paz y la conservación de los dientes«, *der Respekt jedem gegenüber sichert den Frieden und den Erhalt der Zähne*. Frei interpretiert, so Flavio, gäbe es – wenn gegenseitige Achtung vorherrschte – keine Raufereien, ergo, keine rausgeflogenen Zähne. Das ist eine wunderbar skurrile Szene, denn Flavio selbst ist zahnlos, bis auf drei einsame Hauer in seiner Mundhöhle.

Es wird noch wunderbarer. Flavio senkt die Stimme, jetzt wird es ernst: Juárez wäre nicht der Vater dieses so hippen Gedankens, nein, er hat ihn nur abgekupfert – »von einem deutschen Philosophen! Von Immanuel Kant!«

Sind derlei Überraschungen nicht einen Freudenschrei wert? Mitten im verruchten Acapulco fällt der Name Immanuel Kant, ausgesprochen von einem mexikanischen Penner, der Philosophie liebt.

Die Heiterkeit nimmt kein Ende. Ich frage Flavio, wie er zu seiner Zahnlosigkeit kam. »Diabetes«, so die sofortige Antwort. Und warum spritze er nicht Insulin? »Nie, denn Insulin macht blind.« Herrliche Durcheinanderwelt.

Ich rücke unaufgefordert genügend Pesos für zwei Bier heraus. Solche Gaben müssen belohnt werden.

109

Ich gehe zum Strand. Kaum Sonnenanbeter. Früher lag hier die halbe Weltbevölkerung. Ich sehe Fischer bei ihrer Arbeit. Das ist gewiss sentimental, aber ich finde »Seeleute« romantisch. Ich will keiner sein, doch ich will sie bewundern. Wie jetzt: Sie ziehen ihr 350 langes und 90 Meter breites Netz an Land. Sie hatten es vor Stunden u-förmig ausgelegt, mit der offenen Seite hin zum Ufer. Elf Mann mit voller Montur im Wasser.

Zuschauen ist doof. Ich lasse die Stiefel im Sand und ziehe mit. Das ist eine Schweinearbeit und dauert. Ein solches Riesennetz, salzwassernass, hat Gewicht. Man denkt, man holt ein versunkenes Schiff vom Meeresgrund. Und hofft, irgendwann kommt der Walfisch zum Vorschein, der zwischen den Maschen zappelt. Schon kreisen die Pelikane über der mutmaßlichen Beute.

Von wegen Superfang, ein (!) Zentner handgroßer Fische hat sich verfangen, gerade genug, um eine große Kiste zu füllen.

Alle sind bis hinauf zum Nacken nass, aber ihr Anblick hat etwas Männliches, etwas Strotzendes. Die Muskeln glitzern auf der braun gebrannten Haut. Die Sonne, das Meer, die Freundschaft, die Männerwitze, die vollkommene Unabhängigkeit: Hier kommandieren sie allein.

Sie wickeln das Netz auf, laden es in ein Motorboot, und sechs fahren damit hinaus auf den Pazifik. Um es aufs Neue auszulegen. Dreimal, viermal pro 24 Stunden wiederholt sich die Prozedur. Auch nachts wird gearbeitet. Dann schlafen sie vor Ort, unter freiem Himmel.

Die anderen bleiben am Strand. Der feine Duft von Marihuana zieht vorbei. Sie brauchen das, sagen sie, »para relajar«, *um zu entspannen*. Sie strecken mir einen Joint entgegen, ich soll mitrauchen. Anzünden, inhalieren, und nun: da sein und still sein. Und irgendwann kommt ein junger Kerl und bietet Stoff – wir sind in Acapulco – an. Ich kaufe für uns alle und revanchiere mich für ihre Großzügigkeit. Es eilt nicht, es wird dauern, bis die Fische in die Falle schwimmen.

Neben Leandro liegt eine Tageszeitung, »El Sol de Acapulco«, *die Sonne von Acapulco*. Auf der Titelseite sieht man das Foto eines schwarzen Müllsacks. Darunter der Hinweis, dass sich darin die Einzelteile eines Menschen befinden. Leandro wirft keinen Blick darauf. Er hat die Augen geschlossen, dem Meer zugewandt. Vielleicht beamt er sich weg, will gerade nichts wissen von den lokalen Rachefeldzügen. Leandro hat ein schönes Gesicht. Schön, da vollkommen ruhig und gelassen. Als meditierte er, als sei er – oben in seinem Kopf – in einer Welt angekommen, die ihn besänftigt.

110

Auf zur »quebrada«, zur *Schlucht*. Zuerst per Bus, dann zu Fuß unterwegs. Wieder über 40 Grad, ich merke, wie ich schrumpfe in der Höllenhitze, ja, verdampfe, während andere – vor allem Frauen, bilde ich mir ein – erst richtig zu blühen anfangen. Bemerkenswert.

Irgendwann falle ich in ein Kanalloch, das Straßenarbeiter freundlicherweise nicht abdeckten. Bin wohl mitschuldig, weil ich als Hans Guck-in-die-Luft nicht auf den Boden schaute. Ich wäre durchaus vier Meter tiefer gefallen, wenn ich nicht reflexartig die Arme ausgestreckt hätte, um mich am Rand abzufangen. Ich verspreche, achtsamer mit mir umzugehen.

Zehn Minuten später knallt drei Schritte neben mir ein Stück Geländer auf den Bürgersteig. Ich springe verschreckt zur Seite und blicke nach oben. Lachende Bauarbeiter winken mir zu, rufen »perdón, señor«, ein provisorisch montiertes Teil habe sich gelöst. Leicht zitternd gehe ich weiter. Mein Hunger auf Adrenalin ist für diesen Donnerstag gedeckt.

Alles wird gut. Ganz nah dem Hotel Mirador liegt die »Schlucht«, ein mächtiger Fels, direkt am Wasser. Für ein lächerliches Eintrittsgeld kann man ein paar Helden zuschauen, den »Clavadistas«, den *Klippenspringern*. Etwa 25 von ihnen gibt es zurzeit in der Stadt, jeweils fünf treten an. Fünf Mal pro Tag. An diesem Nachmittag (ich darf sie hinterher kurz ausfragen) sind Jorge, Rolando, Hugo, Javier an der Reihe. Und – wo findet sich ein treffsicherer Name für einen, der ins Meer taucht: Ulysses.

Mindestens ein Jahr lang müssen sie trainieren, einige fangen als 15-Jährige damit an. 3000 Pesos, rund 150 Euro verdienen sie. Für die wenigen Minuten, die sie täglich aktiv sind, ist das – für mexikanische Verhältnisse – ein Traumgehalt. Zudem bewundert man sie, ja, beneidet sie.

Und so sieht ihre so sinnliche Mutprobe aus: Sie plantschen zuerst im Meer, lachen, strecken sich, amüsieren sich mit der Nonchalance jener, die brennend erwartet werden. Nach einer Viertelstunde klettern sie die Felswand – steil wie eine schiefe Wand – hinauf. Mit Badehose und bloßen Händen. Zwischenstopp vor den beiden Altären, die der Jungfrau gewidmet sind, niederknien, Kreuzzeichen, die Statue anfassen, dann die letzten Schritte zum Gipfel der Klippe. Jetzt tritt der Erste an den äußersten Rand des Felsbrockens, grüßt uns Feiglinge, grüßt in alle Himmelsrichtungen, sammelt sich und segelt endlich – im Vollbesitz seiner Jugend und Schönheit – mit bestechender Eleganz in den 35 (!) Meter tiefer gelegenen Pazifik. Dann auftauchen, dann der Schrei der Erlösung. Denn Angst, sagen sie, haben sie immer. »Un poco«, *ein bisschen*.

Zehn Minuten später ist der Zauber vorbei, wir Zuschauer klatschen begeistert, die Handys blitzen, jeder will ein Bild mit den Stars. Eine Tüte geht herum, da hinein soll das Trinkgeld.

111

Ich schleiche durch die Viertel der Reichen. Wie überall liegen sie weiter oben, da ist die Luft nicht kühl, aber kühler. Unglaublich, wie viel Geld es in der Welt gibt. Umso unglaublicher, wenn man bedenkt, dass die Armen nicht weniger werden. Ganz offensichtlich kommt es nie bei ihnen an. Versteckte Blicke auf die Villen der Geldbesitzer. Tresore hemmungslosen Protzens. Pools, so groß wie römische Freibäder. Die Duschen daneben mit vergoldeten Armaturen. Terrassen aus weiß schimmerndem Carrara-Marmor. Das Bedienstetenvolk poliert Autos, so teuer wie fünf Einfamilienhäuser. Und zwischen all den Insignien der Maßlosigkeit bewegen sich die schönen und unschönen Inhaber, manche ballonfett, manche mit Wänsten, die aussehen, als horteten sie selbst da noch

Säcke voller Dollars. Man verbietet sich die Frage, woher all die Tonnen grüner Scheine stammen. Gewiss nicht aus dem Handel mit Icecream und Sombreros.

Als ich mit dem Bus zurückfahre, schlafe ich dreimal ein. Mein Sitznachbar schläft durch. Hitze als Schlafmittel. Ich sehe Marinesoldaten einsteigen. Sie dürfen nicht einnicken, sie müssen uns bewachen.

Bis zum Ende des Tages tut Mexiko gut. Am frühen Abend steige ich auf das Dach meines Hotels, dort gibt es einen kleinen Swimmingpool, vier Mal sechs Meter. Niemand da, nur ein schwules Paar, das in einer Ecke schmust. Wie beruhigend, das verspricht nur Gutes. Ich stehe im Wasser, die Ellbogen am Rand des Bassins aufgestützt, und blicke hinunter auf die Bucht. Der Schweiß ist trocken, ich rauche, weit weg erkenne ich Fischer, die mit ihren Buglampen die Oberfläche ableuchten. Vielleicht sind Leandro und seine Kumpel dabei. Überall gehen jetzt die Lichter an. Acapulco leuchtet, nirgends ein Schatten.

Als ich in mein Zimmer zurückgehe, fällt mir André Breton ein, der französische Schriftsteller und Surrealist, der vor dem Schlafengehen immer einen Zettel an die Tür heftete: »Bitte nicht stören, der Dichter arbeitet.« Wie erfreulich, als Genie unterwegs zu sein. Noch als Träumender würde man von den Göttern beschenkt. Reporter nicht, die müssen ran an die Wirklichkeit. Hautnah, verschwitzt, nicht selten hechelnd.

112

Heute steht es in allen Sonderausgaben der Zeitungen. Und gestern Nacht, als ich mir einredete, dass kein Schatten über der Stadt liegt, ist es passiert: »Masacre en el penal«, *Massaker in der Strafanstalt*, hier, dem lokalen Zuchthaus, dem größten in Guerrero. Jeder Zeitungsverkäufer sollte seine Kunden warnen, ja, über jedes Exemplar eine

Banderole mit dem Hinweis kleben: »Nur für Erwachsene – Nur für stahlharte Leser«.

Zwei Clans haben sich in ihren Zellen abgeschlachtet, erste Bilanz: 28 Tote und viele Verletzte. Als ich die großen bunten Fotos betrachte, fällt mir bizarrerweise Bergen-Belsen ein. Wegen der Leichenberge. Aber in dem Konzentrationslager stapelten sich ausgemergelte, ja, skelettöse Opfer. Nicht heutzutage, nicht in Mexiko. Die meisten der Geschlachteten sind kugelrund und blutverschmiert. Manche nackt, viele halb nackt. Und noch ein Unterschied zu dem Vernichtungslager: Hier liegen Köpfe herum, auch Arme, abgeschnitten, abgehackt, weggerissen.

Metallstangen, Holzprügel, Messer, Steine, Bretter und dicke Glassplitter kamen zum Einsatz. Nur eine »Feuerwaffe« und nur drei Patronen fand man, der Rest geschah per Handarbeit.

Die Presse veröffentlicht Hintergrundinformationen, über die man als Europäer zuerst einmal lacht, so aberwitzig lesen sie sich, so ungeheuerlich, so wenig glaubhaft: Geplant war die Haftanstalt für 600 Insassen, und 2101 waren es noch gestern. Während der letzten sechs Jahre gab es dreizehn (!) Direktoren. Die große Mehrheit von ihnen wurde wegen Korruption entlassen, einer verschwand, bevor die Polizei ihn festnehmen konnte, einer wurde vor Wochen liquidiert, vermutlich von rachsüchtigen Familienangehörigen eines Sträflings. Das Wort Korruption klingt in diesem Fall harmlos, konkret bedeutet es: Die Herren haben mit dem organisierten Verbrechen, dem eigentlichen Chef hier, kollaboriert, haben Tarife mitvereinbart, um den Verurteilten das intime Zusammensein mit ihren Frauen/Freundinnen zu ermöglichen, haben mitkassiert, um das Einschleusen von »aparatos prohibidos«, *verbotenen Apparaten*, zu decken, von Spielkonsolen, Porno-CDs, Videospielen, Fernsehgeräten, Mobiltelefonen, Messern, Cuttern, Beilen, von Schusswaffen, säckeweise (!) Drogen und Pfauen (der

Ziervogel in der Zelle als Schmuck!), haben die Flucht von – besonders zahlungskräftigen – Häftlingen mitorganisiert, schauten weg, wenn Tunnel gegraben wurden, haben Folter genehmigt, haben am Essen gespart, um auch da noch ihren Profit zu machen, haben die Augen verschlossen, wenn »grupos del poder«, *Machtgruppen*, andere züchtigten und Schutzgelder (!) forderten, erlaubten Übeltätern nachts Ausgang (!!), damit sie »arbeiten« konnten, sprich, Geld beschaffen, haben verschiedene kleinere Massaker zugelassen (weil sie ja mit bestimmten Banden einen Deal hatten, mit anderen nicht), haben bis zu zwanzig Prostituierte – nicht täglich, aber von Zeit zu Zeit – eingelassen, haben Sexpartys, Hahnenkämpfe (das Federvieh so gedopt wie ihre Besitzer) und – ja, man grinst schon wieder – Stierkämpfe (!) im Gefängnishof veranstaltet.

Selbstverständlich kann ein *señor director* das nicht allein bewerkstelligen. Man erfährt jetzt bei der Morgenlektüre, dass gegen mehr als vierzig Wächter und andere Bedienstete – seit Jahren (!) – Verfahren laufen. Die sich natürlich hinziehen, da auch Justizbeamte und Polizisten bestechlich sind und Unterlagen, Klageschriften und Protokolle verschwinden lassen.

Mexiko, ich bestehe auf der Wiederholung, ist ein ungemein reiches Land, das – würde es nicht vampirisiert werden von Horden jeder Moral, jeden Anstands, jeden Mitgefühls entledigter Zeitgenossen – blühen könnte. Ja, für alle seine Bewohner zu sorgen imstande wäre, selbst für seine schweren Jungs, die wie Schweine in ihren überbevölkerten Zuchthauskoben vegetieren. Freilich stehen keine Mittel – längst geraubt und verprasst – für Haftanstalten zur Verfügung, in denen Straffällige die Chance einer »readaptación social« bekämen, sie folglich weiter an Orten hausen müssen, die zu nichts anderem taugen als zu Brutstätten von Hass und unsäglicher Gewalt.

113

Etwas Wunderschönes passiert, keine halbe Stunde später, nachdem ich die Zeitung weggelegt habe. Was für ein Gegenmittel für schwarze Gedanken. Ich sitze wieder in einem Stadtbus und sehe plötzlich durchs Fenster eine Fata Morgana. Ich steige beim nächsten Halt aus und renne zurück. Aber ja, eine Statue von Gandhi steht da, mitten auf der achtspurigen Costera Miguel Alemán. Der kleine Dünne mit seinem Wanderstab. Wer passte besser hierher? Oder, auch wahr, wer stünde an diesem Ort deplatzierter herum als der »Mahatma«, *die große Seele*? Der Inder mit seiner Erfindung der »Satyagraha«, der *Gewaltlosigkeit*. Nicht Leiche für Leiche, sondern den Gegner verführen mit der Redlichkeit der mitgebrachten Argumente. Nicht hauen und stechen, weil das nur noch mehr Hauen und Stechen provoziert.

Wie immer man darüber denken mag, der Friedensapostel in Acapulco hat etwas Urkomisches. An nicht vielen Punkten der Erde sind sie gerade weiter von seinen Vorschlägen entfernt als hier.

Mich reitet der Teufel, und ich frage die Vorbeiflutenden, wer dieser Mann aus Bronze sei. Das wird ein Kantersieg der Ignoranz: Keine und keiner der 17 Befragten kennt ihn. Zwei Rückschlüsse ergeben sich daraus: Gandhis glorreiche Jahre sind vorbei, er ist heute nur noch ein *has-been*. Und Neugier, so ein weltwacher Antrieb, von den Dingen zu erfahren, die einen umgeben, die ging ebenfalls baden. Halt, eine Erleuchtete weiß Bescheid. Bijay, die Frau aus Bangladesch. Aber sie bekommt nur ein Pünktchen, denn sie wanderte aus einem Land ein, das einmal zu Indien gehörte.

114

Weit hinter der Prachtstraße liegt die »Zona Rosa«, das einstige (billige) Vergnügungsviertel fürs Volk, vollkommen touristenfrei. Als ich die altbekannten Straßen entlanggehe, wird mir klar, dass Acapulco »sauberer« geworden ist, ja, »politisch korrekter«. Die Buden, in denen die »Schlammweiber« auftraten, die sich in großen Becken aus Morast und Schlick bekämpften, sind verschwunden. Auch die (illegalen) Arenen, wo sich Kampfhähne – bewaffnet mit spitzen Sporen an den Beinen – gegenseitig tothackten. Auch die Boxerinnen. Auch die »Pulquerías«, jene durchranzten Spelunken, auf deren Eingangstüren stand, dass »Minderjährigen, Frauen und Polizisten der Zutritt verwehrt« ist. Dort gab es »Pulque«, den Armeleutesud, ein schleimiges Seifenwasser aus gegorenem Agavensaft. Ich musste damals mitsaufen. Der Alkoholgehalt war relativ gering, so dauerte es immerhin einen guten Liter, bis mir die Sinne vergingen. Das Gesöff war dafür bekannt, dass es umgehend auf die Blase drückte, deshalb verlief die Pinkelrinne direkt (!) vor dem Tresen. Good old Acapulco.

Alles weg, selbst der Polizeiposten mit Ausnüchterungszelle, auch die einschlägigen Clubs, wo vorne Musik gespielt wurde und sich hinten die Zimmer (plus Puffmutter) befanden, in die man sich mit den Damen zum Liebesspiel zurückziehen konnte. Auch Jorge fehlt, der mit seiner »caja eléctrica«, dem *elektrischen Kasten*, durch die Kneipen tingelte und Stromstöße verkaufte. Wer die beiden Stäbe anfasste, spürte ein Kribbeln. Das zum Kichern verführte.

Die Unbeschwertheit ist dahin. Wenn ich Leute in der Nachbarschaft nach einer bestimmten Adresse frage, werde ich zuerst einmal gewarnt. Rosa oder rosig ist das Viertel schon lange nicht mehr. Man erkennt die Veränderung an den vielen vergitterten Fenstern und Türen. »Criminales« treiben heute hier ihr Business. Man rät mir zu verschwinden.

Ich spreche einen Mann an, der einen Pick-up repariert. Santiago ist ein freundlicher Typ, er lächelt, als er mich sieht. Ob er die Calle Aguas Blancas kenne? Ich stünde praktisch davor, meint er, aber ich solle sie auf jeden, absolut jeden Fall meiden. Vor Wochen hätten sie einen amerikanischen Touristen dort erschossen, kurz darauf sei eine Französin verschwunden.

Ich gehe los. Aus Erfahrung nehme ich nicht immer ernst, was erzählt wird. Der Mensch hat die Begabung, so manches dramatisch zu übertreiben. Oft berichten sie, was sie nicht selbst erlebt, nur von einem anderen gehört haben. Der es wiederum nur über zehn Zwischenstellen »weiß«. Zudem wird ein (westlicher) Ausländer so schnell am helllichten Tag nicht erledigt. Sie haben einen gewissen »Bonus«, da sich Übeltäter im Klaren darüber sind, dass nach einer solchen Tat tatsächlich nach ihnen gesucht wird. Das klingt zweifellos nach Wunschdenken, es gibt nachgewiesene Verbrechen an Deutschen, an deren Aufklärung deutsche Behörden wenig interessiert waren.

Die »Straße der weißen Wasser« ist keine Prachtavenida. Früher war sie das auch nicht, aber es herrschte Betrieb, Geschrei, Lachen, Nachtleben. Heute liegen links und rechts Abfallhaufen, viele aufgegebene Geschäfte, das heruntergekommene Hotel Bohio, ebenfalls vernagelt. Ähnlich verlassen der Nachtklub »El renacer«, *das Wiedergeborenwerden*. Jemand schmierte auf eine Wand: »Cree en Jesu Cristo y tu vida y tu casa serán salvadas«, *glaube an Jesus Christus, und dein Leben und dein Haus werden gerettet sein*. Ein verwittertes Graffito lässt ahnen, dass man hier einst willkommen war: »Bienvenido en la Zona Rosa.« Zwei Autos fahren durch, beide zügig, beide mit getönten Fenstern. Aus einem Schuppen plärrt Musik, eine müde, dicke Frau steht davor, sie raucht. Sie stammt aus Honduras, und man braucht sie nicht zu fragen, womit sie ihr Geld verdient. Auch sie meint, ich solle mich trollen. Seltsam, sie ist der einzige Mensch, den ich sehe.

Ich gehe die Strecke wieder zurück. Alles wie vorher, nur die Prostituierte ist verschwunden. Santiago scheint sichtlich erleichtert zu sein. Wie bewegend, er machte sich Sorgen um einen Wildfremden. Wir reden. Jetzt erzählt der Automechaniker eine Geschichte, die wahr sein muss, Wort für Wort. Denn er hat sie erlebt, albtraumhaft nah. Und nachdem ich sie gehört habe, verstehe ich besser seine Anteilnahme.

Am 24. Juni 2015 wurde sein Sohn ermordet. Der Arzt fuhr mit einem Freund, ebenfalls Internist, von der Arbeit nach Hause. Auf dem Rücksitz saßen zwei Männer, Bekannte, Beamte. Die vier kannten sich seit Jahren, sie alle lebten in derselben Stadt.

Irgendwann wurden sie angehalten und – erschossen. Und irgendwo verscharrt. Die Untersuchungen ergaben, dass die beiden Mitfahrer im Fond nebenbei mit Drogen handelten und dass sie von Leuten getötet wurden, an die sie minderwertigen, das heißt, stark gestreckten Stoff verkauft hatten. Und die Ärzte gleich mitsterben mussten: um Zeugen auszuschalten. Fünf Tage später – der Vater führt seit diesem Junitag genau Buch – verständigte ihn die Polizei, dass man höchstwahrscheinlich seinen Sohn sowie die drei anderen Opfer gefunden habe. Santiago zeigt mir auf seinem Handy die Fotos der vier, schon leicht entstellten, Leichen, zwei verstümmelt, die Freunde »unversehrt«. Der Vater unterzieht sich einer Blut- und Speichelentnahme für eine DNA-Analyse. Die Proben werden nach Argentinien geschickt, dort wären sie besser ausgerüstet als in Mexiko. Ja, so das Ergebnis: Jonas ist der Sohn von Santiago! Der das Resultat zurückweist, a) weil die argentinischen Forensiker nie direkt die Proben entnahmen, sondern sie aus zweiter Hand erhielten, und b) er nie das Gesicht des im Kühlraum aufgebarten Toten als das Gesicht seines Sohns anerkannt hat, und c) sein Sohn 1.65 Meter maß, die von ihm gesehene Leiche aber größer war. Santiago glaubt, dass die Polizei ihm mit der Aktion zeigen wollte, dass sie etwas unternimmt, den Fall nicht einfach verschludert und zur Tagesordnung übergeht.

Wie so viele, die einen geliebten Angehörigen verloren haben, will der Vater den Tod des Sohnes nicht akzeptieren. Er ist überzeugt, dass dieser, als Arzt, nicht erschossen, vielmehr in ein Laboratorium irgendwo in der Selva verschleppt wurde, um dort unter Bewachung an der Herstellung von Heroin mitzuarbeiten. Santiago recherchiert nun auf eigene Faust. Diskret. Nachdem er sich auf dem Schwarzmarkt eine Beretta 92 (Schmuggelware aus den USA) besorgt hat. Er öffnet die Tür zum Beifahrersitz, hebt den Teppich hoch, »15 Schuss, neun Millimeter«. Das muss sein, sagt er, denn wenn die Mörder von seinen Nachforschungen erfahren, ist er der Nächste auf der Abschussliste.

Dann passiert es. Santiago nimmt die Waffe an sich und – fängt zu weinen an. Auf der Motorhaube liegt sein Telefon, mit dem Foto der Leiche, die nicht Jonas sein soll, auf keinen Fall. Aber in diesem Moment überwältigt ihn der Zweifel, ja, die so vehement verschmähte Gewissheit, dass der 28-Jährige nie mehr auftauchen wird. Dass er tot ist, unfähig, zu seinem Vater zurückzukehren. Und wie stets in solchen Augenblicken ist ein anderer, zufällig ich, vollkommen außerstande, die Verzweiflung des Fassungslosen zu lindern. Ich lege meinen rechten Arm um seine Schultern, und – was für ein seltsames Bild – der schmächtige Santiago lehnt sich an mich, noch immer die Pistole in der Hand, und schluchzt. Wie wohl nur einer, dem ein Kind geraubt wurde.

115

Abends steige ich wieder auf das Dach meines Hotels. Sich in warmem Wasser treiben zu lassen beruhigt die Seele, den Körper. Das Homopärchen ist auch da, wie ausdauernd begeistert sie sich anhimmeln. Ach, die Liebe, sie sucht sich unfehlbar die aus, die für sie bereit sind.

In meinem Zimmer lese ich noch eine erfreuliche Nachricht: Zwei Abgeordnete wollen die Initiative »Lektüre in den Gefängnissen« vorantreiben. Um »la vinculación con la sociedad« zu befördern, *die Verbindung mit der Gesellschaft*. Das ist ein gutes Motiv: Lesen soll helfen, klüger und gelassener mit anderen umzugehen. Sprache, Literatur, Poesie, Gedanken aus aller Welt, viel verführerischere Heilmittel, okay, Linderungsmittel, haben wir nicht. Das Problem: Irgendetwas muss irgendwann in einem Menschen geschehen, so ein magischer Kick, der diese Sehnsucht nach still sitzen und still denken auslöst. Kommt dieser Rempler nicht, dann kann man jeder Frau oder jedem Mann jeden Tag die Werke von Emily Dickinson, Albert Camus, Zadie Smith und Heinrich Böll – oder tausend anderen Meistern – an den Kopf werfen und trotzdem: Der Kopf wird nie anfangen zu leuchten.

Meiner leuchtet. Weil mir eine Episode einfällt, die Ende der 80er Jahre in London stattfand. Ich war dort für eine *Stern*-Reportage. Zufällig erfuhr ich, dass Ronald »Buster« Edwards – für seine Teilnahme 1963 an der *Great Train Robbery* weltberühmt geworden – jetzt Blumen an der Waterloo Station verkaufte. Mit 150 000 Pfund (heute wären das über drei Millionen Euro) hatte er sich nach dem Coup nach Acapulco abgesetzt. Der damaligen Hochburg der weltweiten Spaßguerilla. Nach drei Jahren war er pleite und – so erzählte er in unserem Gespräch – »homesick«, krank vor Sehnsucht nach England. Also machte er einen Deal mit der britischen Polizei, erklärte sich schuldig, kehrte zurück, wurde verurteilt, arbeitete als Gefängniskoch und kam frühzeitig, nach neun Jahren, wieder heraus. Und wurde – nur noch ein Schatten seiner selbst – Blumenstandbesitzer. Als wir uns trafen, war er 57, mordsdick, mit brüchiger Stimme, doch voller Schwung von seiner Zeit als »masterthief« berichtend. Ja, »the fucking adrenalin flow«, der fehlte. Als ich ihn auf Acapulco ansprach, meinte er wunderbar trocken: »Weißt du, Spaß haben ist toll, aber immer Spaß, das ist die Hölle.« Ein paar Jahre später hat sich Edwards erhängt. In einer Garage, nicht weit von seiner Arbeitsstelle. Es war sein dritter Versuch, und der klappte. Unmengen von Wodka schwammen in seinem wuchtigen Körper.

116

Mit dem Taxi zum Busbahnhof, noch ein strahlender Tag in Acapulco. Wir müssen Umwege fahren, denn die Costera ist – welch Überraschung – verstopft. Diesmal von der »Fuerza Conago«, einer Spezialeinheit der Polizei, die darauf trainiert ist, gestohlene Wagen aus dem Verkehr zu ziehen: die berüchtigten »carros chuecos« (wörtlich: krumme Autos), die illegal eingeführt wurden, ohne Papiere, ohne Versicherung, aber gewiss mithilfe amerikanischer Grenzer. Hunderttausende dieser Vehikel gibt es in Mexiko. Besonders beliebt bei Gangstern, da die Nummernschilder manipuliert sind, sprich, auf diesem Weg nicht nach ihnen gefahndet werden kann.

Taxifahrer Rufo gehört zu den Leuten, denen man ansieht, dass sie Humor besitzen. Bevor sie den Mund aufmachen. Den besten von allen, den schwarzen. Rufo hat ihn, er kennt die Schleichwege, zeigt mit Pokerface links auf ein Depot, wo gestern Abend ein Kollege von ihm erschossen wurde, zeigt auf ein Haus, in dem ein Homosexuellen-Paar – nein, nicht »meins« – zur gleichen Stunde hingerichtet wurde. Und antwortet, als ich ihn frage, wie er sich all die Gewalt in Mexiko erklärt: »Der Teufel sorgt dafür.« Aber warum besiegt dann der »Todopoderoso«, der *Allmächtige*, ihn nicht? Und der fünffache Familienvater, unschlagbar: »Kommt noch.«

Diesmal habe ich wieder einen Luxusbus mit dem namenlosen Komfort, dass jeder per Kopfhörer entscheiden kann, ob er sich die angebotenen Horrorgeschichten antun will oder nicht. Die Fahrt geht nach Cuernavaca, der Hauptstadt des Bundesstaats Morelos. Alexander von Humboldt – neben dem wir anderen Reisenden wie bemühte Wichte aussehen – nannte sie die »Stadt des ewigen Frühlings«. Wegen des sanften Klimas. Das ist ein gutes Omen, denn ich werde viel lachen dort. Über einen Tunichtgut, der sich von der Einfalt seiner Kunden nährt. Doch einen gewaltlosen, der von vorn bis hinten lügt. Selbst seine Pausen zwischen den Wörtern riechen nach Lug und Trug. Ich mag derlei Gegner. Sobald ich sie durchschaue, lüge ich zurück. Das ist ein Wettkampf, den ich grundsätzlich gewinne. Weil der andere – getrieben von Gier – irgendwann Fehler macht, die ich vermeide. Da keine Habsucht – in solchen Situationen – mich verwirrt. Nur die Freude am Spiel.

Ja, ich treibe mich lieber in Metropolen herum. Natur begeistert, aber mit ihr kann ich nicht kommunizieren. Ich brauche die Zweibeiner, den Stress, die Storys, das Flirren, die Widersprüche. Als ich in New York lebte, schenkte mir ein Amerikaner das schöne Wort »city slicker«: *Großstadtmensch*, den Titel nehme ich sofort. Zudem wuchs ich im Mief eines Provinznests auf, wo es nach Dumpfsein und bigottem Taumel stank.

Die große weite Welt, sie steht mir gut.

Auf dem Screen vor mir, eingelassen in der Rückenlehne des Vordersitzes, sind Filme aufgelistet, deren Konsum tatsächlich Hirn verlangt. Noch ein Luxus. Ich wähle »Eye in the Sky«, mit der begnadeten Helen Mirren. Der britische Thriller zeigt Gewalt, doch sie passt zur Geschichte. Die so anrührt, weil sie von dem moralischen Dilemma berichtet zwischen »notwendigem« Töten und der Achtung vor menschlichem Leben, im konkreten Fall dem Leben eines somalischen Mädchens. Jeder, der hinsieht, wird sich fragen: Wie würde ich reagieren? Würde ich den Knopf drücken, um Männer zu vernichten, die ein Selbstmordattentat vorbereiten, und gleichzeitig die Kleine auslöschen, die sich zufällig in der Nähe befindet? Wer könnte antworten, bevor er – mitten in der Wirklichkeit – vor dieser Entscheidung steht?

117

Wir kommen erst am frühen Abend an, ein harmloser Unfall auf der Autobahn hielt uns auf. Es regnet in Cuernavaca. Ich checke ein und suche einen Platz zum Essen. Lesen, Notizen machen und ein munterer Flirt mit Linda, der Kellnerin. Sie mag mich, vermute ich, weil ich in Paris wohne. »Da muss das Leben wundervoll sein«, sagt sie. Sie war nie vor Ort, aber bei dem Wort Paris schließt sie selig die Augen. Linda ist, milde formuliert, vollschlank. Sie würde mit Hurra in die französische Hauptstadt reisen, um sich »dort zu verlieben«. Unheimlich, was fünf einfache Buchstaben für Träume lostreten können.

Bevor ich am Tor läute, das in den Hof meines Hotels führt, drehe ich mich noch einmal um. Es nieselt auf das uralte Kopfsteinpflaster, im Schein der Straßenlampen fliegen die Regentropfen, an einem Hauseingang lehnt eine Hure, die keiner mehr will. Still ist es, wunderlich romantisch. Nun müsste Brassaï vorbeikommen und ein Foto zaubern. Von der Stille und der verkommenen Schönheit.

Von meinem Zimmer aus schaue ich nochmals auf die Straße. Schöne Einsamkeit, rauchen. Ich spiele gern Detektiv, in jedem *film noir* stehen solche Männer am Fenster und blicken durch die Lamellen der Jalousien. Diskret, nachdenklich, besessen von dem Wunsch zu wissen. Ich bin jetzt einer, der ich wäre, wäre ich nicht Reporter geworden. Die beiden haben einiges gemeinsam. Mit dem kleinen Block fängt es an, in den sie kleine Sätze schreiben. Ja, die einen suchen die Wahrheit hinter den Lügen, und die anderen, die Schreiber, suchen – das Gleiche. Um dem pompösen Wort »Wahrheit« aus dem Weg zu gehen, ersetzen wir es durch »Wirklichkeit«. Herausfinden, was ist, was war. Dass an meiner Zimmerdecke ein uralter Ventilator ächzt, ist ein Klischee, das genau hierher passt.

118

Samstagmorgen, schöner Morgen. Zum Zócalo, die Schuhputzer klappern bereits, um Kundschaft anzulocken, die Straßenkehrer treffen ein, die Burritos-Verkäufer kommen mit ihren ambulanten Karren, die frisch eingetroffene Presse liegt auf Tischen, Polizisten beziehen ihre Stellung, die Vögel zwitschern, Cuernavaca ist tatsächlich meine erste Stadt in Mexiko, deren Lokalzeitungen keine Leiche auf Seite 1 zeigen. Gut, auf Seite 2 geht es dann los.

Ganz in der Nähe steht der »Palacio de Cortés«, das Ego des Konquistadors war so gewaltig, dass nur Paläste als Eigenheime infrage kamen. Noch befriedigender, wenn man vorher – wie hier – den Palast eines anderen Egomanen, eines Aztekenführers, zerstören konnte.

Flanieren und skurrile Dinge entdecken. Über einem Schneiderladen liest man (sic): »Sanchez Smoking's« und Schneiderkollege Reyes ist für die »alta costura«, die *Haute Couture*, in Cuernavaca zuständig. »Frakes« schneidert er auch. Señorita Florida verkauft »Pasteles Mozart«. Und Zahnarzt Señor Delgado hat an seiner Praxistür anschlagen lassen: »La sonrisa tan brillante como las estrellas en tan solo una hora«, wer immer beim Doktor sich die Zähne bleichen lässt, *in nur einer Stunde wird sein Lächeln den funkelnden Sternen gleichen*.

Jemand verteilt Zettel, die auf ein kostenloses »Recital poético« im hiesigen Stadttheater verweisen. Mehrere Organisationen laden dazu ein, so steht es wörtlich da, »um die

Entwicklung der Erwachsenen im Bundesstaat Morelos voranzutreiben«. Ist das nicht hinreißend, Musik und Poesie hören, um den Charakter eines Menschen zu formen? Sein Herz, seinen Geist. Als Serum, als *firewall* gegen die Vernichtungsorgien, denen beide täglich ausgesetzt sind. Zufälligerweise bekomme ich die Einladung in der Calle Degollado überreicht, in der *Straße des Geköpften*. Gibt man, was ich später tue, das Wort im Netz ein und klickt auf »Bilder«, so darf man – *courtesy of Google* – viele Leichen sehen. Ohne Kopf. Der entweder direkt daneben liegt oder weiter weg. Mexiko und das Blutrünstige, immer wieder mal treten die zwei gemeinsam auf.

Jetzt kommt der Auftritt des Windbeutels, der mich schröpfen will und der nicht weiß, dass ich bis zur nächsten Ewigkeit an ihn denken werde. Voller Heiterkeit. Ich komme an einem Laden vorbei, der sich »Centro Espiritual« nennt. Eine Tafel klärt über alle Wundertaten auf, die sie hier erledigen. Jedem wird geholfen, 100 % »garantizado«: jedem, der keine Leidenschaft findet! Der Geld schuldet! Dessen Geschäfte schlecht laufen! Dem der Tod droht! Dem der totale Ruin bevorsteht! Dessen Ernte und Tiere grundlos sterben! Der von einer Hexerei verflucht wurde! Den die Manneskraft verlassen hat!

Hier waltet ein »experto«, der Ex-Liebende vereint! Der die Mysterien der Sehnsucht kennt! Der in die Zukunft sieht! Der »el ritual mágico del endulzamiento de amor« inszeniert, *das Ritual der Versüßung der Liebe*, sprich, matte Paare wieder aufpeppt! Der jeder und jedem einen Partner besorgt! Auch einen Gleichgeschlechtlichen (!), und der – fantastisch – »especialista en el fracaso humano« ist, *Spezialist in Sachen menschlichen Versagens*. Den will ich kennenlernen. Ich habe so oft versagt, mir ist jeder recht, der beherzt eingreift.

Im Vorzimmerchen, drei mal drei Meter, sitzt ein junger Mann, guter Kopf, sportlich gekleidet, der sich als Rogelio vorstellt. Er, die Fachkraft für die letzten Fragen der Menschheit, schaut gerade Fernsehen, ein Idiotenquiz läuft, bei dem man »milliones y milliones« gewinnen kann. Der Hausherr ist freundlich und sofort hellwach, ah, ein Opfer ist eingetroffen. Das billigste Angebot ist »la baraja española«, *das spanische Tarot*. 250 Pesos fürs Kartenlegen, 45 Minuten lang. Das muss ich nehmen, denn sonst erfahre ich nicht, wie sie hier abzocken. »Vorauszahlung, bitte.«

Das »Spirituelle« nimmt seinen Lauf. Wir gehen ins »Behandlungszimmer«, zwei mal eineinhalb Meter winzig, ein kleiner Tisch, wir setzen uns gegenüber. Rogelio mischt mit ernster Miene die Karten, anschließend mische ich genau nach Vorgabe: sechs Durchgänge, doch nur mit der Rechten den Pack anfassen. Dann soll ich auf ein Zettelchen meinen Namen und meine Wünsche schreiben, ich notiere: *die Zukunft wissen / meinen verdammten Rücken heilen / viel Ruhm*. (Sorry, mich plagen keine hehren Ideale, eher die einfachen.) Dann dem *maestro de ceremonias* dreimal und Satz für Satz das Paternoster nachsprechen, stehend, als Ausdruck der Demut. Dann das Leiern mit drei »Amen« abschließen.

Kerzen brennen, es ist dämmrig, unzählige Ministatuen von »Heiligen« baumeln an den Wänden, es riecht nach Räucherstäbchen, hinter Rogelio hängt ein riesiges Kreuz. Und unser Mann in Cuernavaca legt los: dass es höchste Zeit war, ihn zu besuchen, dass ich – er sieht es deutlich vor sich –, beruflich längst gestrandet bin! Dass eine Krankheit schon in mir lauert! Dass Zank und Trübsal mein tägliches Leben bestimmen! Dass die Frauen sich von mir abwenden! Dass es »en el amor« (er meint im Bett) auch schwer hapert! Und dass – »lo siento«, *tut mir leid* – nur noch wenig Geld auf meinem Konto liegt!

Nicht schlecht, der Meister spricht Tacheles, hier sitzt, die Indizien klingen erdrückend, ein Vollblutversager vor ihm.

Scharlatane amüsieren mich. Nie käme ich auf die Idee, ihnen zu widersprechen, im Gegenteil, ich bejahe, sporne sie an. Rechtfertigte ich mich, würde der Gauner seine Aussagen vielleicht dämpfen, sie mildern. Um den Kunden nicht zu vergrämen. Aber nein, ich gebe Rogelio in allen Punkten recht. Kleinlaut und geknickt. Ich will ja, dass er den ganzen Müll »weissagt«, den er in den Karten zu sehen glaubt.

Ich bin als Scheinheiliger nicht zu toppen, ich nicke folgsam, als Rogelio zur Umkehr zu »Jesús de Nazaret« drängt und totales Vertrauen in ihn – nicht in den Welterlöser, sondern in ihn, den Ganoven – fordert. Was mir, so eifert er, gewiss leicht falle, wisse ich doch, wie viele Schurken unterwegs seien, die aus reiner Profitgier den Glauben ihrer Mitmenschen ausnutzten. »Brujeria«, *Hexerei*, würden sie präsentieren, nichts anderes. Er nicht, er sei »muy serio«.

Die Schwindelorgie geht weiter. Muss weitergehen, denn laut Schlitzohr Rogelio wären meine Probleme dermaßen ausgewachsen, dass »una limpia grande«, *eine umfassende Reinigung*, unbedingt notwendig sei. Die könnten wir gleich erledigen, das wären dann, »por favor«, nochmals 800 Pesos. Als ich behaupte, dass ich die Summe nicht bei mir habe, meint er: »Nicht schlimm, ich kann Ihnen eine *oferta especial* anbieten, für 650 Pesos.« Als ich antworte, dass ich kaum Bargeld bei mir trage, schlägt er den nächsten Geldautomaten hier um die Ecke vor. Perdón, es ist mir durchaus peinlich, aber meine Kreditkarte wurde bereits wegen Überziehung gesperrt. Um meinen hartnäckigen Gegner bei Laune zu halten, schlage ich ihm jedoch umgehend für Montagmorgen eine neue Verabredung vor, dann hätte ich via Western Union garantiert Geld von meiner Freundin in Tokyo erhalten. Die mir ja schon längst geraten hatte, mich behandeln zu lassen.

Meine Begeisterung hebt die Stimmung. Ach ja, um sich für unser zweites Treffen vorzubereiten, raunt Rogelio leise, muss er »mit meinen Schutzengeln in Kontakt treten.« Verstanden, meine zwei Englein als Escortservice, der natürlich entlohnt werden will. Mit extra 800 Pesos. Ja, die beiden würden von Jesús zu meinem persönlichen Schutz abgestellt, und ein »Gespräch mit ihnen« sei eine delikate Angelegenheit, ja unabdingbar, um mehr über mich zu erfahren. Damit die Montagvormittagsreinigung ein voller Erfolg wird.

Halt, ich müsse außer dem Bargeld noch weitere Sachen mitbringen, »um den Kontakt zu den Himmlischen herzustellen«: den ersten Urin am fraglichen Tag, einen Topf aus Ton, ein Kilo grobkörnigen Salzes und eine Kerze im Glas, alles unverzichtbar für die Begegnung der dritten Art.

Ich bin ganz zahm, verbiete mir jede Ironie in der Stimme, jeden grellen Lacher. Rogelio scheint so überzeugt von meinem Enthusiasmus (und Wiederkommen) zu sein, dass er mir gratis »una limpia rápida« vorschlägt, *eine kostenlose Schnellreinigung*. Wohl auch, um zu zeigen, was für ein Profi hier am Werk ist: Ich muss mich vor den rosenkranzüberladenen Altar stellen und die Augen schließen. Ich luge heimlich, denn mein kleiner Rucksack mit dem Computer steht nun unbewacht neben dem Stuhl. Ich bin ein gebranntes Kind, nein, ein schwer gebranntes. Rogelio streicht nun mit einem rohen Ei – fest in einer Hand umschlossen – an meinem Körper entlang, entlang aller Extremitäten, des Nackens, des Rückens, der Schultern, überall. Begleitet von geheimnisvollem Gemurmel. Dann schlägt er ein Ei auf – ich darf wieder schauen – und schüttet es in ein volles Wasserglas, deutet auf die Schlieren, die sich vom Dotter getrennt haben (siehe Marion!), und die nun deutlich erkennen lassen: Zeichen künftiger unguter Zeiten, die schmierige Flüssigkeit offenbart »Blockierungen und seelische Störungen«. Viele Schlieren, viele Probleme. Was nichts anderes bedeutet, als dass eine Kur bei Rogelio überfällig ist. Kein Zweifel.

Der Mumpitz hat ein Ende, herzlicher Abschied. Alles klar, übermorgen stehe ich um Punkt zehn vor der Tür, links die Scheine für das Säubern meiner fleckenreichen Seele, rechts die Scheine für meine überirdischen Leibwächter. Rogelio lächelt hochgestimmt, ich auch. Wunderlich absurdes Theater, ganz echt, in Echtzeit.

119

Abends in einem Café am Zócalo. Lesen, um in eine Wirklichkeit zurückzukehren, in der Hirn auftritt, wo keine esoterischen Faxen martern. Und ich werde tatsächlich geheilt von den letzten Stunden, stoße auf einen Bericht über Leila Guerriero, eine im spanischsprachigen Raum sehr bekannte Autorin. Mit Recht, denn sie wirft mit Perlen nach uns Lesern, lässt wunderbare Sätze raus über das Schreiben, über die fälligen Bauchlandungen, über die Scheißtage und die paar Glückstage, an denen ein Schreiber von dem Wahn ergriffen sein darf, sich geliebt zu fühlen.

Die Argentinierin ist eine Kriegerin, Sprache aus Notwehr: »Ich schreibe wie ich boxen würde. Da ist eine zügellose Raserei in mir, eine zügellose Gewalt in mir, eine zügellose Nostalgie, ein zügelloser Zorn, eine zügellose Ekstase. Weil ich immer, immer, immer schreibe, als würde ich boxen.«

Guerriero ist nicht die einzige, die so redet. So manche Autoren hauen vorzugsweise in ihre Tasten statt in Gesichter. Ich vermute, dass eine Wunde in ihnen schwärt, die nicht heilen will. Und eine Wut, die nicht aufhört.

120

Sonntag in Cuernavaca. Frühstück und lesen im Vips, dem Schnellrestaurant. Ich bitte die liebliche Bedienung, den Krach aus den drei Fernsehern leiser zu stellen. Wenn schon Schwachsinn, dann – Erbarmen – in erträglicher Lautstärke. Sie macht das, lächelnd. Später übernimmt ein anderer den Service und fährt umgehend die Sitcom – maßgeschneidert für die Achse der Blöden – wieder hoch. Der Wunsch, debil zu bleiben, ist ungemein verlockend. Klar, eine leere Birne gibt es umsonst, Geist riecht nach harter Arbeit.

Ich ziehe mir bisweilen auch die Boxhandschuhe über. Um links und rechts Haken auszuteilen. So mitgenommen bin ich zuzeiten vom penetrant anrollenden Dünnschiss. Doch nur mein Mac muss sie aushalten, die Hiebe. Wie meine Schreie, die eigentlich in die Welt sollten. Aber ich traue mich nicht, sie rauszubrüllen. So schreie ich in den Computer. Er ist mein idealer Punchingball, er streckt mir beide Wangen hin. Nie sinnt er auf Rache.

In der Zeitung wird vom Raubmord an einem Priester berichtet. Ein Weblink steht am Ende des kurzen Artikels, mit dessen Hilfe man mehr zur Tat erfahren kann. Ich gebe ihn ein und bin verpflichtet, vor dem Beitrag zuerst die Werbung für ein Glücksspiel zu konsumieren. Der Neoliberalismus hat sich von jeder Scham verabschiedet. Jetzt müssten wieder die Fäuste fliegen, um den dafür Verantwortlichen in die Fresse zu hauen. Damit sie aufwachen und eine Ahnung von Respekt vor dem Tod eines Menschen bekommen.

Ach, der Tod, in Mexiko ist kein Entkommen. Sie zeigen ihn her. Man sieht das Foto einer an Brustkrebs gestorbenen Frau. Um »das Recht auf Information« zu erfüllen, sehen wir ebenfalls die von der Krankheit zerfressenen Brüste. Daneben wird das Foto einer Brücke gezeigt, an der ein Leichensack hängt. Rechts davon dasselbe Bild, aber nun liegt der Inhalt des Müllsacks auf der Autobahn. Der

Text darunter ist erhellend: Drogenhändler stellen ihre Opfer gern öffentlich aus, doch bisweilen gibt das Plastik nach, und der Hingerichtete kracht nach unten. Mit dem üblichen Schild um den Hals, Warnung an alle Vorbeikommenden: Leg dich nicht mit uns an, sonst baumelst auch du! Andere Mörder gehen auf Nummer sicher. Sie foltern ihre Gegner zu Tode und legen sie anschließend auf Zugschienen. Doppelt genäht hält besser.

Ich besuche die Kathedrale, Sonntagmorgenmesse, die Kommunion hat schon begonnen. Ich befinde mich links vom Altar, werde jedoch aufgefordert weiterzugehen, »denn mit dem Rücken darf man nicht zu den heiligen Ölen stehen«. Die »heiligen Öle«, jene Zaubertinkturen, die christlichen Sterbenden ins Himmelreich verhelfen. Familienangehörige schieben Lahme zur Oblate vor, damit sie den »corpus Christi« verspeisen. Die Kirche ist San Felipe de Jesús geweiht, der sich Ende des 16. Jahrhunderts freiwillig (!) hat schlachten lassen. Um als »Märtyrer seinem Herrgott zu dienen«. Als ich hereinkam, lagen am Eingang Broschüren aus, eine davon hieß: »Domingo, día del Señor«, *Sonntag, Tag des Herrn.* Laut Matthäus (10,37–42), so kann man es in dem Blättchen lesen, hat Jesus gesagt: »Wer Vater und Mutter mehr liebt als mich, ist meiner nicht würdig; wer seinen Sohn oder seine Tochter mehr liebt als mich, ist meiner nicht würdig …« Herr Jesus ist ein barscher, haltlos eifersüchtiger Gebieter. Die Liebe zu ihm hat Vorfahrt. Und ein gnadenloser ist er zudem: wer diese allererste Regel – das wird ebenfalls notiert – missachtet, »fährt zur Hölle«.

Ich werde tatsächlich auf Boxer umsatteln, denn in manchen Stunden will man nur noch k. o. hauen.

Verspürte ich je die Sehnsucht nach einem Gott, ich würde mir einen anderen erfinden, einen mit Humor, mit Leichtigkeit, einen, der alle meine diesseitigen Lieben bejahte.

Auch die zu meinem Bruder. Auch die zu einer Frau. Auch die zur Schönheit der Frauen. Auch die zu meinen Freunden. Ja, einen, der mich anspornte, so viele Dinge und Menschen zu lieben, wie ich es nur vermag. Mein Gott wäre phänomenal großzügig, nie käme er auf die Idee, herrisch für sich allein die Superlativ-Liebe zu fordern. Er würde die grandioseste Grundbedingung der Liebe erfüllen: Bedingungslosigkeit.

121

Zuletzt noch ein paar heitere Notizen aus der hübschen Stadt. Auf zum Jardín Borda, der vor allem durch Maximilian I. – der Habsburger, der sich einst als »Kaiser von Mexiko« aufführte – berühmt wurde. Dschungelland, Teichlein, Brünnlein, Bächlein, Vöglein, Schwänlein und schattige Plätzchen laden zum Küssen und Anfassen ein. Hier hat sich der glücklose Herrscher mit seiner Geliebten Maria Concepción – genannt »la india bonita«, *die warmherzige Indigene* – getroffen. Zum königlichen Schäferstündchen. Gattin Charlotte – später ja irre geworden – galt als kalt. Im Bett und außerhalb. Ob die Story stimmt, weiß niemand genau. Aber so erzählen sie in Cuernavaca die Vergangenheit, die herrlich sentimentale, die Mitte des 19. Jahrhunderts hier stattgefunden haben soll.

Nochmals zum Zócalo, wo – wie überall in Mexiko – die Vergnügungen stattfinden, die Freuden eines Stadtlebens, das lässige Miteinander. Auch hier, wie in Guadalajara, inszenieren die »Harlekines« ihren Auftritt, die jungen Frauen und jungen Männer, die Helden dieses Landes, die sich als Clowns verkleidet gegen die Wogen der Gewalt stemmen, gegen das Gift der Tatenlosigkeit. Julia kommt auf mich zu (wie zuvor auf andere), lächelt, umarmt mich und bittet, ihr einen Gedanken ins Tagebuch zu schreiben, der die Lebensfreude beflügelt. Ich bin in Bombenform, da mir ein Satz von Pippi Langstrumpf einfällt, einfallen musste, denn Julia mit ihren Zöpfen könnte Pippis Schwester sein, nur zehn Jahre älter: »Das haben wir noch nie probiert, also geht es sicher gut.« Und Julia hüpft zum Nächsten, begeistert von der Lebensweisheit der pfiffigen Kleinen.

Ich bekomme auch etwas geschenkt. Auf dem Platz »arbeitet« eine dieser Figuren, wie man sie überall auf der Welt sieht: Fakire und andere seltsam kostümierte Zeitgenossen, die angeblich »schweben«. Begleitet von orientalisch-rätselhaftem Schweigen. Aber Pedro, der hier als »graue Eminenz« seinen Hokuspokus vorführt, ist gesprächig. Für jeden, der ihm ein paar Pesos überlässt, zieht er aus einer Tüte einen Streifen Papier mit einem immer neuen Merkvers. Für mich: »Das Sehnen nach einem schnell schlagenden Herzen.« Was für gloriose sieben Wörter. Das ist mein Streben, seit ich weiß, dass ich ein Herz habe.

Abendessen in einer Kneipe, eine Ecke von meinem Hotel entfernt. Ein Aufenthaltsort für Minimalisten, für Liebhaber von Zen: Tische, Messer, Gabel und Löffel, Gläser. Und ein Wirt, der auf die Tafel zeigt, auf der die drei verfügbaren Speisen stehen. Und er eine davon fünf Minuten später serviert. Klarheit macht glücklich. Nichts fehlt, kein Teil. Und keiner plärrt, der Käfig für den Fernseher ist leer. Ah, hier wirtschaftet ein Menschenfreund. Und Frauen und Männer sitzen da und reden und genießen, lachen. Beinahe brüderlich fühlt es sich an.

Irgendwann kommt ein junger Kerl auf mich zu (ich bin der vermutete Millionär im Raum) und er sagt: »Ich will nicht überfallen und stehlen, aber ich muss essen.« Das gefällt mir, das klingt einleuchtend.

»Mon seul matériel«, meinte der französische Schriftsteller André Malraux, »c'est la condition humaine«, frei übersetzt, *mein einziger Stoff ist der Mensch*. Über was sonst sollte man schreiben?

122

Das wird meine letzte Fahrt, von Cuernavaca in die Hauptstadt. Das System der Passagierkontrolle habe ich noch immer nicht verstanden. Diesmal ist sie so nachlässig, dass man eine Haubitze mit an Bord nehmen könnte.

Während Rogelio gewiss auf seinen haltlosen Kunden Andrés wartet, ziehen wir an saftigen Landschaften vorbei. Satte Felder, fette Wiesen, dicke Kühe, grün strahlende Hügel. Mexiko protzt wieder einmal mit seiner Schönheit. Man darf ungestört bewundern, da der Bus still bleibt, nur das summende Geräusch des Motors. Und dankbar sollten wir auch sein, wir alle hier, die nach zwei Stunden heil ankommen. Da sich am nächsten Tag – auf dieser Strecke – ein Riesenloch auftun wird und ein Vater mit seinem Sohn samt Auto darin verschwinden werden. Herzzerreißend der Bericht über den Unfall, denn Juan, der Junge, konnte noch – in fünf Metern Tiefe – mit seiner Freundin telefonieren, verzweifelt um Hilfe bittend. Die nicht rechtzeitig kam, die beiden erstickten unter der Erde, die sie begrub.

So ist das: Hunderttausendfach widersteht die Asphaltdecke. Und irgendwann bricht sie ein. Und wer im falschen Augenblick vorbeikommt, fällt hinein. »La vida es una puta«, wie oft habe ich den Satz hier schon gehört. *Das Leben ist eine Hure*, der Spruch stimmt in jeder Sprache.

Natürlich ist nicht alles Zufall, denn es gibt immer Leute – und in Mexiko nicht zu wenige –, die für manche Zufälle verantwortlich sind: Genau dieser Streckenabschnitt war vor knapp dreieinhalb (!) Monaten von Präsident Peña als nagelneu eingeweiht worden, laut Verkehrsminister – so bei seiner Sonntagsrede zu gegebenem Anlass – sollte sie vierzig (!) Jahre lang halten. 103 (!) Tage später wird der tödliche Pfusch offensichtlich. Man darf also der Hure Leben nicht alle Schuld geben, einen Teil davon tragen auch korrupte Hurensöhne, die gern schludern (lassen), um »das Gesparte« auf ihre Konten zu schaffen.

Kleine Vorschau: Bald wird das Land einen neuen Mann ins höchste Amt wählen, Señor Andrés Manuel López Obrador. Er verspricht, alles anders zu machen. Man muss, ja, muss vermuten, dass (fast) alles so bleiben wird wie bisher. Wenn sie Glück haben, die Mexikaner. Wenn nicht, stapeln sich noch mehr Leichen landauf, landab. Die kriminelle Infrastruktur sitzt so tief, wurde über die Jahrzehnte so diszipliniert und ruchlos etabliert, dass sie es auch mit einem mächtigen Präsidenten aufnimmt, der guten Willens ist. Sie wird ihn besiegen, denn eine sagenhafte Energie treibt sie an. Die Gier.

123

Rendezvous mit Roana. Als wir uns begrüßen, sagt sie den schönen Satz: »Ich bin da.« Drei so einfache Worte, die so allesversprechend klingen. Wir bestellen zwei Margaritas und dann noch zwei und dann noch ein paar. Diesen Rausch habe ich mir verdient. Alles wird uns heute gelingen.

124

Meine letzten 48 Stunden. Ich stelle mich auf eine Waage, okay, zweieinhalb Kilo weniger. Vielleicht der Stress, vielleicht die Hitze, unendlich viel Wasser floss aus meinem Körper. Aber ich beschwere mich nicht. Wird das Leben träge, passieren keine Geschichten. Entweder jage ich hinter ihnen her, oder sie kommen auf mich zu.

Wie jetzt: Wie so oft in den vergangenen Monaten suche ich einen Platz zum Schreiben. Das wäre ein Tisch, eine Steckdose und das Gefühl, eine Weile bleiben zu dürfen, wo niemand mich vertreibt. Und die unbezahlbare Stille. Wenn ich von allem etwas bekomme, setze ich mich und lege los.

Die Suche endet abrupt an der achtspurigen »eje central«. Normalerweise sehr belebt, Großstadtverkehr, links und rechts ein Laden neben dem anderen. Ich will sie überqueren, darf aber nicht: Ein 400 Meter langer Abschnitt wurde abgesperrt. Hunderte von Polizisten sind aufmarschiert, schwer bewaffnet. Verstärkt von Agenten in Zivil, auch sie mit einer Pistole – nur nachlässig kaschiert – am Hosenbund. Wer eine gewisse Zeit in Mexiko verbracht hat, weiß, dass nun eine Komödie aufgeführt wird.

Ich höre mich um: Der heutige Auftrag – garantiert unerfüllbar – lautet, alle hier vorhandenen Produkte zu checken: ob rechtmäßig, ob Hehlerware, ob gestohlen, ob piratiert. Alle Handys, alle elektronischen und elektrischen Geräte, alle als »Luxusgüter« deklarierten Artikel, alle Standlizenzen, alle Mietverträge. Plus das gesamte hier arbeitende »Personal« kontrollieren: ob Arbeitserlaubnis, ob Ausländer, ob minderjährig, ob schon strafrechtlich gesucht. Große Geschäfte werden umgehend abgeriegelt, um Fluchtwege zu blockieren, falsch geparkte Autos ruckzuck abgeschleppt, illegale Motorräder gleich mitverladen, Händler, die mit dubiosen Papieren unterwegs sind, werden verhaftet und ihre rollenden Buden voller Süßigkeiten oder Obst beschlagnahmt. Truppweise treibt man sie auf der jetzt autolosen Straße zusammen, die kleinen Fische bekommen ein rotes Armband als Erkennungszeichen, die dickeren Fische werden mit Handschellen abgeführt und in die bereitstehenden Busse geschoben oder auf Pick-ups gehievt. Viele Polizisten treten vermummt auf, um etwaige Racheaktionen zu vermeiden, ein paar der Festgenommenen verstecken ebenfalls ihr Gesicht. Die inzwischen eingetroffene Presse – ein Großteil trägt auch kugelsichere Schutzweste und Helm – fotografiert hemmungslos drauflos. Niemand hindert sie, sicher kein Persönlichkeitsrecht, im Gegenteil, die Medien sind hochwillkommen: um dem Volk (morgen) zu zeigen, dass der Rechtsstaat tatkräftig einschreitet.

Doch wir sind in Mexiko, und da ist selten etwas so, wie es auf den ersten Blick aussieht. Was hier geschieht, ist keine Maßnahme, die sich für gesetzestreuen Handel einsetzen will, die skrupelose Elemente finden, die vor Kinderarbeit schützen und die Schmuggelware zerstören soll. Nein, das hier ist eine politische Aktion. In der Avenida Lázaro Cárdenas, so heißt die *eje central* offiziell, wird in aller Öffentlichkeit ein Powerplay ausgetragen. Um es zu verstehen, muss man wissen, dass die meisten »Geschäftsleute« hier, selbst die Tagelöhner, mehr oder weniger von einer Partei, also von bestimmten Politikern abhängig sind. Sie, die »Staatsdiener« – laut Insidern die gefährlichste Bevölkerungsgruppe im Land – verteilen die Posten und Pöstchen, rücken – stets gegen Entgelt – die Genehmigungen heraus, sie entscheiden, wer von den Hunderten, die einen Antrag für eine Sodabude stellen, die Zulassung bekommt und wer seinen »Video-Palast« hochziehen darf. Und wer nicht. So vermischt sich undurchschaubar, was hier abgeht: Wollen andere Politiker, bisher zu kurz gekommen, auch abzocken? Wollen die bisherigen Drahtzieher die Gegend aufmischen, um die Preise für ihre Dienstleistungen zu erhöhen? Wollen ein paar – ja, diese Minderheit gibt es – tatsächlich eine Ahnung von Redlichkeit hier installieren? Eine eher rhetorische Frage.

Dass nie ein radikaler Wille nach sauberen demokratischen Zuständen dahintersteht, lässt sich schon daran erkennen, dass solche Razzien in regelmäßigen Abständen stattfinden. Weil mit der gleichen Routiniertheit – bereits nach Wochen – der Status quo zurückkehrt, der wundersame Schlendrian. Ganz im Sinne der Profiteure.

125

Noch ein letzter Kraftakt, am letzten Tag vor meiner Abreise: Metro, Rushhour, so viele Leiber, dass ich mit meiner linken Hand nicht nach unten zu meiner Oberschenkeltasche komme. Um sie, zusätzlich zum Reißverschluss, zu

»sichern«. Die Frau neben mir lächelt mich an, ich lächle zurück. Bei der nächsten Station, »Cuauhtémoc«, fluten Leute raus, sie auch, in derselben Sekunde greife ich nach der Tasche: LEER!!! Pass, der Nachweis der Einreise, 500 Euro cash, Führerschein, TAN-Listen, Impfausweis – weg! Ich kapiere, alles in Nanosekunden: dass die Frau mich anlächelte, um mich abzulenken (und ich eitler Tropf noch dachte, sie findet mich cool). Ich will ihr nach, geht nicht, da die neuen Fahrgäste sich schon hineinquetschen, aber ich bin jetzt Tier, brülle wie ein Tier, boxe mich durch, zwänge mich, während die Türen schließen, hinaus, entdecke die Flüchtige, renne ihr nach, packe sie am rechten Oberarm und stelle sie zur Rede. Seltsamerweise bleibt sie ruhig, ohne Widerstand öffnet sie ihre Handtasche und zeigt mir den Inhalt, nirgends ein Teil von mir, ich sage, das reicht nicht, ich will, dass die Polizei sie durchsucht. Sie nickt ergeben.

Jetzt lerne ich Mexiko kennen, wie ich es ohne diesen Vorfall nicht kennengelernt hätte: Wir fahren mit der Rolltreppe einen Stock höher, ich lasse sie nicht aus den Augen, oben steht ein Polizist vor einem kleinen Metro-Kommissariat, ich informiere ihn darüber, was vorgefallen ist und dass die Señora mich bestohlen hat, der Mann telefoniert, in Kürze stehen zehn (!) Security-Leute und Polizisten um uns herum, eine Polizistin untersucht im Vorzimmer, hinter einem Paravent, die Verdächtige. Nichts. Was nicht überrascht, denn die vielleicht 30-Jährige ist dick und trägt eng anliegende Kleidung, wie sollte sie da unauffällig ein Bündel plus einen Pass mit mehreren Unterlagen verstecken, zudem hatte sie keine Zeit, alles ging ja rasend schnell.

Die Polizisten teilen sich auf, fünf befragen die Frau, checken ihre Papiere, sie ist ledig und nicht in der Stadt wohnhaft, sie telefonieren mit der Zentrale, um herauszufinden, ob Teresa S. vorbestraft ist, nein, ist sie nicht, sie fragen sie nach dem Hergang der Situation, sie spielt das Unschuldslamm und versteht nicht, wie ihr geschieht, einer wird in den Kontrollraum abbestellt, um die Videobänder zu überprüfen, ob sie auf dem Quai erkennbar ist und ob sie dort neben einem Mann stand, der unter Umständen ihr Komplize sein könnte: Nichts, in der Masse ist kaum jemand zu identifizieren.

Ich gebe den anderen fünf meine Personalien an, das Hotel, in dem ich abgestiegen bin, die dortige Telefonnummer. Ich merke, dass allen zehn der Vorfall peinlich ist und dass sie mir, dem Fremden, der ja einen guten Eindruck von ihrem Land mit nach Hause nehmen soll, helfen wollen. Einer meint, und inzwischen sehe ich es ähnlich, dass die Frau mit einem Kumpel zusammenarbeitete, der mich (Tourist!) vor dem Einsteigen schon beobachtet hatte, auch gesehen hatte, dass ich – ich Trottel – immer wieder an die linke Tasche fasste, um mich zu vergewissern, er also wusste, wo sich der Schatz befand, und er sich – beide Hände unten (!) – neben mich in den Waggon drängte, sein »Lockvogel« mir dann zulächelte und er im Leib-an-Leib-Gewoge nach meinen Wertsachen fingerte. Und sich diebisch – buchstäblich – gefreut haben muss, wie ich schreiend die Metro verließ, um einer »Unschuldigen« hinterherzurennen, während er in größter Seelenruhe mit der Beute weiterfuhr. Echte Professionelle, clever und spurenlos organisiert, gewiss nicht ihr erster Coup.

Nach knapp zwei (!) Stunden innigen Palavers eskortieren uns sechs Polizisten zur zuständigen »delegación«, dem Hauptkommissariat des Stadtviertels. Ich brauche ja eine offizielle, schriftliche Bestätigung des Vorfalls. Auch um bei meiner Botschaft einen neuen Pass zu beantragen. Das halbe Dutzend umringt uns beide: zuerst per Metro unterwegs – die verwunderten Blicke der Fahrgäste begleiten uns –, zweimal umsteigen, dann zu Fuß weiter durch das inzwischen abenddunkle Mexico City.

Was jetzt kommt, glaubt mir niemand, ich notiere es

trotzdem: Nach 40 Minuten stehen wir vor der falschen Adresse. Wieder, wie immer zuvor, glühen die sechs Handys der so lieben und so inkompetenten Nachtwächter, die nun – aufgeregt durcheinander telefonierend – herauszufinden versuchen, wo unser tatsächlicher Zielort liegt. Sogar Walkie-Talkies kommen zum Einsatz. Bis einer meint zu wissen, wo es langgeht. ¡Vamosnos! Irgendwann jedoch stellt sich heraus, dass sich unser versprengter Haufen erneut verlaufen hat. Wie gut, dass wir gerade an Damen vorbeikommen, die hier via Straßenstrich anschaffen. Sie geben Bescheid, noch fünf Ecken, und wir wären da. Nach insgesamt eineinhalb Stunden ist die Tat vollbracht, und wir erreichen, aber ja doch, »La Delegación Cuauhtémoc«.

Riesiges Gebäude, draußen viele Leute, drinnen viele Leute, unzählige Büros im Erdgeschoss, unzählige Kabuffs, nur durch Stellwände geteilt. Emsiger Betrieb herrscht, Teresa S. wird von mir getrennt (warum das? Will man sie zur Übergabe eines Bakschischs überreden, um jede weitere Untersuchung fallen zu lassen?). Ich werde von meinem halben Dutzend Polizisten-Amigos vor drei verschiedene »Zuständige« geschoben, die irgendwann aufschauen und eine Ausrede parat haben, warum sie nicht zuständig sind. Beamte fläzen auf Sofas, tief versunken in heitere, von Lachsalven begleitete Gespräche, in jedem Korridor warten Hundertschaften von Bittstellern wie ich. Wir alle spielen gerade Herr K., wir alle sind gerade Kinder Kafkas, der sich nicht einbilden darf, dass ein kafkaeskes Dasein nur in Prag und nur vor hundert Jahren möglich war.

Es wird noch widersinniger, als mir Gabrio, einer der Polizisten, zuflüstert, dass er eine dritte *delegación* wüsste, da würde es klappen. Zur Erinnerung: Es geht schon lange nicht mehr darum, Pass und Geld zurückzubekommen oder irgendwelche Täter zu finden, nein, es geht ausschließlich um ein DIN-A4-Blatt, das den Raub bestätigt.

Warum soll es dort funktionieren, frage ich, und Gabrio,

herrlich mexikanisch: »Weil ich dort einen Freund kenne!« Ich lache und lade ihn für sein Entgegenkommen zu einer Cola ein, am Eingang steht eine Sodamaschine. Und in diesem Augenblick kommt wieder ein Engel auf mich zu, Licenciado Joel Piñon G., Rechtsanwalt, der mir sogar seine Visitenkarte überlässt – für künftige Probleme. Er hat zufällig das Gespräch zwischen Gabrio und mir mitgehört und bringt nun die Engelsbotschaft: »Lassen Sie die Anzeige ›Diebstahl‹ fallen, das wollen sie hier nicht hören, das schadet dem Ruf der Stadt, sagen Sie einfach ›verloren‹, dann bekommen Sie eine Bestätigung.«

Er spricht nur wahr. Ich gehe zurück zum Empfang und erkläre erneut meine Situation, diesmal wurde mein Pass nicht gestohlen, sondern ich habe ihn leider irgendwo verschlampt. Nicht, dass nun irgendjemandem ein Widerspruch zur vorhergehenden Version auffallen würde, im Gegenteil, die Gesichter hellen sich auf, und ich erhalte eine Webadresse, über die ich den Antrag ausdrucken, ausfüllen und damit hierher zurückkommen soll. Für die fällige Unterschrift, plus Stempel. Jetzt gleich die Beglaubigung? Nein, frühestens morgen Vormittag.

Als ich ins Freie trete, stehen immer noch Leute herum. Aber von Teresa S. und den glorreichen Sechs nirgends eine Spur. Ich mache mich auf den Weg zu meinem Hotel, bis 2.30 Uhr bin ich mit dem verdammten Vordruck beschäftigt, das Netz wackelt, Safari streikt (irgendwann hält Firefox durch), der Drucker an der Rezeption (und der Rezeptionist) haben ihre Tücken. Als ich schweißgebadet – die Klimaanlage mag nicht – im Bett liege, fällt mir ein, dass ich heute gefickt wurde. Von zweien, die cleverer waren als ich. Das ist ein erniedrigendes Gefühl.

126

Sorry, Leser, ich habe geschwindelt. Die gerade beschriebene Szene fand nicht am *letzten Tag* meines Aufenthalts statt, sondern am *ersten*. Aber das kleine Desaster hätte wohl zu sehr verschreckt, manche wohl von der weiteren Lektüre abgehalten. Ich wollte nicht gleich am Anfang zu viel zumuten. Doch passiert ist es, und ich erspare allen die Beschreibung der unsäglichen Wege deutscher und mexikanischer Bürokratie: damit ich wieder an meinen Reisepass – vom Geld etc. nicht zu reden – komme. Mühen, von denen keine zu einem Ergebnis führte – abgesehen von der Tatsache, dass ich ordentlich »Bearbeitungsgebühren« zahlen musste. Sogar Freunde in Europa halfen mit. Sie scheiterten an den dortigen Schlafmützen. Dafür ist von einem Wunder zu berichten und einem Wunder-Mexikaner: von Señor Salomon Vargas Ramirez, der fünf Tage später neben einem Abfalleimer in der Metrostation »Barranca del Muerto«, *der Todesschlucht* (!), meinen Pass fand und die deutsche Botschaft anrief. Und ich weiterreisen konnte.

Was für ein Akt von Fürsorge und Mitgefühl. *The kindness of strangers*, ohne die kommt kein Reisender über die Runden.

Ist das pervers? Als ich das Dokument in Händen hielt, bereute ich nichts. Keinen Schweißausbruch, keine Schlaflosigkeit, keine nervenätzenden Stunden, keinen Peso und keinen Euro. Sie alle waren der Eintrittspreis, um etwas zu erfahren vom Leben in dieser Welt. Der Preis für die Blicke, die mir gewährt wurden. Auf das Dunkle im Menschen, auf das Helle.

127

Zurück nach Paris. Mit dem riesigen Airbus 380, Nachtflug. Ich lese einen Bericht über mexikanische Flüchtlinge, die rüber in die USA wollen. Auf der dazugehörigen Fotostrecke sieht man drei Männer, auf dem vierten Bild fällt einer von ihnen zu Boden. Sofort denke ich, die zwei anderen schlagen ihn zusammen. Doch der Kommentar erklärt, dass einer vor Erschöpfung und wegen der 46-Grad-Sonne einen Schwächeanfall erlitt und seine beiden Freunde versuchen, ihn aufzufangen. Ich habe die Zeile noch nicht zu Ende gelesen, schon fange ich – mitten im abgedunkelten Flugzeug, mitten unter den 500 Schläfern – zu weinen an. Wohl aus Rührseligkeit, wohl aus Übermüdung, wohl überrascht – nach so vielen maßlosen Darstellungen der Grausamkeit – von dieser Geste der Hilfsbereitschaft.

Doch die ganze Wahrheit klingt so: Wie viele Male – auch maßlos viele Male – in den Monaten, in denen ich hier reiste, haben Frauen und Männer sich Zeit für mich genommen. Für meine penetranten Fragen, für meine Ignoranz. Wie oft blieben sie stehen, drehten sich mit mir um, gingen den falschen Weg mit mir zurück, um mir den einen, den richtigen, zu zeigen. Wie oft habe ich sie bewundert für ihre Kraft, ihr von Massenmördern und anderen Bestien verratenes Mexiko zu lieben. Noch im Taxi zum Flughafen bestand Jacinto darauf, dass seine Landsleute »buena gente« sind, *anständige Leute*. Aber ja.

Schule des Lebens, Mexiko. Wer sich auf dieses Land einlässt, der wird geschmiedet. Er wird auch etwas über sich lernen, seine Grenzen, seine Fähigkeiten, Zumutungen durchzustehen, ja, er kann täglich prüfen, wie es um seinen Menschenfreundlichkeits-Quotienten bestellt ist. An manchen Tagen wird er sinken, versprochen. An anderen wieder nach oben schnellen. Fest steht, der Reisende wird sich spüren. Das Lauwarme kommt nicht vor. Er muss nie fürchten, an Leblosigkeit zu ersticken.

Meinem Ruf als Schandmaul will ich treu bleiben. So soll das Buch mit einer sarkastischen Anekdote enden. Die, nebenbei bemerkt, durchaus lustig ist. Ja weise, wenn man den Aberwitz in ihr erkennt.

Es handelt sich um eine Zeitungsnotiz, die ich an einem Abend las, an dem ich – irgendwo in Mexiko – auf Grundeis lief. Ich war einsam, ich war kaputt, schwer ranzig. Wunderlicherweise belebte mich die Lektüre, ich musste lauthals lachen, so irrsinnig erheiternd und dämlich klang, was da geschrieben stand.

Hier ist sie, die Nachricht aus der Nullgasse: Die Presse kündigte den neuen »Jetta« an, der in Bälde zum Verkauf anstand. In einem Interview verkündete der hiesige Volkswagen-Chef, dass noch alles »strengstens geheim« sei! Dass alle Beteiligten zu »strengster Geheimhaltung« verpflichtet seien! Dass nicht die »geringste Andeutung« gemacht werden dürfe! Dass jeder Fotograf im kilometerweiten Umkreis des Auslieferungszentrums vertrieben werde!

Man denkt, Stephen Hawking – da witzelte er noch – hätte eine Pressekonferenz einberufen, um die nach langem Ringen gefundene Weltformel bekannt zu geben. Aber nein, eine nagelneue Blechkiste, ungefähr so blechern wie Millionen vor ihr, wird dem Publikum präsentiert. »In genau zwei Wochen!«

Das ist ein Paradebeispiel aus einer herztoten Welt, in der sich nur noch gigantische Maschinerien in Gang setzen, um uns Innigkeit und Enthusiasmus vorzulügen, in der sich Fürze zu pompösen Fürzen aufblähen, in der – ex nihilo – ein Nichts gestemmt wird, das nichts, absolut nichts mehr in uns bewegt.

Nach dem Lesen, nach dem Lachen – damals, irgendwo in Mexiko – war ich ganz gerührt. Und wieder unfassbar, ja, unfassbar, dankbar. Weil ich einmal mehr begriffen hatte, dass mich das Land mit keinem Gefühl, keinem Schmerz, keiner Freude und keinem Staunen verschonte.

Bloßes Leben, Tag für Tag.